エーリッヒ・フロム

佐野哲郎　佐野五郎 訳

ワイマールから ヒトラーへ〈新装版〉

第二次大戦前のドイツの労働者とホワイトカラー

紀伊國屋書店

ワイマールからヒトラーへ

第二次大戦前のドイツの労働者とホワイトカラー〈新装版〉

ARBEITER UND ANGESTELLTE AM VORABEND
DES DRITTEN REICHES.
EINE SOZIALPSYCHOLOGISCHE UNTERSUCHUNG
by Erich Fromm
with an introduction and edited by Wolfgang Bonss

目次

批評理論と経験主義的社会調査——一つの事例についての考察

ウォルフガング・ボンス

一九二九年二月、フランクフルト精神分析研究所の開所に当たって、エーリッヒ・フロムは『精神分析の社会学と宗教学への応用』（フロム、一九二九）と題する講演を行ない、その中で、フロイト心理学と、マルクス主義社会理論とを統合する、初歩的ではあるけれども広範囲におよぶ試みのための基盤を概説した。彼は、精神分析によって「人間の心的装置の包括的理解」（同二六八頁）を可能にする科学的手段が創られたと主張した。精神分析のパラダイムが与えられた現在、必要となるのは「心的装置がどのようにして社会の発展あるいは社会の形成を引き起こし、あるいは決定してきたのか」（同）という問題の研究であった。これが単なる抽象的、綱領的な公式でなかったことは、ここにある研究（『一九二九年のドイツ労働者——一つの調査、その方法と結果』）が証明している。これはその数カ月のちに、今やほとんど伝説的となったフランクフルト社会研究所（以下ＩｆＳ）でフロムの指導のもとに始められ、期せずして、その後の一連の経験主義的調査の先駆となったのである。[1]

フロムが計画し、大部分をヒルデ・ヴァイス（Hilde Weiss）が手がけたこの調査の目的は、「肉体労働者とホワイトカラーの心的構造への洞察を得ること」（ＩｆＳ、一九三六、二三九頁）であった。彼らは、意識のあり方を純記述的に把握するだけでなく、精神分析理論の助けを借りて、〈心的装置〉と社会的発展との間に体系的関連があるという証拠を得ようと望んでいたのである。この野心的な調査計画に着手するのに、二百七十一の項目より成る広範囲なアンケートが準備され（追補2）、三千三百人の対象に配布された。これが第一次のデータとなるべきものであった。一九三一年の末までに、フロムとヒルデ・ヴァイスは分析材料として、千百のアンケートを回収した。彼らはそれを吟味し、分類し、理論的な意義を検討することになっていた。この種の企画の常として、分析は当初どちらかというと、ゆっくりと進められ、新しい計画、なかでも『権威と家庭に関する研究』（IfS、一九三六）と重複する部分も生じた。しかし、調査の最大の障害となったのは、一九三三年に研究所がアメリカへ亡命を余儀なくされたことであった。その時多くの資料が失われ、この調査に関するもののほとんど半分が失われた。記入済みのアンケート千百のうち、一九三四年に残っていたのは五百八十四にすぎなかった。それで、分析を続行することに意味があるかどうかという疑問が生じたのである。(2)

これに続く経験主義的な追跡企画のまとめ役をも引き受けていたフロム自身は、強硬にこの調査の続行を主張した。そして、『労働者とホワイトカラーの調査』に関する最初のレポートは、『権威と家庭』が刊行された時に、その一部として発表されたのであった（IfS、一九三六、二三九—二四〇頁）。フロムはヒルデ・ヴァイスの行なったこの要約に付した序文で、彼女は、「のちに行なわれた調査に比べてずっと実験的な性格の強い企画にたずさわっている」（同書、二三一頁）と書いている。この自認された実験的性格にもかかわらず、全資料は一九三六年に刊行されると発表された（同書、二四〇頁）。しかし、実現はしなかった。アンナ・ハルトッホ（Anna Hartoch）、ヘルタ・ヘルツォーク（Herta

Herzog)、エルンスト・シャハテル（Ernst Schachtel)、エーリッヒ・フロムによって構成され、パウル・F・ラツァルスフェルト（Paul F. Lazarsfeld）の助言を受けたワーキング・グループが、もともとドイツ語で書かれた分析の翻訳と敷衍にたずさわったが、調査の内容と信頼性についての意見の相異が増大した。ホルクハイマー〔訳注。Max Horkheimer, 1895-1973.社会研究所の所長であった〕をはじめとする研究所のメンバーは声高に疑念を表明し、さらに、アドルノ〔訳注。Theodor Wiesengrund Adorno, 1903-1969.ドイツの社会学者で、ホルクハイマーの協力者、後継者〕がニューヨークへやって来たことで、緊張がいっそう高まった。それは学問的な理由によるというより、ますます個人的なものになっていったのである。[3] 一九三九年にフロムが研究所を去った時、[4] この研究は最終的に公表されないことになった。前社会心理学部長として、フロムが関係書類を全部持ち去り、研究所は、一九四〇年代早々に予定していた出版を実現させることができなくなったからである。[5]

このような不愉快な展開のあと、アンケートがフロムの机の引き出しにしまいこまれ、後年その一部分が研究所の所史から削除されてしまったことは、相互の敵意と、硬化した態度を考えると、驚くには当たらないところである。それらは四十年経って出版されることになったが、これはもはや過去の論争と何の関係もなくなっていたからこそ可能になったのである。しかし、出版が可能であるからといって、それが必要であるということには決してならない。社会科学の調査は非常に速く古びるものであって、その再生は、真に歴史的、科学的に重要な記録と立証された場合にのみ意義がある。本書の場合は、両方の条件とも満たしているのである。

まず第一に、この調査は疑いもなく現代史の記録として注目すべきものである。ワイマール共和国の労働者の客観的な状況については、一、二の研究があったが、彼らが社会の現実を主観的にどのように知覚し、処理しているかという分析は、なかった。この領域においては、むしろ個人の伝記的な資料があるのみである。したがって、意識のあり方を科学的に調べるという、フロムとその協力者たちの試み自体が、一九三〇年代初頭の歴史的状況を解明するのに役立つのである。

第二に、この研究は、科学史の観点からも同様の重要性を持っている。のちの『権威と家庭に関する研究』の先がけの仕事として、「ワイマール共和国のドイツ社会学において、経験主義的社会研究を……確立するための最も広範囲で、最も進んだ努力」（シャード（Suzanne Schad）、一九七二、七六頁）の最初の表われなのである。しかし、〈経験主義的〉というレッテルは、定義しておかなければならない。この調査は、ある一つの型の経験主義的研究に基づいているわけではないからである。フランクフルト研究所のプログラムの本質的な一部をなし、マックス・ホルクハイマーが、この研究所の主要事業であるとさえ言ったこともあるのだから（ホルクハイマー、一九三一、四三頁）、関係者たちがのちにどれほどよそよそしくしようと(6)、初期の〈批評理論〉でもくろまれた学際的唯物論の発展にとってまことに重要な意味を持つものであった。

1　アンケートの背景と前提

晩年、この研究の出版の決定的障害となった原因を尋ねられた時もやはり、フロムは、ホルクハイマーという人物が主たる障害であったとしている。彼によると、ホルクハイマーはアンケートが「あまりにもマルクス主義的」であると思い、そのことが研究所にマイナスの結果をもたらすことをつねに恐れていたのであった。[7] これが決定的な原因であったかどうか、疑問があるとしても、フロムの答えから明らかになることは、調査の基礎には、完全にマルクス主義的な考え方が暗黙のうちに了解されていたということである。それは事実上、この研究に参加したすべてのメンバーに要求されたことであった。[8] しかしながら、この了解がどのような形のものであるかは、決して明白ではなかった。そして科学的、現代史的な観点からは、この調査は本質的に、マルクス主義的社会理論の歴史的に特殊な再構築の表現と理解することができる。フロムの眼には——いやフロムだけに限らないが——その社会理論は社会心理学的な概念によってもっと幅の広いものとなり、経験主義的分析によって確かめられるべきものであった。この社会心理学的次元と経験主義的次元の両方を手短に定義しておくことによって、はじめてこれらに基づくアンケートが社会批評理論に対する経験主義的貢献として持つ重要性を、論議することができるのである。

(a) 唯物論的理論構築の新次元としての社会心理学

一九一八年以降の唯物論的理論構築の展開を見ると、マルクスや彼の初期の信奉者たちにはほとんど見られなかった社会心理学的な解釈概念のテーマが増大していることに驚かされる。とくに一九二〇年代後半には、経済学だけでなく、心理学的方向づけも併せ持つ〈洗練された理論〉が、ますます求められるようになった。それは、「労働運動の課題の信じがたいほど増大した領域と性質」（イェンセン(Otto Jenssen)、一九二六、二一九頁）を解明するためであった。この引用に明らかになっている、明白に実践的な動機づけは、マルクスの時に比べて変化した政治的問題を示している。その変化によって、唯物論的な説明の経験主義的内容とその予言能力に対する信頼とが、激しく揺り動かされたのであった。十九世紀の労働運動は、資本主義が危機に向かい、プロレタリアートの勝利は必然であるという命題を次々と実証するかのように見えたが、この経験主義的確信は、社会民主主義の合法化以後、しだいに頼りないものとなっていった。そして、最終的に、十一月革命の失敗は、理論的に確立されたはずの、生産力と生産関係の矛盾の生み出す結果には、一般の仮定に反して何ら必然的なものがないことを、まごうかたなく明らかにしたのである。経済の機能は国家の強力な支援があってこそ発展しうるものとしても、労働運動の行動面における政治的可能性は、およそ正しく発展してきたとは言いがたい。それどころか、今や〈与党〉になった社会民主党の融和政策と並行して、社会改革の自然の原動力としてのプロレタリアートは、姿を消したように見えた(9)。この点において、当時台頭してきたファシズムと勢力を強めつつあったナショナリズムの潮流は、労働階級に広がる勢いを見せながら、問題をさらに大きくした。これを背景として、多くの左翼インテリは、実体と意識の間、あるいはさらに厳密に言えば、生産力の占める位置と、生産関係の意識の間の、明白な矛盾をいかに説明し、また乗り越えるかという問題にぶつかったのである。

一見したところ、答えは容易であった。資本主義の発展に関する所説――つまり、マルクス主義経済理論の〈客観的〉側面――の誤りが、何らかの形で立証されないかぎり、社会主義の啓蒙活動が比較的低調である理由は、当然主観的分野に求められなければならなかった(10)。その考えは、ほとんど必然的に心理学的な説明に依存することに行き着かざるをえなかった。これに関する論議では、フロイトの精神分析理論が最初からアードラー〔訳注。Alfred Adler, 1870-1937.ウィーン生まれの心理学者。フロイト学派である。だが、性の理解を批判してフロイトから離反した〕学派の個人心理学と並んできわだった位置を占めていた。生物学に基づいたフロイトの〈無意識の心理学〉は、最も有用な出発点を提供するように見えた(11)。それにもかかわらず、多種多様な事実が「失敗した革命の説明」というキーワードのもとに論じられたのは、主としてフロイトに対する左翼の反応の多様性によるものであった。たとえば、教育的・実践的な方向づけを持つマルクス主義者は、純理論家より容易にフロイトを受け入れた。正統的マルクス主義者は、修正主義者とフロイト解釈を異にした。「理論家の頭の中だけでまっすぐであった前線は、奇妙に曲っていた」のである（ザントキューラー（Hans Jörg Sandkühler）、一九七〇、七頁）。しかし、統一は見られず、また、コルナイ（Aurel Kolnai）（一九二〇）やド・マン（Hendrik de Man）（一九二六）による心理学的マルクス批判はあったが、それらを別にすれば、おおざっぱに次のように言える少なくとも三つの主要な反応を確認することができる。すなわち、社会民主主義者によるフロイトの折衷的応用、共産主義者によるフロイトからの教条的離反、そして大半は政党に無関係な臨床精神分析家による、仲介的立場である。

社会民主党の一般党員の間では、心理学的あるいは疑似心理学的説明が、すでに今世紀はじめから力を得つつあった。それは、ベルンシュタイン〔訳注。Eduard Bernstein, 1850–1932. ドイツの政治家、著述家。社会民主党に属し、修正マルクス主義を唱えた〕、カウツキー〔訳注。Karl Johamn Kautsky, 1845–1938. ドイツの社会主義者。社会民主党に属したが、ベルンシュタインの修正マルクス主義に反対した〕を経て得られたもので、個人の行為を一部は〈経済的要因〉により、また一部は〈社会的本能〉（カウツキー）によって説明しようとするものであった。このいささか漠然とした考え方は、独自の省察によるというより、むしろ当時の生物学的な観念を取り入れた結果生まれたものであるが、フロイトの本能心理学的言説によって、ずっと精密なものとなしうるように思えた。そして、労働運動が敗北を重ねるにつれて、中でも教育学者は言うにおよばず、〈プロレタリア子女の友〉をもって任ずる人びとは、精神分析を新しい説明原理として伝統的な考え方と統合しようとした。こうして、たとえばアンナ・ジームゼン（Anna Siemsen）などは、プロレタリアートの中に「あらゆる種類の反社会本能」（ジームゼン、一九二四、三九二頁）が認められ、それは資本主義によって組織的に助長され、社会主義運動の前進を妨げる、と信じた。同じような議論は、前述のオットー・イェンセンにも見られる。彼は「意識と無意識の間の……特殊な学問としての」（イェンセン、一九二六、二一八頁）社会心理学の上に「高級マルクス主義」（同書）を打ち立てようとした。この試みは、もちろん仮説の域を出るものではまったくなく、カウツキーとフロイトの比較から出発した『集団心理学』（イェンセン、一九二四）の述べるところは、今日ではここに「マルクス主義と精神分析の通俗化がとりわけ顕著に認められる」（ブーリアン（Walter Burian）、一九七二、一二頁）という点でのみ意味があるのである。

社会民主党のフロイト受容に対して、ドイツ共産党は多かれ少なかれソヴィエトの解釈を採用した。その解釈はつねに基本的な指標とみなされたが、一九一九年から一九二五年にかけて大きく変化した。ブルジョアの性道徳を暗に批判しているということで、精神分析は最初の革命時代大いに支持を得た。そして、実践に基づく唯物主義的な社会革命を企図している点で、知識人によって革命的な機能を認められたのである。(12) しかし、レーニン死後に始まったソヴィエト・マルクス主義の強化と硬直化によって、この「精神分析の許容と促進の時代」（ダーマー（Helmut Dahmer）、一九七三、二八四頁）は終わった。ソヴィエト・マルクス主義の思想が、硬直したドグマ的世界観にこり固まってゆくにつれ、主体への方向づけを持った精神分析の実践のための余地はますます狭くなっていった。事実、間もなく、たとえば、ユーリネッツ（W. Jurinetz）（一九二五）やデボーリン（Abram M. Deborin）（一九二八）におけるように、それは〈トロツキー主義〉と非難され、ブルジョア思想の産物として退けられた。(13) ドイツ共産党はこの非難をすべての党員に強制できたわけではなく、とくに若い党員の中には、フロイトを肯定的に引用するものもあったが、(14) 公式に有効とされたのは、ソヴィエト版であった。このような受容の文脈の中で、当時の共産党の指導的理論家であったアウグスト・タールハイマー（August Thalheimer）は、とりわけ記憶に残る立場をとった。一九二六年、彼はユーリネッツの驥尾に付して、とくにイェンセンを攻撃する文章を発表したが、それはユーリネッツをはるかに超えて、「肛門心理学」（タールハイマー、一九二六、五二一頁）がブルジョア階級の堕落した幻想の表現であると、無知で低級な長広舌を連ねたものであった。

この種のイデオロギー的中傷に対して、一九二〇年代の半ばから、ジークフリート・ベルンフェルト(Siegfried Bernfeld)、オットー・フェニヒェル（Otto Fenichel)、ウィルヘルム・ライヒ（Wilhelm Reich）などの批判的ながらマルクス主義にくみしている何人かの精神分析学者たちが声を上げ始めたが、(15) 彼らの立場は、政党政治的な打算からというより、むしろ、臨床治療の実践経験に基づいたものであった。まず先頭を切ったのは、ジークフリート・ベルンフェルトであった。彼の『社会主義と精神分析』（ベルンフェルト、一九二六）に関する論述は、一九二〇年代の最も専門的な寄与の一つに数えられる。何にもましてマルクスとフロイトの認識における両立性を証明することに心を砕いていたベルンフェルトにとって、精神分析の唯物弁証法的性格は、主として三つの要素から成り立っている。すなわち、その「遺伝学的」方向づけ、あるいはもっと正確にはその具体的な生活歴への方向づけ（同書、一一二頁）

であり、生理学的基礎（同書、一三頁）であり、さらにそれらに劣らず重要な「心的な両分極を同一と理解する」ことを目ざすフロイトの「弁証法的」論法（同書、一五頁）である。それらの類似の助けを借りたベルンフェルトは、マルクス主義と精神分析の「内的近縁性」（同書、一七頁）が証明可能であり、それが理論的にも実践的にも実り多いものになるだろうと信じた。彼の考えでは、両理論はその扱う現実の領域が異なるゆえに、それぞれの自律性を持ってはいるが、「精神生活も社会生活も弁証法的過程であり、正しい認識はこの性質の発見に存する」（同書）という点において、方法論的に両立するとともに、相互補完的なものなのである。

この主張によって、ベルンフェルトはまさに当時の論争の中心問題を剔出した。というのは、マルクス主義心理学としての精神分析――このこと自体が二〇年代においては、まず第一に、フロイト理論が、ベルンフェルトが定式化しているように「原理的に、排他的に、そして首尾一貫して唯物論的である」（同書、一三頁）ことの証明であるからである。しかし、その証明の構造には、さまざまに分かれた、それぞれのイデオロギー前線による色合いの違いがある。精神分析家は、伝統的でもあり実体化されてもいる、唯物論と観念論という二者択一を迫られて、否定的にとらえられた観念論の概念を用いた。それは十把ひとからげに〈人文科学的〉態度とほとんど同じと考えられていた。[16] 一方、逆の方向には、自然主義的に単純化された唯物論的理解において、当時の問題意識に則した肯定的な方向づけがあった。それはたとえば、ドイツではカウツキーの正統主義に拘束され、かつ、ソヴィエトのドグマ化によって確立されたものである。[17] これを背景として、フロイト理論の自然科学的側面は、ほとんど必然的に、その唯物論的性格の中心的論点となり、フェニヒェルの言葉をもって言えば、精神分析は「心的現象を、原則的に物質的条件によって理解する」（フェニヒェル、一九三四、二三三頁）ために、「生物学に準拠した」（同書、二三二頁）「唯物論的人間史という自然科学」（同書、二四〇頁）と見なされることが少なくなかった。

この自然科学的様式化を、論理的につきつめて考えれば、そこに現われてくるのは、あいまい模糊とした姿である。なぜなら、端的に言うと、精神分析は、その時、生物学的方向づけを持った個人心理学ということになるのであって、そこにおいては、生物学的要素と非生物学的要素を内在的に統合することも、また、個人的要素と社会的要素を内在的に統合することも、およそ不可能なのである。それに、そのことは左翼的精神分析家たちの目的でもありえないだろう——彼らは、心理学と社会理論の相互の結びつきを作ろうとして出発したのだから。フロイト自身は、みずからの理論を社会論的に考えたことはなかったが、一方では、その社会学への援用を否定してはいなかった。個体発生と系統発生が類似しているという仮説に基づいて、しばしば心的構造から社会構造を推論した。そしてまさにこの分析が、二〇年代に大きな関心を呼び起こした議論の的となった。すなわち、フロイトは、社会制度の形成と機能を、個人の超自我の発達のモデルに従って分析し、超自我による本能的欲望の抑制と、規範的な規制による禁止作用及び理想化作用との間に、構造的同一性があることを前提とした。ダーウィンが作り上げた原種族という神話に基づいた彼の人類学的仮説において、彼はさらに進んで、社会の上部構造の構造要素が、「父親コンプレックスを通じて、系統発生的に獲得された」（フロイト、一九一三、二六五頁）ことを示そうとした。この考えによれば、人間社会の体制は、反抗する息子たちによる専制的な原父親殺しの上に成り立つのだが（フロイト、一九一三、一五八—九頁）、この時文化の超自我がトーテムとタブーの形で初めて作り出される。これが、本能の直接的充足に、ある制約を与え、複雑な規範制度の発達の前提条件を形成する。かくして、社会の進化は、本来の本能の目的の転移と同時に、絶え間ない本能放棄の集積として表われる。そのように、心的エネルギーを昇華の形で転換することによって、初めて「高度な心的活動、すなわち、科学的、芸術的、思想的活動が、文化生活でかくも重要な役割」（フロイト、一九三〇、九二頁）を果たすことが可能になるのである。

　しかし、そのような仮説は、ソヴィエト・マルクス主義的批評家たちの反発を受けただけでなく、社会民主党も、これに対しては一般に否定的な立場をとった[18]。しかしどちらの場合にも、フロイトの思想を内容的に解釈することはなく、ほとんどは、客観に対する主観の原則的な劣位性を一般的に指摘するにとどまった。すなわち、主観性の研究を目的とする心理学は、「社会の進歩の派生的局面にのみ」（サピア（Edward Sapir）、一九二九／三〇、二一一頁）関与しているのであって、したがってその発言は、正統派の学説が用意した解答に適合するかぎりにおいてのみ、容認されるというのであった。この命題から、ソヴィエト正統派の代表者たちは、同時に次のような結論を得た。すなわち、客観的な存在と主観的な意識との間の経験的な矛盾は、心的作用の形態という観点からは決して分析できるものではなく、「そのような現象を研究するには、私たちは必然的に個人心理学の領域から、社会的過程の領域に移らなければならない」（サピア、一九二九／三〇、二〇八頁）。ここにおいて、心理学は、完全に手を切った社会学によって、決定的に脇に押しやられ、行為する主体と社会的客観性の仲介者としての位置は、自然法則をよりどころとする社会学が、独裁的に占めることになったのである[19]。

　フロイト理論の擁護者たちは、自分たちもまた正統派の唯物論的解釈の洗礼を受けていたので、心理学をこのようにおとしめられても、それに対しては無力でもあり、二重感情的《アンビヴァレント》でもあった。一方では、彼らはフロイトの推論の人類学的な色彩を故意に和らげることに努めただけでなく、精神分析は個人心理学として、社会的な意味合いをおよそ持たないものと考えた。しかし他方では、彼らは社会理論とは無関係な補助学問としての役割に押し込まれることには抵抗した。それでも彼らが求めた独立性の基礎を確立することはできなかった。あとに残ったものは、通常あまりにも「浅薄な組み合わせ――二つの異質的な理論の浅薄な組み合わせであった……一つは抽象的な社会学であり、もう一つは同じように抽象的な生物学で、彼らは知らず知らずのうちにその間を右へ左へ揺れていたのである」(ダーマー、一九七一、七三頁)。この「揺れ」の典型的なものは、たとえばウィルヘルム・ライヒの考えである。彼は一方で、心理学は「自然科学として……マルクス主義の歴史観とは異質の」(ライヒ、一九二九、一三九頁)ものであるということから出発しながら、家庭の機能に関する命題や、精神分析的性格学に関する命題では、自然科学としての個人心理学の枠を完全に破っていた。[20] しかし、みずからの分析姿勢における二重感情《アンビヴァレンツ》は、ライヒにとっても、彼の同僚の大部分にとっても、問題とは感じられなかった。そのことで明らかになるのは、二〇年代の論争が、厳密には、唯物論の理論的発展の新次元を開いたものではなく、むしろ、労働運動の問題状況の変化に対応するために、唯物論の既成の概念を拡大する試みであったと考えられるべきであるということである。

(b) 経験主義的調査の対象としてのプロレタリアート

右に概略を述べた、資本主義社会内部の〈主観的〉要素と〈客観的〉要素の関係についての論争は、非常に具体的な問題から発してはいるものの、いろいろな観点から、今日では抽象的な感を受ける。それは、基本的には、本能という基礎と意識との間の理論的に考えうる関係についての考察以上のものではなく、その関係を経験主義的に検討することは、一般に行なわれていなかった。それゆえ、本能に条件づけられた「プロレタリアートの未熟」（ジームゼン、一九二四、三八三頁）という表現がしばしばあったが、この「未熟」が現実にどのような形で現われたのか、その時々の労働条件と生活条件に、具体的にどのようにかかわったのかが問われることは、ほとんどなかった。経験主義的な明確化の不足が、当時において批判されなかったのは、主として今日とは異なった受容条件に基づくものである。なぜなら、労働者階級の内部構造の再編成は、すでに明らかになっていたが[21]、プロレタリアートという範疇は、決して伝統的な政治的意味を失ってはいなかったので、いかなる経験主義的な区別立ても、必要ではなかったからである。しかし、政治的に条件づけられた「ひよわな」経験主義的理解は、なかんずくアントニー・オーバーシャル（Anthony Obershall）（一九六五）やスザンヌ・シャード（一九七二）が書いているように、経験主義的社会調査の全体的未発達によって助長されたのである。労働者の状況の調査が他の国々より遅れて始まったというだけではなく、この方向の最初の試みが、偶発的であるにとどまり、労働運動の側からはほとんど取り上げられなかったのである。その理由は、たいていの調査が管理者側のやることであって、それに対しては、不信感そのものが適切な対応だと思われたからであった。すでに一八八〇年に、まさに同じような留保に直面したマルクスが、それに対する反応として、批判的啓蒙の役割を持つ独自の〈労働者調査〉の実施を提唱したが、この計画も労働者自身からほとんど共感を得られなかった。したがって、経験主義的調査の対象としてのプロレタリアートの体質は、根本的には労働運動の外部から生まれたのである。[22]

もちろんこの展開は、経験主義的社会調査の発達が、いわゆる〈社会問題〉自体の発生と密接に結びついているかぎり、逆説的である。この発生はイギリスの例——イギリスでは、窮乏者の増加に直面して、議会がいち早く工場の状況に関する調査（一八三三）、都市の健康状況に関する調査（一八四〇）、あるいは未成年者の労働に関する調査を行なった[23]——に見られるばかりではない。ドイツでも一八七〇年以後に始まった調査活動は、資本主義的労働機構の行きすぎとそれに付随する問題を、まず取り扱った。[24]国の行なう調査と並行して、私的に組織された調査もすぐに始まり、それには、教区や、大学の経済学、財政学の研究室が当たった。なかでも活発なところを見せたのは、一八七二年に創立された社会政策協会（Verein für Sozialpolitik, 以下ＶｆＳ）で、これは一八九〇年までに、すでにいくつかの仕事、すなわち農場労働者に関するもの（一八八三）、住居の不足に関するもの（一八八六）、農業における高利貸に関するもの（一八八七）、家内工業に関するもの（一八八九）を公にしていた。これらの調査は、通常、文書による「専門家への質問」の形をとっていたので、その姿勢においても、実施においても、もちろんきわめて控え目なものであった。そして対象となった「専門家」が、テーマによって、あるいは地主であり、企業家であり、教師であり、牧師であり、あるいは役人であったからには、得られた結果は、現実の状況に関する具体的情報というよりは、むしろそれぞれの地位に制約された強い先入見であることが少なくなかった。[25]

調査の進展は、一八九〇年以降の第二段階になって、ようやく見られた。この段階で、それぞればらばらの「印象主義的な地域像」（ＶｆＳ、一八八七、Ⅷ）を、何の説明もなしに公表するやり方から、部分的に標準化された判断基準に従って、包括的評価を行なうやり方に変わった。この最初の例の一つとして注目すべきものは、一八九二年の農場労働者の調査である（VfS、一八九二）。ここでは何よりも「労働者の状態」と個々の「労働者のカテゴリー」の客観的状況が問題とされた。[26] あらかじめ方法論的考察をめぐらせたにもかかわらず、[27] データの蒐集に際しては、ここでもなおもっぱら雇用者の証言に依存したが、その理由として、とくに次のことがあげられた。「農業労働者は……一般に知的発達があまりにも遅れていて、自分自身の利害にもあまりにも無知なので、短い聞き取り調査では、意味のあること、価値のあることは何も明らかにすることを望めなかったであろう」（VfS、一八九二、第一巻XII）。

この言明に明らかに表われている〈家父長的〉な態度は、事実上初期の調査すべての特徴であり、また、まだ不十分ながら、みずから参加して観察する姿勢によって、対象との隔たりを縮めようとしたあのアウトサイダーたちの研究にも認められる。すなわち、神学研究者パウル・ゲーレ（Paul Göhre）は『工場労働者と職人としての三か月』（ゲーレ、一八九一）と題する研究を発表して、注目された。そして二年後、女権論者のミナ・ヴェトシュタイン゠アーデルト（Minna Wettstein-Adelt）が同じような企画でこれに続いた（ヴェトシュタイン゠アーデルト、一八九三）。いずれの場合も、年齢、収入、住居事情などの〈客観的〉データを提供することのみを問題としないで、当時流行の「道徳統計」[28] に結びつけて、労働者の主観的自己評価を記述することに、とくに努めたものであった。そしてゲーレはそのために、いくつかのインタビューについては、実際に使われた言葉そのままの記録をも発表した。[29]

これらの調査が世間の注目を相当広く集めたということの説明は、〈異なった生活圏〉に対する道徳的関心とでも言うべきものに負うところが大きい。というのは、労働者が何を考えているか、なぜ社会民主党に代表される要求を支持するのか、ということは、彼らの〈客観的〉状況に関する情報が徐々にふえてきているのに反して、はるかに知られていなかったからである。さらにその上、態度あるいは自己評価を問うことは、また「ドイツのきわめて倫理的になりつつあった社会科学の方向にまったく一致する」（ツァイゼル（Hans Zeisel）、一九三三、一三一頁）ものであった。ドイツの社会科学は、早くから労働者の「道徳的向上」に関心を持っていたし、その理論的寄与は、まだまばらに種を蒔いたばかりの状態であったにしても、労働者の問題の主観的・心理学的要素を前面に押し出していた。その典型として、ここではマックス・ウェーバーを示すにとどめる。彼は、同僚たちの倫理的動機を、学問的根拠として容認することはしなかったが、一八九二年に、農場労働者の調査に寄せた文章で、こう言っている。社会学的解釈にとって重要なのは「労働者の収入が実際どれほどなのか……ということより、むしろ、労働者と雇用者が……主観的に満足しているかどうか、そしてどのような傾向が内在しているのか、ということなのである」（VfS、一八九二、第三巻、六頁）。

しかしながら、このようにはっきりと主張された命題も、その心理学的な意味と実行理論的意味とがほとんど分ちがたいものであったために、現実の調査では当初はほとんど試されることもなかった。というのは、ますます精密になっていくデータ蒐集の手法によって、調査は今までどおりの記述的状態描写にとどまり、それをさらに説明することは、求められなかったからである。言い換えれば、理論的考察と経験主義的実践との統一は、仮説を立てて行なう経験的方法のモデルにはとくに要求されるのだが、そのような統一は、まだ生まれていなかったのであって、それぞれの調査の機能は、既成の調査の概念に忠実に、できるかぎり多くの情報を集めることにあった。それは、何か理論的〈限定〉をする前に、すべての「新鮮な真実の表出」(シュティーダ (Wilhelm Stieda)、一九〇九、九五二頁) をとらえるためであった。この考え方は、とりわけ、歴史経済学の代表者たちに好まれたが[30]、その典型的な調査の実例としては、『ベルリンにおける労働者階級の社会状況』(ヒルシュバーグ (Ernst Hirschberg)、一八九七)、『ルール地区における鉱夫の状況』(ピーパー (Lorenz Pieper)、一八九七)、『ベルリンにおける家政婦の状況』(シュティリッヒ (Oscar Stillich)、一九〇二) などの調査があり、それらは世紀末に向かって、飛躍的に増加した。これらの研究はつねに包括的な全体的調査として企画され、〈状況〉に関係があると見られることは、労働事情や賃金事情から休暇の取り方に至るまで、事実上あらゆることが網羅された。この際、一般には物質的状況と「道徳的」状況に関する総合的データが主となったが、個人の主観的運命に関する論評もあった。そして、それぞれの個々の情報の羅列から生まれたのは、ほとんどの場合、結局地図の上の区別しかない調査地域に関する、量的にも質的にもきわめて多様なデータの、多彩な万華鏡であった。

このような〈状況報告〉から、理論に導かれた経験主義への移行は、戦前の非常によく知られた企画に初めてうかがえる。すなわち『大企業内における労働者の選択と適応 (職業選択と職業運) に関する調査』(VfS、一九一〇、一一頁) である。この全部で八つの企業別研究からなる調査は、ハインリッヒ・ヘルクナー (Heinrich Herkner)、グスタフ・シュモラー (Gustav Schmoller)、アルフレート・ウェーバー (Alfred Weber) の指導で行なわれたが、その理論部分はマックス・ウェーバーの考察に基づいている。彼はその膨大な論文の中で、一般的な二つの調査目的を定式化した。第一に、次の問いに答えなければならない。すなわち「閉鎖的な大企業は労働者の個人の性格、職業運、仕事外の生活態度にどのような影響を与えるか」(同書、一頁)。第二の問題は「大企業の側としては、労働者の出身と伝統と生活事情とによって与えられる資質が、その発展をどこまで左右するか」(同書)である。データ蒐集について、ウェーバーは二面作戦を提唱した。それは賃金表や人事資料を二次的に分析し評価するとともに、不特定の数のインタビューも行なうというプログラムであった。同時に彼は、労働者とあらかじめ用意した会話をするための詳細な質問表を作り上げた。インタビューをする者とされる者とが一緒になって、二十七の項目を完成させるようになっていた。これらの質問は、ウェーバーの理論的関心に従って、被調査者の物質的状態ばかりでなく、「心理的性質」、すなわちその願望や希望や自己評価にも関連していて、それらをそれぞれの客観的状況と比較することになっていた。しかし、彼の行なった問題提起のこの部分は、調査の遂行に当たって甚しい露出不足の状態にとどまった。そして、年齢、出身、賃金、労働能力という資料が、個々の部門研究で詳細に取り上げられ、一部は相関的な統計として扱われさえしているのに、心理学的な言明から得られたとされるものは「単なる印象か、せいぜいが、全体の関連から切り離された、いくつかの断片的引用である」(ツァイゼル、一九三三、一三二頁)。

この空白部分は、主観的で〈心理的〉な要素に対する強い関心を考えれば、一見奇妙に思えるかもしれない。しかし、ウェーバーの命題が、心理学的次元と実行理論の次元との区別の不十分さのために、あいまいなままであるうえに、何よりも実施上の弱点があるということを考えれば、少しも不思議ではない。一九一二年に、マックス・ウェーバーの示唆を受けて、アドルフ・レーフェンシュタイン(Adolf Levenstein)が公にした〈労働問題〉調査——これは社会心理学的な立場を明らかにした最初の調査であった——も、このような実施上の困難を免れていない。この研究の背景を形作ったのは、やはりさきに述べたウェーバーの論文（ウェーバー、一九〇八）である。しかし、『選択と適応の調査』と異なって、レーフェンシュタインはもっぱら「技術と精神生活の関係」（レーフェンシュタイン、一九一二、一頁）に関心を集中した。彼は、企業内労働の繰り返し作業と単調さが、プロレタリアートの精神的貧困化を組織的に推進する、という考えから出発した。この命題を試すために、彼はウェーバーに準拠して、二十六の項目からなる質問表を開発した。それは、異なった職業グループからの回答を求めるもので、体系的に見て、四つのテーマ領域を扱っていた。すなわち、労働と労働条件に対する「精神のかかわり」、物質的状態の改善についての考え、〈社会共同体〉に対する関係、そしてこの複合の最後のものとして、「仕事外の文化問題と生活問題」に対する姿勢、である（同書）。

かつては労働者であり、「自分自身も、プロレタリアート的、疑似プロレタリアート的生活の中を、あちこち振り回された」（ウェーバー、一九〇九、五二五頁）レーフェンシュタインは、調査の遂行に当たって、かねてから大事に温めてきた昔の階級仲間との接触を利用して、彼らに直接語りかけたり、質問表をさらに広く配布することを頼んだりした。それでもなお、彼は大きな困難に直面した。社会民主党系の新聞の反論によって、不信感が増大したために、六三%という回収率となったが、これは高いものと評価することはできない。五千を超える回答の分析は、先に述べた四つのテーマ領域に沿って行なわれたが、その際何よりも重要なことは、異なった職業グループ（金属、繊維、鉱業）の間にあるかもしれない相違を検出することであった。彼は、これらの「労働者カテゴリー」の内部に、さらに四つのいわゆる「心理的タイプ」（レーフェンシュタイン、一九一二、一一頁）の相違を見いだした。それは「知識層」、「静観層」、「ゆがみ育てられた層」、「大衆層」（同書）と名付けられた。もちろん、これらの類型別の命名自体が、それらの「心理学的」レッテルがとうてい正当と認めがたいものであることを、明らかに示していた。レーフェンシュタイン自身も、自分の行なった区分が、「結局、まったく主観的な考察で」（同書）なされたものであり、理論的な根拠を著しく欠いている、と認めている。これらの欠陥があっては、注釈的解明を目的とした当初の主張は、必然的に計画の段階にとどまらざるをえなかった。分析は、さまざまの型の、それぞれの職業事情に左右される姿勢について、豊富な記述的資料をもたらしたものの、「階級類型の精神的・肉体的メカニズム」（同書、三頁）への根本的な問いに対する決定的な答えはほとんど得られず、評価においても、その問いはしだいに背景に退いてしまった。

とはいうものの、レーフェンシュタインの調査は、たとえばツァイゼルによって決めつけられた（ツァイゼル、一九三三、一三一頁）ように「素朴な《ナイーヴ》」ものでは決してなかった。それはむしろ、当時一般であった標準にまったく一致しながら、同時に、まだ決定的とは言えないにしても、一つの新しい分析の展望を開いた。そのような展望がそれほど具体的に開けたことは、従来ほとんどなかったことである。それにもかかわらず、彼の仕事が後継者を得ず、間もなく忘れられたのは、第一に戦争の勃発のためであることは、まちがいない。戦争のために、プロレタリアートと社会問題に関する論争はほとんど完全に停止させられてしまった。しかし、一九一八年以降においても、以前の調査の再開ということにはならなかった。これは、社会自身の問題意識が変わったことにのみ理由があるのではなく、すでに戦前から実際に起こっていた学界の社会学的認識の体系的変化をも意味している。それを思い起こすために、ドイツ社会学会の始まりのことを考えてみよう。この学会の方向づけは、一九〇九年の創立から戦争勃発までの間に本質的な変化をした。[31] 当初の論議では、哲学的関心と経験主義的関心が、結びつきはないままに、それぞれほぼ同程度の重要性を持っていた。ところがすでに二年後には、ますます「人文科学的」な傾向を強める社会学観が、勢いを占めるようになった。それは「経験主義的」というレッテルを貼ってはいたが、むしろ、ヘーゲルのいわゆる現象としての世界という意味での経験主義であり、その世界を正当に解釈しうるのは、「純粋」社会学のみであった。

この基本的状況の下では、プロレタリアートの労働条件と生活条件との区分的な記述への動機づけは、きわめて弱いものであった。そして、一九二〇年のマックス・ウェーバーの死は、社会政策的方向づけを持ち、かつ主導的な理論を持った研究における、最も重要な指導者の死であって、その後は意味のある調査は、ほとんど完全に衰退してしまった。[32] それ以降、文献の増加が認められるのは、ようやく二〇年代の後半になってである。しかし当時現われたのは、学界からではなく、労働組合からのものであり、しかも、その特徴は、すべてがホワイトカラー組合側のものであるところにあった。これらの「新しい」組合は、公的な職業統計を基礎にして、みずからが代表する組合員たちの賃金事情や生活条件についての数量的な資料を、専門別、職業別に集計することに力を入れ始めた。それは、賃金交渉の際の議論を有利にするためであった。かくして、ＡＦＡ連合《ブント》はオットー・ズール（Otto Suhr）の手になる調査、『ホワイトカラーの生活態度』（ＡＦＡ、一九二八）を刊行した。Ｆ・ベーリンガー（F. Behringer）がドイツ店員組合の委託で研究したのは『商業徒弟の出身、教育、職業訓練』（ベーリンガー、一九二八）であった。ホワイトカラー労働組合の調査は『ホワイトカラーの経済的、社会的状況』（ＧＤＡ、一九三一）であった。これらの調査は、政治的な方向づけを持った目的のゆえに純粋に記述的性格のものであった。そして被雇用者の「客観的」状況のみを問題として、彼らの主観的姿勢や行動様式は問題としなかった。

経験主義的調査のレベルでは、それらには何の関心も持ちえなかったのである。

2　一九二九年のドイツ労働者——批判的意図による社会調査

学界においては経験主義的調査は明らかに不十分であったが、その中で、以下の研究は、プロレタリアートを経験主義的研究の対象として再発見する第一歩の役を果たしている。フランクフルトのグループと並行して、他の都市においても、類似のテーマを持った企画が増加したからである。中でもあげておかねばならないのは、ウィーン心理学協会で行なわれた調査、『マリーエンタールの失業者』（ラツァルスフェルト／ヤホダ（Marie Jahoda）／ツァイゼル、一九三三）である。ただしこれは一九三〇年になってから始められ、構想としては別の方向へ向かったものであった[33]。ウィーンのグループが、すでにアメリカの先例、たとえばロバート・リンドとヘレン・リンド（Robert & Helen Lynd）による中都市研究（リンド／リンド、一九二九）に、深い関連を持っていたのに対して、フロムと共同研究者たちはむしろ、さきに概略を述べたようなドイツの伝統に結びつき、それを三つの観点から発展させようとした。

■まず第一に、彼らの調査自体が、厄介な理論的・学際的文脈の中にあった。それは彼らが、「社会発展に関する一つの理論を完成させるためには、経験主義的知識の全般的増加が不可欠である」（五九頁参照）という信条から出発していたからである。別の言い方をすれば、経験主義的調査は、同時に唯物論の理論的精密化に寄与しなければならないということである。唯物論は、とりわけワイマール共和国の経験では、意識現象の把握に関して欠陥を露呈していたのであった。

■それまでの調査とは対照的に、関心の対象となる意識的姿勢を、ただ切り離して記述するだけではなく、二つの面で説明することが試みられた。すなわち、マクロの面では、「あるグループ特有の個人の態度とパーソナリティ構造に関するデータ」(五九頁参照)と、「収入、職業、家庭関係などの一連の客観的データ」(IfS、一九三六、二三九頁)との比較であり、ミクロの面では、個々の場合の体系的構造分析である。

■これは、方法論的には、記述式の大量アンケートという量的技術と、精神分析に基づいた質的方法との、それまではほとんどなかった組み合わせを意味していた。それは、代表的・網羅的な供述の蒐集と、「パーソナリティ特性の解明」(七六頁参照)を結合させることを目的とするものであった。たしかに、研究の進展において、これらの観点をすべての点で実現することは、無理なことであった。アンケートは結局断片的なものにとどまったが、それは新しい「批判的意図による社会調査」のきっかけとなる試みの証言であり、その研究の独特の形は、当時では疑いもなく比類のないものであった。

(a) 研究の学際的文脈

フロムと共同研究者たちが調査に手をつけた時、社会研究所は公式には、カール・グリューンベルク(Carl Grünberg)が所長であった。しかし実際には、すでにフリートリッヒ・ポロック(Friedrich

Pollock）やマックス・ホルクハイマーなど、後年のフランクフルト学派のメンバーたちがその運営を決めていると言ってよかった。グリューンベルクは社会心理学的調査に、ほとんど興味を示さなかったので、この調査の開始自体が、始まりつつあった方向転換のきざしであった。その転換は、二年後にホルクハイマーが新所長に任命された時、公式のものとなった[34]。所長就任の辞で、ホルクハイマーは、グリューンベルク以後の世代の考えを初めて一つのプログラムとして要約して（ホルクハイマー、一九三一）、学際的唯物論の概略を説明した。それは、三〇年代の半ばまで、研究所の仕事の中心的な指針となった。このプログラムが、私たちとの関係で関心をひくのは、何よりも、それが、労働者・ホワイトカラー調査を、ただそれだけではなくもっと大きな文脈の中に置き、当時のフロムの仕事に対する、あのメタ理論的視点を明らかにしているからである。

ホルクハイマーが、後にいくつかの論文（ホルクハイマー、一九三二a、b、一九三三a、b）で敷衍し精密化した議論の出発点は、根本的な「合理性の貧困化」（一九三二a、四頁）が認められる同時代の学問を、批判的に診断することであった。その「内部危機」（同書、四頁）の外的徴候は、「専門領域の無秩序な分化」（一九三二、四〇頁）であり、また、哲学と科学とのますます深まる分裂である。その分裂の内容は、何よりも実証主義と形而上学との抗争の形で現われている。ホルクハイマーによれば、この二つの学問の根底には、それぞれが当然のこととしている学問的認識上の関心事がある。実証主義の真の核心が、経験主義的研究の方向を強硬に主張することにある一方、形而上学のそれは、人間の存在にかかわる〈何のために〉という基本的な問いを省察することにある。その問いは「精神の奥深くに根を発しているので、決して沈黙することがない」（一九三〇、七〇頁）。そして、両者が互いに自己を絶対化する程度に応じて、双方の認識様式の根底にある正当な関心事は、イデオロギーにおける違いを見せる。両者がいったん、世界観的な裏付けのある、閉ざされた学問観として対立した時、両者は、学問的実践の相反する両極として凝固し、その発展の可能性には、量的にも質的にもブレーキがかけられる（一九三二a、二頁）。そして社会全体の流れに対する認識は、体系的に麻痺してしまうのである。

しかしながら、ホルクハイマーが述べた、この基礎理論と経験主義的研究との分裂は、彼にとっては、不可避の展開ではなかった。このことに関連して彼がしきりに言及するのは、マルクスの資本主義社会の分析である。それが彼にとって、選ぶべき第三の道と思われたのは、二重の観点からであった。すなわち、それは形而上学的社会哲学者とは反対に、まず第一に根本的に実在科学的な志向を可能にする。しかし、他方で実証主義とは、「単なる事実蒐集に反対して、理論に決定的重要性を」（一九三三b、一九五頁）認めている点で一線を画している。理論構築と経験主義的研究を独自のやり方で結び付けることによって、マルクスは「哲学と科学の統一」（一九三三a、二五頁）を定式化している。ホルクハイマーにすれば、それは「基本カテゴリーの飛躍的変革」（一九三四、四九頁）をもたらすものであり、「認識一般をより高いレベルに」（同書）引き上げるものである。マルクスの構想は、十八世紀の機械的唯物論を克服し、同時に、弁証法的現実構造をその形而上学的基盤から解放する。それは、観念論的哲学の精神原理が、経済学に根ざした、社会進化の唯物論的原理にとって代わられるからである。このことによっても、「形而上学から、「規範的であると同時に記述性をも要求する」科学理論への転向」（一九三二b、一三二頁）が可能となるのである。まさにこの二重の役割において、経済学的批判は「現在の認識に合致した歴史経験の定式化」（一九三二b、一三三頁）を提示しているのである。それは社会関係を、社会理論に基づき、経験主義的に精密化して分析する摸範的モデルとして通用するものである。

しかし、マルクス理論は、決しておのずと正しい分析の免許証になるというものではない。それが「普遍的な構築手段として、具体的な調査に取って代わる」（一九三二b、一三二頁）ならば、経済学的批判はむしろ、ふたたび、「閉ざされた、ドグマ的形而上学」（同書）に変形してしまうのである。それはホルクハイマーにとって、ブルジョア理論におけるその等価物同様、イデオロギー的に疑わしいものであった。マルクスの理論は、実は、歴史に照らして用いられ、ある意味でその理論自身に適用される時にのみ、その典型的性格を保持する。なぜなら、マルクスによって得られた社会進化の法則は、自然科学の意味での法則ではなく、すべてをおおう構造と機能との相互関係を表現しているものであり、その関係の具体的な形は、つねに新しく再構築されなければならないからである。したがって、ホルクハイマーの結論によれば、社会を「独自の、不断に構造変革しつつある全体」（一九三三a、一五頁）としてとらえるためには、つねに理論的、経験主義的精密化が必要である。それはその時々の社会の問題状況を考慮に入れるものであり、合理的解釈の特徴である、あの哲学と科学の統合を保つことを保証するものなのである。

この仮説によってホルクハイマーは、グリューンベルク時代にフランクフルト研究所で支配的であった伝統主義的な唯物論の理解に、明らかに対立した立場をとった。[35] すなわち労働運動の広範囲な失敗にもかかわらず、マルクスの仮説が資本主義社会の発展に関して十分な有効性があるならば、唯物論的分析は、もはや既知の経済学的批判論議に限られる必要はないわけである。下部構造と上部構造の、見過ごしえない非同時性に直面して、むしろ新たな視点が統合されなければならなかった。そしてそれは、ただ理論だけでなく、何よりも学問組織の問題であった。「哲学者、社会学者、経済学者、歴史学者、心理学者……が永続的な共同研究体で合体して」(一九三一、四一頁)初めて、「経済生活と……個人の心的発達と文化領域の変化の間の関係」(同書)という重大問題を体系的に説明することが可能になり、かつドグマ的偏見に陥ることもなくなるのである。新しい綱領の核をなす命題によれば、マルクス理論の有効性は言葉を換えて言えば、ただ次の場合にのみ保たれる。すなわち、「大きな目標をかかげた哲学上の問題を、最も精密な科学的方法で追求し、研究過程でその問題を再構成し、より厳密にし、新しい方法を案じ、なおかつ全体を見失わない」(同書)ために、独立した個々の科学的研究と基礎となる理論形成との間に、結合が成立する場合である。

ホルクハイマーはみずから、彼が目ざす学際マルクス主義を支えるべき、多くの学問分野をあげたが、体系的に見ればそのうちの四つが大きく浮かび上がる。哲学、経済学、社会心理学、文化理論である。[36]その中で、必然的に重要な位置を与えられたのが心理学であって、それはフランクフルト研究所において、徐々に現代マルクス主義の中心軸となった。このことはまた、ホルクハイマーが就任演説で取り上げたあの研究問題においても見られる。彼はそれによって、将来の仕事の一般的テーマを、経験主義的定式で扱えるようにしようとした。すなわち「ある特定のグループにおいて、経済変遷の中でのこのグループの役割、個々の構成員の心的構造の変化、このグループに作用したり、このグループが生み出したりする思想、志向などの間にどのような関係が証明されるだろうか」(一九三一、四四頁)。この「グループ」という語の代わりに、「労働者」と「ホワイトカラー」という概念を置き換えれば、それが、本書の調査のテーマ設定であり、逆にそれは、立案された研究計画の実現の一つの例とされたのである。

しかし、ホルクハイマーにとってこの企画は、課題の問題設定の一部を扱うだけであって、それはさらに拡大されるべきものであった。研究所全体の中においては、経済的、精神的、文化的発展の間の関係は、ただ心理学の視点からのみ研究されるべきものではなく、理論的考察と経験主義的研究が、対等に両立している、学際的なスペクトルの中で研究されるべきであったからである。

ホルクハイマーは、この学際的広がりの表われとして、まず、多様な方法論を獲得すべきであると考えた。この観点から、「経済的状況全体の継続的分析と関連した……公開された統計の評価」（同書）から「報道と文芸」（同書）の社会学的、心理学的徹底研究に至る、数多くの第二次分析の技術が、「きわめて多種のアンケート方法」（同書）とともに考慮に入れられた。この、それ自体中立概念的な方法の適用と完成は、もちろん広範囲な過程を経て可能になるのであって、それはホルクハイマーが、〈社会哲学〉〈社会研究〉〈歴史の流れの理論〉という要素を研究戦術的に三段階にまとめて構想したものであった[37]。いわば前述の科学批判の核心であるこのモデルによって、社会哲学は、まず「一般的〈本質〉を目ざす理論的意図」（同書、四一頁）を定式化し、それによって共同研究過程の問題設定をするのであった。社会研究のレベルでは、一般的問題を個々の学問の標準に従ってとらえ、変形し、経験主義的な仕事を通じて答えを出すことを課題とした。社会哲学と社会研究の共同作業の過程からはまた、第三段階として、「現代の歴史の流れの理論」（一九三二c、Ⅲ）と呼ばれるものが生まれるはずであった。すなわち、それは異なった個々の学問の視点を統合する唯物論的分析であって、ホルクハイマーの目には、その構築のためには、労働者とホワイトカラーのアンケート調査が、先駆的、かつ重要な礎石となると映ったのであった。

(b) 理論的背景としての分析的社会心理学

以上に概略した論点は、フロムの研究が研究所内で持っていた方法論的枠組を明らかにしている。とはいっても、この枠組からは、アンケート調査の構想や実施について、実際には何の指針も得られるものではない。基本的にこのプログラムは、経験主義的な仕事がなされなければならない、と言っているだけであって、その仕事が〈批判的社会研究〉という意味で、具体的にどのように運ばれるべきか、ということころまでは言っていない。もちろん、この欠落は手落ちによるものではなかった。ホルクハイマーにすれば、経験主義的研究の批判能力は、対象に関する具体的な仕事によってではなく、結局、それとは独立した社会哲学によって与えられるものであり、それは、もともと中立的である方法の重要性を、ある程度結果論的に判定すべきものであった。[38] したがって、彼の方法論上の指針は、もっぱら、最大限に多様な方法を求めることに限定された。そして、まれにそれを超えて発言する時は、労働者とホワイトカラーのアンケート調査によってすでに構造の決定した手続きが、社会哲学的に有用かどうかという問題に限られていた。こういう背景を考えると、本書の研究が"学際的プログラム自体から「導き出された」とは、ホルクハイマーが何と言おうと、とうていありえないことである。[39] アンケート調査が、そのプログラムに適合し、その目的に結びつけられたとしても、その具体的な形態をまず生み出したのは、別の考え方であった。その考え方とは、プログラム作成の以前に、外部から始まったものであり、何よりも、本質的にその理論部分を、エーリッヒ・フロムに負うているものなのである。[40]

今日「初期批評理論」と呼ばれているものを作り上げるのに果たしたフロムの貢献は、疑いもなく、たいていの関連文献における評価よりも高く評価されるべきである。だれもが認める「科学界の一匹狼」[41]として、フロムはホルクハイマーを囲む狭いサークルに所属したことがなかった[42]が、彼の唯物論的社会心理学の概念は、少なくとも学際的プログラム自体と同じぐらい永続的な影響を、研究所内部の理論構築の過程に与えた。研究所の文脈に溶け込んだのが、なぜフロムであって、他の精神分析家ではなかったのか。それには、さまざまの偶然や個人的要因以外[43]に、彼独特の社会学と心理学の二重の能力が、まちがいなく一役買っている。それがフロムの、他のほとんどの同僚と異なるところなのである。たとえばベルンフェルトやライヒとは反対に、彼の精神分析への道は、医学を経てではなく、社会学的、人文科学的研究に始まったのであって、彼の主たる関心はまず社会学の分野にあった。アルフレート・ウェーバーの許で、『ユダヤのおきての社会学』（フロム、一九二二）によって学位を得たのちに初めて彼は深く心理学にかかわることになり、広範囲な精神分析の訓練を受けることによって、正統的ユダヤ教の習慣から遠ざかった[44]。こうして始まった、臨床心理学的活動が、彼の時間のかなりの部分を占めるようになったが、社会問題への社会学的関心は、そこなわれることなく残った。すなわちフロムは、ハイデルベルク大学の学位論文の延長として、宗教社会学的調査に従事し（フロム、一九二七、一九三一a）、刑事司法の社会心理学的分析についての論文（フロム、一九三〇、一九三一b）を発表したが、それらの仕事と並行して、ついに彼の方向を示す、決定的な論文が生まれた（フロム、一九二八a、一九三二a）。それらにおいて、「分析的社会心理学の方法と課題」が体系的に詳述されている。

この概念は、少なくとも一九三七年までは、研究所の大部分の同僚から、無条件に受け入れられていたが、正確に言うと二つの部分から成っていた。すなわち、経済的要素と精神的要素との関係についての実質的叙述は、それ自体、フロイトとマルクスの両立性についての長い議論に基づいていたが、その議論も、すでに行なわれていた議論の延長であった。また一方でフロムは、フロイト理論の生物学的根拠が、本質的にその唯物論的性格の状況証拠となると理解した。そしてそれに応じて、本能の世界を、「他のもの同様に……社会的過程の下部構造に直接に所属する、一つの自然力」（一九三二、四九頁）と表現した。この文に明らかに内包される生物学的な意味合いは、もちろん決して堅固なものではなかった。たとえば、ライヒとは対照的に、フロムにおいては、「社会的現実に対する、本能の能動的、受動的適応が……精神分析の中心概念を」（同書、三二頁）形成していた。そして、本能装置がもともと、第一義的に生物学的に記述できるものであるとしても、それは「実際には……いつも、社会的過程によって変形された、ある一定の形で」（同書、四五頁）現われるのである。これによって、精神分析に、明確に社会科学的な性質が与えられたのだが、より綿密に見れば、それは依然として二重感情的《アンビヴァレント》なのである。フロムは、フロイト理論を純粋に自然科学的に解釈することにははっきりと反対したが、彼の場合、今引用した、自然力の社会による制約は、自然の社会的性質の問題としてではなく、社会の持つ「本能装置を修正する力」（同書、三九頁）の問題として論じられるのである。したがって、生物学的解釈は、実は放棄されたのではなくて、社会学的な概念が、付加的にその上をおおったのである。

この傾向は、社会心理学的な手続きを概念化するに当たっても表われている。体系的な出発点となるのは、基本的に「古典的フロイト流精神分析の……方法」（同書、五四頁）であって、それを変えるのではなく、つねに「社会現象に転用」（同書）することが必要なのである。転用という概念は、この場合、文字どおりに理解されなければならない。すなわち、ライヒやサピアの議論とは違って、フロイト理論の個人心理学的方向づけは、まったくそのまま維持されているからである。言葉を換えて言えば、フロムにとっての社会心理学は、大衆心理学でも階級心理学でもなく、むしろ、一種の外挿法を用いた個人心理学なのである。その立場は、社会がつねに「個々の生きた個人によって成り立ち、彼らを動かしている心理法則は、精神分析が個人の内部に発見した法則以外の何ものでもない」(一九三二、三二頁)という「あたりまえの事実」(一九二八a、二六八頁)を示唆していることで説明される。

以上に見た、個人心理学と社会心理学のわずかな相違に基づいて、無意識から生じる意識の精神分析的解釈のパラダイム的核心は、問題なく受け入れられた。そしてフロムは、フロイトの方程式〈心的構造＝本能＋抑圧あるいは昇華〉と並行して、一つの社会の「リビドー構造」(同書、五三頁)というもとはフロイトから受け継いだ概念を発展させたが、それはあたかも、本来彼の考えの根本概念であったかのように見えた。「社会経済的条件が本能の傾向に及ぼした影響の産物」(同書、五三頁)として、リビドー構造は、一面では超個人的であり、他面では個人そのものに根を下ろしている。つまり、それは個人の構造と同じように、抑圧と昇華のメカニズムを通して発展するが、社会心理学的関係として、ただその時々の生活状況の社会経済的条件からのみ推論されるのである。そして、種々の階層内の、感情と意識の発展の中心的要因と見なすことができるのである。

それでは、社会的過程の中で、リビドー構造はどのような役割を果たし、またそれによって、どのようなことが明らかになるのだろうか。本能の傾向の変化が、その時の経済環境に依存しているならば、基本的な出発点は、フロムによれば、「リビドーは、その経済的構造に適応し……そうすることによって、階級間の関係を安定させる要素の一つになる」(一九三二a、五一頁)ということである。すなわち、昇華と抑圧を通じて、特定のものに置き換えられた観念的転移が生じ、それが、無意識の本能の動きを、機能的に合理化して、社会関係の矛盾をおおい隠し、社会の支配関係を維持するための不可欠の前提条件となる。規範やイデオロギーに表われる、本能の傾向の変化が、また同時にその傾向の利用と統合であると理解されるべきものであるなら、そのことはフロムにとっては、さらに進んで、リビドーの力自体が社会構成の本質的要因であるということを意味している。[45]「それなしには社会がまとまりをなさないという……いわば接着剤」(同書、五〇頁)となるのである。「人間のリビドー的志向が加わらなければ、外的な権力装置も、理性的な関心も、社会が機能するための十分な保証とはならない」(同書)。結局、まさにこのことから、本能の世界が社会変革の役割を果たす理論的可能性が生じるのである。というのは、矛盾と抑圧が増大しつつあるという前提では、リビドー構造と経済的な組織原理との間の、元来機能的に肯定的な関係が逆転して、爆発的な力を持つリビドーのエネルギーが解き放たれるという可能性を、否定しえないからである。

分析的に見ると、リビドー構造という概念は、イデオロギーの発生と有効性とを説明する最初の試みであるが、もちろんそれ自体は、まだかなり抽象的であった。フロムは、基本的には、本能基盤とイデオロギー形成との間に、ある関係があると主張しただけであって、その仮説は、この過程がどのように、また、いかなる段階を経て、社会心理学的に具体的な形で経過するはずのものかについては、実はまだ何も明らかにしていない。そこでフロムは、フロイトの社会化理論に関連して、二重の観点から、議論の拡大を図った。それはまた、経験主義的分析への移行を可能にするものでもあった。一つには、ウィルヘルム・ライヒにおけるように(ライヒ、一九二九、一五九頁)、家庭というものが、それを通じて「社会あるいは階級が、それに相応した構造を、子供たち、ひいては大人たちに焼きつける」（一九三二a、三五頁）ための社会的な場として導入された。そしてそこから、『権威と家庭に関する研究』（IfS、一九三六）において広範囲に扱われている彼の研究課題が生まれた。すなわち「家庭はどこまで……特定の社会形態の産物なのか。そして、社会の発展によって条件づけられる家庭の変化はどこまで……個人の精神装置の発展に影響を与えることができるのか」（一九二九、二六九頁）。これに対して、労働者とホワイトカラーのアンケート調査については、また別な明確化がより重要になった。すなわちそれは、カール・アブラハム（Karl Abraham）（一九二五）に準拠した、フロイト性格学の新解釈であった。そしてそこから、「パーソナリティ類型と政治的態度」（第四章）の間の関係を説明するのに用いられる、あの心理学的「類型」が発展した（フロム、一九三二b、一九三六）。さまざまの「社会的性格」――一九四一年以降用いられた表現(46)――というこの概念の出発点を作ったのは、個人の性格発展の精神分析的な段階の図式であった。厳密に精神分析的な方法によって、フロムはまず、口唇期、肛門期、男根期に成立する行動特質についての論議を展開した。それらは成熟につれてそれぞれの類型に、ひいてはさまざまの性格構造に固定されうるものであった（一九三二b、二五二―三頁）。それとは別にフロムは、ゾンバルト（Werner Sombart）に準拠した社会学のレベルで、倹約、秩序愛、義務感、競争意識という「市民精神に典型的な性格特性」（同書、二七四頁）論を展開した。これらの要素は、現象的にはさきに研究した肛門性格の特徴に非常によく合致するので、結局、フロムは、「精神分析的性格学を社会問題に適用する」（同書、二六八頁）ことによって、「市民社会の人間に典型的なリビドー構造を特徴づけるものは、肛門リビドー位置の強化である」（同書、二七四頁）という結論を得た。市民的態度と肛門性格との同一視は、もちろん、議論の進展につれて、さらに細分化された。なぜなら、独占資本主義においては、今述べた性格特性は、フロムによると、有産階級に「役に立つというより、むしろ邪魔になる」(同書、二七四頁)からである。したがって肛門固着は小市民階級にのみ典型的であると思われるが、「肛門的態度に独特の、父性的権威の崇拝および規律願望の混合が、反逆との奇妙な一体化」(同書)に現われるという点で、ここでも重点の置き方が変わっている。小市民階級の肛門固着に対して、最終段階の一つとして、これと異なった心理学的類型、すなわち性器的性格が発達するが、フロムは、これを「心理的・性的発達と社会的発達の同一視」(ダーマー、一九七三、三四一頁)という根拠に基づいて、そのままプロレタリアートに帰している。ライヒの断定的な仮説(ライヒ、一九三三)とは違って、この場合のフロムの表現は、たしかに、比較的あいまいなままであり、性器的性格が、典型的な事例では、二重感情を持たず、愛を持った強い自我を獲得しうる、という言明をほとんど出るものではなかった。このあいまいさの理由は、とりわけ、並行して進んでいた経験主義的調査の結果が、当時すでに明らかになりつつあったことにあるのだろう。すなわち、肛門性格特性は、プロレタリアートにとっては、彼らの生産過程に占める位置からすれば、実際には「余計な」(同書、二七五頁)ものであったにちがいないが、労働者とホワイトカラーのアンケート調査が明らかにしたことは、社会理論的にきわめて大胆に作り上げられた、性器的で、革命的な性格は、現実にはほとんど広がっていないというまさにそのことであった。

(c) 研究の実行と評価

フロムの概念を、フロイト左派の他の代表的な学者たちの説と比べてみると、内容的に違いはあるものの、比較的広い範囲に及ぶ説明モデルを持つ点で、結局理論の類型としては同じであった。それはたとえばライヒの説と同様に、経験主義的裏付けへの手がかりをほとんど持っていなかった。あるいは、別な形で言うと、これまで概略した考えに従って、フロムは調査の可能性の輪郭を描いてはいたが（国民の中の一定のグループのイデオロギーと性格構造の分析）、それでもまだ、経験主義的調査の「構想」を発展させてはいなかったのであって、それゆえ、理論と経験との関係という観点から、経験主義的作業への展開をどのように、また何によってなしとげたかということが問題なのである。この問題の答えは、もちろん理論の中に見いだすことはできない。なぜなら、分析的社会心理学自体は、経験主義的な作業への手引とはなりえても、必然的にそれに至るものでは、決してなかったからである。したがって、外部の、理論以外の条件を求めなければならない。この場合、何よりも二つの理由が決定的であったように思われる。一つの条件は疑いもなく、社会学と心理学の二つの領域に及ぶフロムの能力である。それによって、経験主義的な社会調査に携わる資格においては、ベルンフェルトやライヒよりずっとすぐれていたのである。そして、少なくともこれと同じほど重要であったのは、フランクフルト研究所とのつながりそのものだろう。そのおかげで大規模な調査を実施するための組織的、資金的手段を得たばかりでなく、ヒルデ・ヴァイスという共同研究者も得られた。彼女は、もう大方埋もれてしまっていたウェーバー流の伝統的アンケート調査に通暁していて、そういう仕事の復活に取り組んだのであった。(47)

このような全体的状況から、この研究の構想と実行に当たっての、仕事の分担が生じた。それはある意味で、単一科学のレベルでの社会哲学と社会研究との相互作用という、ホルクハイマーのモデルを繰り返すものであって、フロムは、先導的、指導的な役割を引き受け、一方、ヒルデ・ヴァイスは、具体的な実行を任せられた(48)。その際、調査の構成のどの部分をフロムが発案し、どの部分をヒルデ・ヴァイスが発案したのか、今日となってはもう再構成するのは難しいが、アンケートと、『権威と家庭に関する研究』に表われた初期の解釈をつぶさに見れば、それとは別に明らかになることがある。すなわち、経験主義的方法の確立に、決定的な刺激を与えたのは、一人の先駆者、アドルフ・レーフェンシュタインにほかならないということである。彼の影響はアンケート調査の多くの部分に認められる。すなわち、態度の領域の細分化、三つの「心理類型」の区別、また個々の質問に対する回答を経済的状況と政治的志向の関連で分析すること（第三章参照）――これらはみな、レーフェンシュタインが、すでに初歩的な形で行なったことであった。このように見ると、本書の研究は、多くの観点から、彼の調査の一種の再版であると言えるのである。

しかし、レーフェンシュタインに比べると、理論的要求は、はるかに高いものであったし、経験主義的なプログラムも、彼をはるかに超えていた――それは「労働者とホワイトカラーの意見、生活様式、そして態度」（六〇頁参照）について、可能なかぎり包括的な像をとらえようとした。この目的のために考案された二百七十一項目のアンケートは、もちろんあらゆる次元にわたっていたが、純粋に量的な方向づけを持った社会調査という意味からだけでも、決して理想的なものにはなっていなかった。たとえば、質問によって無回答率が高くなったことや、三三%を少し超えただけで、レーフェンシュタインの標準に達しなかったかなり低い回収率は、対象者への〈要求過剰〉を示している。さらにまた、表面的に見ても、質問票の長さもまた、調査の理論的目的にも、実行可能性にも釣り合っていなかった。二百七十一の質問のうち、辛うじて半分以上、つまり百五十六（IfS、一九三六、二四八頁）が事実上、態度についての質問項目となっていたが、この中の多くは、結局限定的にしか使えない質問であって、時間の点からも現実の状況からも有効と評価されるものではなかった。(49)

しかしながら、これらの技術上の欠陥から、研究そのものに対する基本的な異議を導き出すことは、性急に過ぎるであろう。フロムと共同研究者たちが、アンケート調査を始めた当時、彼らには経験主義的社会研究の実績がかなり少なかったことは、たしかに事実である。しかし、まさにこの経験不足が結果としては、よかったことになるのである。すなわち、彼らは最初から、固定した方法論的な手段を用いて作業したのではなく、「まず、アンケート法の正しい使い方を作り上げる」（IfS、一九三六、二三一頁）必要があったから、企画に携わった者たちは、今日ではほとんど忘れられている実験的調査スタイルを、実践しなければならなかった。その場合の目標は、既知の技術をできるだけ効率的に駆使することではなくて、その技術を創造的に発展させ、変革することであった。このような理論的問題提起を背景にして、予備テストの形で、経験習得のいろいろな可能性を吟味することが問題であったと言えよう。さまざまな質問の技術や質問の文章化の有効性を確かめることがまず必要であったので、純技術的な意味では〈効果のない〉やり方でも、正しいとされるだけではなく、まさに必要でもあったのである。

この場合、決して単純な考え方で仕事にとりかかったのではなかったことは、何よりも方法論についてあらかじめ考察が行われたことが示すとおりである。方法論に関する、個々の分析は、ずっと後になるまで発表されなかったが（シャハテル、一九三七、ラツァルスフェルト、一九三七）、記入式による質問の是非についての議論は、早くから当時としては高い水準に達していて、部分的には、今日の態度調査についての批判を思わせるものがあった。[50] この背景からすれば、独自のやり方という観点から、精神分析の典型に則した面接法にするのが当然であったかもしれない。フロムの考えでは、直接的な相互作用が、被質問者の真実の態度を発見するのに最も適した方法であったからである。しかし、一方では、標本調査を行なうということは決めていたので、[51] そのような戦術は資金的理由からも実現しえないことであり、結局記入式による質問の可能性のみが残ったのである。しかし、このやり方の枠内でも、なお面接の利点を取り入れる努力は続けられ、〈自由記述質問対選択回答質問〉の問題が論議された。その際、標準的な選択回答方式が持つ、誘導的な性質、および限定的質問の場合に、個人的な回答のニュアンスがすっかり失われてしまう事実、が論じられた。そのニュアンスこそが分析において高い価値を持つものであるゆえに、態度に関するほとんどの質問は選択回答方式でなく、意識的に「自由記述式」質問として構成された。

もちろん、これまで概略した考察は、社会研究所全体の文脈の中では、まさに行なわれようとしているホワイトカラーと労働者のアンケート調査に関連して興味深いばかりでなく、その主張している点から考えると、むしろその後に続く「批判的社会研究」という意味を持つ研究遂行の土台となるべきものであったし、さらにそれらの研究のための出発点をも示すように思われた。なぜなら、その目標とする方法論の構造を見れば、それは、理論主導であると同時に資料をも重視する研究を目ざしているからである。これこそ、ホルクハイマーのプログラムでは非常にあいまいな形でのみ表明されていた要求を、満たすものなのである。すなわち、標準的選択回答方式を避けて、純粋に理論に基づいた質問に徹することによって、経験の対象の構成が、特定の理論的予断によってのみ決定されるのではなく、回答者が問題をいかに定義するかということもまた、この決定過程に入り込んできたのである。これによって、当時も今日と同様に支配的であった、分析的、演繹的な社会研究の概念との、重要な違いも同時に示唆されていたのである。というのは、経験習得とは、もはや理論的な概念定義から、概念の操作を経て、計測に至るという一つの方向をたどるのではなく、むしろ、理論的定義と経験的資料との間には、分析的、演繹的考えにとってはまったく論外の〈断絶〉があったからである。その断絶は資料への敏感な反応の必要性を、少なくとも潜在的に保証するものであって、評価の段階でようやく解消されるはずのものであった。[52]

その断絶を解消する第一歩は、「回答をそのまま記述的に提示すること」（六一頁参照）であって、それは、規格化されていない個々の意見を分類することによって、比較を可能にすることを目的としていた。その場合フロムは、のちにラツァルスフェルトがやったように（一九三七）、大きく二つの分類方法を区別した。すなわち、「記述的」方法と「解釈的」方法である。その「記述的」に当たるのは、被質問者の回答を、同時に体系的なカテゴリーとして利用できるような分類であり、一方、解釈的分類では、それぞれの意見は、より高い、理論的に考察したカテゴリーに関連づけられた。この区別は、本来段階的なものであったが、これによって、少なくとも、評価のためにとくに重要な質問を、まず選択することができた。というのは、研究の目標にとっては、結局解釈的に分類されるような質問のみが意味を持っていたからであった。もともと、解釈的分類という考え自体が、明らかに精神分析的内包を持っていた。すなわちフロムによれば、回答は基本的に「精神分析家が患者の連想に耳を傾けるようなやり方で分析（される）」べきものであった。[53] このことは、体系的に見れば、二重の意味を持っている。その一つは、それぞれの意見を、いつわりのない事実として把握することを基本とするのではなく、表明された意見と、その中に潜在している意味との相違を問うべきだということであり、もう一つは、この相違を恣意的にではなく、精神分析の解釈技術のモデルに従って説明しなければならないということであった。なぜなら、解釈的分類の目的が、「原回答をその根底にあるパーソナリティ特性の言葉に翻訳すること」にあったからである（七七頁参照）。

しかし、この要請は、実際のカテゴリー構成の仕事においては不完全に満たされただけであった。分類の仕事を分担したフロムとシャハテル[54]は、意見の表明と、その心理学的に考えられる意味との間の関連を繰り返し指摘したが、作成されたカテゴリーそのものは、実際には精神分析に基づくものではなく、むしろそれぞれの回答を、テーマに関連させて抽象化したものの表われであった。そしてその内容形態は、方法論の準備段階での考察から期待されるような、理論的な考察を経た構造を示唆するものではまったくなかった。内容的に見れば、それぞれの意見表明は、かなり単純な、左翼―右翼の図式で整理され、その図式の基準を決定するものは、「保守主義理論」、「自由主義理論」、「社会主義理論」（一三三頁参照）であった。第二段階において、この図式は、さきに概略した性格類型とそのまま結びつけられた。その際、権威主義的性格、あるいは「権威主義・マゾヒズム性格」（フロム、一九三六a、一一〇頁）は保守主義に、二重感情的《アンビヴァレント》性格は自由主義に、性器的・革命的性格は社会主義に、それぞれ傾く、ということが前提とされた。そして、このことを個々の場合において厳密に立証しないままに、社会主義的・革命的態度は肯定的《ポジティヴ》とされ、これに反して、保守主義的・権威主義的態度は否定的《ネガティヴ》とされた。さらに、すべての質問にこの評価を一様に適用したために、最終的には、一方の極には強固な「反権威主義的」左翼があり、他方の極には一貫した「権威主義的」右翼があるという態度構造の仮説モデルができあがった。

この全領域にわたる分極化は、二重感情的《アンビヴァレント》性格という中間集団によっても、ほとんど弱められることがなかったので、このモデルは疑いもなく、社会の現実の像としては歪んだものであった。そればかりではなく、それぞれの場合の評価も、必ずしも十分根拠のあるものとは言えなかった(55)。しかし、結局それがワイマール左翼の自己像とイデオロギーを反映しているだけであったからこそ、逆説的に、経験主義的分析にきわめて成果のあるものとなった。というのは、方法論的に定式化すれば、これによって欺瞞性の分析への道が開かれ、その結果は驚くべきものとなり、かつ注目に値するものとなったからである。

モデルの欺瞞性はしだいに明らかになったが、その最初の表われは、第二段階での相関関係の統計的分析に見られる(第三章)。それは上述のように分類された態度を、それぞれの政治的志向や職業的地位(労働者—ホワイトカラー)と体系的に比較することを目ざしていた。すでにこの比較において、研究の初めには予期されなかった、左翼—右翼という仮説的図式と現実の状況との乖離が明らかになった。それは、この仮説構成の真実度に疑問を投げかけただけでなく、ワイマール左翼の自己像が現実にほど遠いことをも、明らかにしたのであった。研究対象は、主として左翼的な政治的志向を持った労働者から成っていたが、「革命的」な回答の率はしばしばきわめて低く、興味深いことに、ある設問での「政治」性が、直接に感じられなければ、それだけいっそう低くなったのである。それゆえ、理想的な政治形態を問う質問には、ほとんどの被験者が期待どおり「左翼的」意見を述べたものの、歴史上の重要人物を問う問題において、すでに低い数値が記録され、体罰の問題に対する意見表明に至っては、反権威主義的回答に比べて、目立って多くの権威主義的回答があった。

この分析の結果によると、被質問者の大多数は、彼らの関係する政党の（通例は左翼的な）スローガンの信奉を表明しているものの、微妙な、一見非政治的な問題では、ラディカルな意見表明の度合いがかなり低くなっていた。モデルとして想定した統一性、とくに社会主義・反権威主義的態度の統一性に厳しい疑問符をつきつけるこの結果を背景として、フロムと共同研究者たちは、第三段階（第四章）で、態度構造の一貫性または非一貫性を、より正確につきとめようとした。そのために、三つの態度複合《コンプレックス》が選ばれ、それらの体系的関連が研究されることになった。すなわち、「政治的」態度と、「権威」に対する態度と、「隣人」に対する態度であった。これらの複合のそれぞれに、いくつかの質問が指標として選び出された。しかし、広い範囲から指標を選ぶという当初の計画は、適当な質問が不足していたために実現しなかった。それでも、この結果として現われた、政治的特徴と職業的特徴との相関関係は、第二段階ですでに示唆されていた結果をさらに鮮明に浮かび上がらせた。個々の態度〈症候群《シンドローム》〉についてはかなり高い一貫性が見られたが、個別の複合の間には相当な乖離があった。共産党と社会民主党の党員のわずか一五％が分類モデルの意味で明らかな「ラディカル」である一方、二五％もの多くが、あるいは傾向的に、あるいは完全に、権威主義的と見なされなければならなかった。

比較的小規模で、かつ無作為抽出とは言えない調査なので、今あげた数字が正確かどうか当然論争になるところではあるが、研究の目的と必然性を考えれば、それは大した問題ではなかった。一般に行なわれていた分析的・演繹的戦略とは違って、フロムや共同研究者たちにとってはつねに、結果の技術的正確さは、問題との関連性ほど重要ではなかった。彼らはその関連性が正しく保たれるのは、次の場合のみであると考えた、すなわち「一貫した意図が、ドグマ的硬直にも、単なる経験主義・技術主義にも、陥ることを防ぎえた場合」（ホルクハイマー、一九三二、四五頁）。彼らが求めた基本的な価値は、統計の正確さという理想ではなかった。フロムはそのことを強調して何度か言っている。自分はこれらの数字で〈証明〉しようとしているのではない、ただ〈傾向〉を示そうとしているのである、と。そしてその主たる傾向、すなわち中心的な結果は、表向きの政治姿勢と潜在する性格構造との矛盾の指摘において明らかになった。当初の理論的予想に反して、経験主義的に見て、純粋な「権威主義的」性格、「二重感情的」性格、「革命的」性格は、ごくわずかしかなかった。ほとんどの回答者は、一つの態度症候群では権威的態度を示し、それに反して他の態度症候群では、二重感情的な態度や、革命的な態度を示すという点で、むしろ一貫性を欠いていた。

本来なら、この結果はそれまで発展してきた理論的基礎を、さらに発展させ精密化することにつながったはずである。しかし仕事はまさにこの部分において断片的なままであった。というのは、精神分析を基礎にした性格学がまだ十分に洗練されていなかったので、一貫性の欠如を見いだしても、それをも包含した体系に完成することができなかったからである。この点についての再解釈は、ただ一つの事例、すなわちいわゆる反抗的性格にのみなされただけであって、結局理論的前提と経験主義的資料との間の橋わたしは、最初に目ざしたほどには実現しなかったのである。

この欠陥は、計画が予定どおりに進めば、なんらかの形で埋められたはずのものであって、決して大げさに考えられるべきものではない。一貫性の欠如を個別にどのように説明するにしても、それが存在するという事実は否定できないのであって、そのこと自体が、それまでなかった興味深い論点を生み出す結果、一九三三年以降ファシズムがきわめて容易に確立された理由を理解するのに役立つのである。すなわち、外に向かって声高なラディカリズムは、明らかに、労働運動の反ファシズム的潜在力の真の姿をおおい隠していた。表向きの意見と潜在的な態度との矛盾を観察するならば、多くの場合、左翼的外観は、根底にあるパーソナリティ特性によって中和され、あるいはゆがめられているように思える。したがって、フロムの下した結論によれば、ワイマール左翼は、選挙結果がどうなろうとも、彼らの性格構造から言って、ナチズムの勝利を阻止しうる状態ではなかったのである。(56)

注

（1）社会研究所については、Schmidt 1970, Jay 1973, Söllner 1976, Dubiel 1978 参照。

（2）ポロックによれば、この疑問は第一に資料の散逸に基づいていた。その散逸によって、この調査の代表能力が保たれなくなったと考えられたのである。しかし、フロムによれば、最初から、意見の対立が一番大きな問題であった。

（3）フロムとアドルノとの間は、すでにフランクフルトにおいて緊張した関係となっていた。——当時アドルノが研究所に入れなかった主たる理由は、ホルクハイマーがフロムとレーヴェンタールから遠ざかるのを拒否したからと思われる（von Haselberg 1977, p. 11）。

（4）研究所をやめる決定的きっかけとなったのは、一九三八／九年の研究所の財政難であった。フロムは、個人的に精神分析を行なって、経済的にある程度の安定を得ていたので、研究所の経営管理をしていたポロックが、彼に少なくとも一時的に無報酬で我慢してくれるように頼んだ。この要請を受けてフロムは、もはやこの先共同研究を続けて行く基盤が失われてしまったと判断した。そして、終身雇用契約に基づき、二万ドルに達する退職金を得て、そののち研究所との関係をほとんど完全に絶った（フロムとの会話、一九七七年二月二十二日）。

(5) ジェイ、一九七三、一四七／八頁参照。——しかしフロムの回想では、最終的な出版計画はジェイと違っていて、一九四一年であった。

(6) 双方の気持ちが隔たった結果、研究所側では経験主義的調査へのフロムの関与を過小評価し、一方フロムは逆に、研究完成への研究所員の関与をできるだけ無視するようになった（フロムとの会話、一九七七年二月二十二日）。

(7) フロムとの会話、一九七七年二月二十二日。

(8) この点で、唯物論の概念の内容的理解は、研究所の仕事が始まった時から、すでに統一されたものではなかったのだが、ジェイが一九七三年に最も明瞭に示したように、後年ますます先鋭化していった考え方の相違は三〇年代の半ばになってやっと明らかになったのであった。中でも『権威と家庭に関する研究』（ＩｆＳ、一九三六）の中断が、その時期を示すものとして注目される。

(9) ホルクハイマー、一九二六—、一二二／三頁参照。

(10) この経過の背後にある考え方は、とくに Paul F. Lazarsfeld が二〇年代の初めに作り上げた定式に明らかである。「初期の革命は、自分の側に経済的状況を持っていなければならない（マルクス）。勝利を納める革命は何よりも技術者を必要とする（ソヴィエト連邦）。失敗した革命には心理学が必要である」（ラツァルスフェルト、一九六八、一四九頁）。

(11) これについて注目すべきことは、精神分析が一九二〇年代に入ってもずっと、「ほとんどすべての〈高名な〉専門家、学者から攻撃され、物笑いにされていた」（フロム、一九七〇ａ、二〇六頁）システムであり、自己を反体制的な下位文化と規定するしかなかった、ということである。

(12) このことを示している例としては、Wera Schmidt の精神分析児童ホーム研究所(一九二一―一九二三)や、フロイト門下の Ferenczi やハンガリーにおける Bela Kun の教育活動など(Dahmer 1973, pp. 276/7)。

(13) この経過の詳細は、ダーマー、一九七三、二八三/四頁。ここにおいても明らかなことは、最初に論争が繰り返されたあと、一九二〇年代末になって、部分的にではあるが、客観的な議論が始まったということである(Sapir 1929/30, Stoljarov 1930)。しかしながら、それは精神分析が提起するような〈主観的要因〉という問題には対応しえない、ドグマ化したマルクス主義の枠に縛られたものであった。

(14) このことは、Gente 1970 に記録されているような、ウィルヘルム・ライヒが始めたセクスポール運動のエピソードにも象徴されている。

(15) 主としてウィーンとベルリンの精神分析協会を中心に集まったこのグループには、ベルンフェルト、ライヒ、フェニヒェル、フロム以外に次のような精神分析家がいた。Barbara Lantos, Edith Jacobsen, Käthe Misch, Annie Angel, Edmund Bergler, Annie Reich, Richard Sterba.しかし、これら左翼の精神分析家たちは、非公式な組織以上に踏み出すことはなかった。それは彼らが「目的(精神分析をマルクス主義に組み入れること)において一致していたものの、その理論的、また政治的意見の相違があまりにも深刻で、いかなる学問的共同作業も実現しなかった」(ダーマー、一九七三、三一一頁)からであった。

(16) これの典型的な例は、Fenichel 1934, p. 229.

(17) 観念論に対するレーニンの反論は、すでに「自然科学的認識があらゆる認識のモデルであるとドグマ的に仮定」(Negt 1969, p. 41)している。そして、この立場は、マルクス主義の正典化に伴って、「正統の知識」(同書、三三頁)に体系化されたのであった。この一元論的構造の出発点を作ったのは、エンゲルスにならって構想された〈自然弁証法〉であり、それは根本的に人間と無関係な物質的基礎として理解されるものである（Deborin 1925, p. 94）。そして、この非社会的な自然弁証法のモデルに従って、客観的自然関係としての〈史的弁証法〉も再構築されることになる。「自然は、マルクスの言うように歴史的実践の要素として組織されるのではなく、その逆である。歴史的実践が自然関係の構成要素となるのである」（Negt, 1969, p. 37, さらに、Marcuse, 1958, p. 134 参照）。

(18) かくして、たとえばイェンセンは、フロイトの『トーテムとタブー』の論文を批判して言っている。これは「マルクス主義民族学によってこそ……可能になる、社会学的基礎をまったく欠いている。そして、社会学と精神分析を結びつけようとすることなく、ただ精神分析一本やりで行くならば、資本主義の誕生を精神分析的に解明しようとする試みというものがどうなってしまうかを示している」（Jenssen 1926, p. 219）。

(19) 当然ながら、サピアはフロイトに異議を唱え、フロイトは個人心理と階級心理の関係問題をなおざりにした、と言っているが、彼自身もその二つの要因のはっきりした違いを結びつけることはしなかった。階級心理という考えのために、個人心理学は、社会学的分析からあっさりはずされてしまって、非社会的な一学問分野に追いやられてしまう。それは史的唯物論の説明に触れることはなく、結局その説明とは無関係なのである。

(20) 詳しくは、Burian 1972 参照。

(21) ここで挙げるべきは、まずホワイトカラーの突出的な増加であり、生産労働従事者の減少であり、また、業種別の特殊化の進行である。それらは、意識形成に決して無関係ではなかった。（ここに述べた構造的変動については、Lederer 1912, Lederer/Marschak 1927 参照。さらに詳しい資料はフロム、文献補遺3参照。）

(22) 経験主義的社会調査の発展については、Obershall 1965, Schad 1972 および、Zeisel 1933, Schäfer 1971（とくに一九二頁以下）、さらには Maus 1973 参照。マウスはドイツにおける発展を、国際的な比較の中で全体的に明らかにしている。
(23) イギリスのアンケートの機構と発展については、Cohn 1877, Maus 1973, pp. 26-27 参照。
(24) この場合、主導的役割を果たしたのは、何よりも、帝国総理府の行なった調査『工場における婦人と少年の労働について』(RKA、一八七七a)であり、また『徒弟、職人、工場労働者の状況について』(RKA、一八七七b)であった。それらは一八七四年と七五年に行なったものである。二千人の労働者と、四千人におよぶ企業家について行なわれたものではあるが(RKA、一八七七b、二頁)、オーバーシャルの見解によれば「野心的な試みではない」(Oberschall 1965, p. 19)。しかし、それらはそれ以降の数年間の展開にとって、過小評価できない意味を持っている。この政府の研究によって、プロレタリアートは、経験主義的調査の対象として、ある意味で「敬意を表すべきもの」となったからである。
(25) このようなあやふやなやり方に対して、最初に批判の声を上げたのは、ゴットリープ・シュナッパー＝アルントであった。彼は、なかんずく高利に関するアンケートが相当部分で非科学的だとした。そして、その結果が潜在的に反ユダヤ主義の傾向を持っていることに触れて、その報告が特定の階層および個人によって、ゆがめられたものであることを明らかにしようとした(Schnapper-Arndt 1888)。
(26) このアンケートにはマックス・ウェーバーも初めて参加した。彼は第一次の報告に基づいて、『東エルベ地域ドイツの農業労働者の状況』についての研究を行なった(VfS、一八九二、第三巻)。
(27) この点については、Cohn 1877 と Stieda 1877 のほか、とくに Ludlow の「雇用者と被雇用者の証言の本質的信頼度」(一八七七)に関する論文参照のこと。これは社会政策協会の年次総会で討議されたものである。
(28) 道徳統計の展開については、Böhme 1972 参照。
(29) 労働者自身にしゃべらせようとするこの努力は、また Göhre が推し進めた労働者の伝記の出版にも現われている。世紀が代わってからは相当な版数を重ねたものもある。(例としては、Fischer 1903, Brom-

me 1905, Dulden 1910, Rehbein 1922. またとりわけよく知られたものとしては、August Bebel の自伝一九一〇)。

(30) 歴史経済学者たちのある部分は、標準化されたアンケート方法にも、統計的方向づけを持つ評価方法にもはっきり反対であった。彼らの方法論については、Schäfer 1971, p. 197ff, Bonss, 1982, p. 104ff 参照。

(31) Honigsheim 1959, von Wiese 1959 も参照。

(32) ベーベルの伝統に属する調査の最後の一つとしては、Duisberg が一九二一年に行なった研究があげられる。それ以後の数年間にも、とくに労働者の住居事情に関するいくつかの地域的研究があった。しかし、これらはそれまでの伝統とほとんどつながりを持たず、研究にとっては総じて意味のないものであった。

(33) 構想の違いのゆえに、この二つの調査の相互の影響はそもそもありえないものであった。フロムはのちになって方法論の観点からラツァルスフェルトを引き合いに出しているが、この接触点はマリーエンタールの調査とは関係ないと考えるべきである。それでも興味深いことは、両研究ともよく似た政治的背景を基盤にしていることである。ラツァルスフェルトも、フロムとその共同研究者たちも、目標として考えていたのは、経済的状況と、政治参加力の欠如との矛盾を、教育によって克服することであった。そして、啓蒙によって「社会主義の精神を広げること」(Lazarsfeld 1968, p. 149) を望んだのであった。

(34) それまでのいきさつの詳細は、Jay 1973, p. 25ff 参照。

(35) かくして、一九二七年に Oscar H. Swede は、「マルクス主義に基づく研究所において、長時間、怒気を含んだ論争が行なわれ、若い世代が正統的な宗教と聖像研究文献崇拝に身を捧げている」(Jay 1973, p. 30) ことを嘆いている。

(36) これらの分野の主たる代表者として、個人名をあげると、哲学ではホルクハイマーとマルクーゼ、経済学ではグロスマン、ポロック、グンペルツ、社会心理学ではフロム、文化理論ではアドルノとレーヴェンタール（ＩｆＳ報告一九三八、三頁も参照）。

(37)　このモデルの「弁証法的表現と研究組織」については、Dubiel 1978, p. 170ff も参照。

(38)　この考え方は、のちに研究所の仕事の中で哲学的考察がさらに進むにつれて、マイナスの結果が明らかになったのであるが（Dubiel 1978, p. 66ff）、やはりヘーゲルの経験主義観が思い起こされる。「個々の専門的学問は、歴史の流れを理論的に構築する要素を提起するのみであるが、それらの要素は、個々の専門学問としての位置にとどまるものではなく、今まで表現されたことのないような新しい、意味的機能を持つ」（Horkheimer 1934, p. 22）からである。

(39)　このように個々の研究プロジェクトを全体の研究プログラムに「帰する」ことは、学問的記述においては、よくあることでもあるし、もっともなことである。しかし、このようにあとで整理した記述と、実際の研究の推移を（Dubiel 1978 にうかがわれるように）混同することは、事実の歪曲となるだろう。とりわけ、影響関係というものは、フランクフルト研究所の例でも見られるように、逆の場合がふつうなのである。

(40)　しばしば区別なしに用いられる概念であるが（たとえば Jay 1973 でも）、指摘しておかなければならないのは、「批評理論」という術語が、一九三七年に、研究所プログラムの哲学的見直しに関連して初めて生まれたものであって、それ以前に行なわれていた理論構築の過程と一緒にしてはならないものだということである。

(41)　一九七七年二月二十二日、フロムとの会話。

(42)　また次の事実がこのことを物語っている。すなわち、フロムが、契約にもかかわらず、たまにしか研究所で仕事をしなかったこと。みずから証言しているように、フランクフルト学派よりもむしろ新精神分析派の中に根を下ろしていたこと。

(43)　すなわち、研究所との最初の接触はレオ・レーヴェンタールとの個人的つながりから始まったのである。彼はフロムと同じく、まず、ラビのノーベルの知的サークルに属していた。そして二〇年代の初めにはすでにホルクハイマー、ポロックと知り合っていた。

(44) 精神分析と出会ったことは、また同時に、政治的関心を増大させることにもなった。そして、一九二七年には——ゲルショム・ショーレムの回想によると——フロムはユダヤ教徒から熱心な「トロツキスト」に(Scholem 1977, p. 197)変わっていた。そして、左派社会主義のグループらに共鳴していたが、具体的な党派政治の結びつきに入っていくことはしなかった。グループのほとんどは社会民主党、共産党以外の団体であった。

(45) ちなみに、この仮説がすでに、ホルクハイマーにおけるフロイト理解との決定的違いを示唆している。フロムは一貫してリビドーの力に、社会を構成する積極的な意味を与え、したがって社会心理学を社会学として扱った。それに対して、ホルクハイマーにとって社会心理学的分析は次の理由でのみ必要であった。すなわち「数として有意味な社会層の行動は、知識によってではなく、意識を変形する本能運動によって決定されるからである」(Horkheimer 1932b, p. 135)。したがって、「本能運動」はフロムとは対照的に、社会の諸関係内にあって、ネガティヴな、知識を変形する要素と見なされているのである。この関連からすれば、ホルクハイマーがフロムと違い、出発点として「人間と、集団の歴史的行動が、認識によって動かされていればいるほど、歴史家は心理学的解釈を求める(必要が少なくなる)」(同書)としたのは当然の帰結である。

(46) 決定的な転回点となったのは、フロムの著作『自由からの逃走』(フロム、一九四一a)である。これは本質的には精神分析を社会学にしようとするそれまでの試みの必然的な成果を表わしているだけのことであるが、社会研究所からも、また、他の批評家たちからも、質的な新出発と認められたのである。(社会的性格——とくにフロム後期の著作における——の解釈については、Funk 1978 参照。)

(47) この仕事についての発表は、Weiss 1932, 1936, Rigaudias-Weiss 1936.

(48) IfS、一九三六、二三九頁参照。

(49) すなわち、評価の第一段階で（第三章）、一五六の質問のうち四三だけがさらに詳細に検討されたのだが（正確には、編集者注第三章、四一五頁参照）、この割合は第二段階（第四章）でもう一度減少する。つまり、パーソナリティ特性と政治的態度との関係の調査のために、ただ十個の質問のみが、指標としての条件を満足させるものだったからである。

(50) 実例としては、Berger 1975. 注意すべきことは、フロムと共同研究者たちの発展させた批評が、態度とふるまいの関係より、むしろ態度を適切に測定するという問題に向けられていたということである。

(51) ちなみに、この決定は、ヤホダ／ラツァルスフェルト／ツァイゼルの調査と重大な違いを示すものであったが、レーフェンシュタインのモデルに負うているのであろう。そのモデルは、この観点で、問題なく採り入れられたのであった。

(52) この考え方の実例としては、Mayntz／Holm／Huebner 1969, p. 9ff 参照。ここでは、経験主義的社会研究は、概念定義、操作方法決定、測定、という要素を持つ体系的な三段階として理解される。それは概念と対象との相関的変化を目的とするのではなく、分析的・演繹的にまっすぐ一方向に、すなわち概念定義から、それに対応する（必ずしも対象に対応してはいないが）測定まで進んでゆくものなのである。

(53) Jay 1973, p. 147――フロムは同様の定式化を、一九七七年二月二十二日の会話でも述べている。

(54) フロムとシャハテルの作業分担については、編集者注第三章、四一五頁参照。

(55) このことがとくに目につくのは、文化的、審美的標準についての質問の場合である（第三章(c)一七八頁～二二八頁）。ここでは、決して問題のないわけではないワイマール左翼インテリの価値規準が、そのまま、社会的に普遍であると提示されているからである。

(56) マルクーゼの回想によれば、研究所内部にはこの結果を発表することは、それが正しいかどうかは別にして、まず政治的な理由から賢明ではないという考えがあった。当時の事情では、ドイツの労働者たちが、社会主義的態度であったにもかかわらず、あるいはそうだったからこそ、基本的につねにファシストだった、という印象を呼び起こしかねないからだった。(マルクーゼとの対話、一九七九年六月二十八日)。この懸念はばかげていると思われるかもしれないが、決して、そうではなかった。それは、とりわけ現代の政治的「議論」に現われている。すなわちたとえば、一九七九年の予備選挙戦でキリスト教社会同盟が発明した方程式〈ナチズム=社会主義〉を考えれば(シュピーゲル誌、一九七九/四四、二四頁以下参照)、明らかなのだが、政治的な塹壕戦において実際に行なわれている議論の底には、自分の政治観に都合がよければ、見かけ上の類似を原理的同一性にすりかえてしまうような考え方があるのである。だからと言って、ここにあるような調査を、黙って隠してしまうなら、それは同じようなやり方に消極的に順応することになるだろう。歴史のでっち上げに対して有効なのは、結局、〈好まざる〉結果をも進んで受け入れる、精密な歴史的省察だけだからである。

エーリッヒ・フロム

ワイマールからヒトラーへ

第二次大戦前のドイツの労働者とホワイトカラー

まえがき

この研究は、アンナ・ハルトッホ、ヘルタ・ヘルツォーク、エルンスト・シャハテルとの共同作業で行なわれた。その上に、ヒルデ・ヴァイスが重要な寄与をした。パウル・F・ラツァルスフェルトからは、統計上の資料処理に関するさまざまの問題に懇切な助言を得た。

第一章　目的と方法

(a)　調査の目的

以下の研究は、ドイツ国民人口の二大グループ、すなわち労働者とホワイトカラーの社会的、心理的態度を調査する最初の試みとして行なわれたものである。〔この企画の基本となる認識は〕▽社会発展に関する一つの理論を完成させるためには、経験的知識の全般的増加が不可欠であって、その場合グループ特有の個人の態度とパーソナリティ構造に関するデータが、とくに重要な意味を持つという信念であった。

アメリカの社会研究は、包括的な経験主義的調査への道を示したが、ドイツの文献中にもこの方向への若干の試みがあった。ここでは中でも、一九一二年にA・レーフェンシュタインが行なった、労働者の問題についての社会心理学的調査に触れておこう。これは、労働環境外での社会的態度と行動を知るために、私たちと同様にアンケートを用いた唯一の研究である。しかし、レーフェンシュタインの仕事では、集めた資料を理論的に解釈することをしていない。また他の研究家たちは、問題の局限された面のみを扱うか(H・ド・マン、一九二七)、小さなグループのみを扱うか(P・ラツァルスフェルト他、一九三三)、あるいは、そもそも詳細な経験主義的資料の蒐集とその発表を避けてしまうか(S・クラカウアー、一九三〇)であった。△*

当然のことながら、私たちが調査を始めた時、ドイツ労働者についての深い洞察がすぐに得られると思っていたわけではない。配布総数三千三百のアンケートを基礎として、予想される回収の割合を考えれば、それはおよそ不可能なことであっただろう。しかし経験とそれまでの成果を背景にすれば、私たちの作業をより広い土台と、よりよい内容で進めることができると考えたのである。▽しかしながら、このもくろみは、ドイツの政治状況のために実現しなかった。△

私たちのアンケート調査が目的としたのは、労働者とホワイトカラーの意見、生活様式、そして態度についてのデータを調べることであった。▽私たちは、彼らがどんな本を読むのか、住居をどんな風にととのえているのか、芝居、映画ではどんなものを好むのか、についてのイメージを得ようとした。私たちが関心を持ったのは、彼らが何を信じ、だれを信じているのか、女性の労働、子供の教育、企業の合理化などのテーマにどういう意見を持っているのか、同僚や上司に対する関係はどうなのか、ということであった。そして最後に私たちが知りたいと思ったのは、友人に金を貸すことに対する態度であり、ドイツの司法体系に対する判断であり、国家における現実の権力分担に対する意見であり――のちほど詳細に報告される数多くのテーマに対する見解であった。△

被調査者の回答によって、ドイツ国民の特定の階層の生活についてのかなり包括的なイメージを再構

---

* ▽△の印は、原稿の変更個所、〔 〕は編者による補完。個々には末尾の編注参照。

築することが、可能になった。手に入った標本は、数の上ではそれほど多いものではなかったが、このイメージは重要な歴史的意味を持つものであった。それは回答者たちが、全体として、彼らの属している社会的グループを代表していたから、なおさら価値あるものであった（第二章(e)参照）。したがって、この間に時間の経過はあったが、この成果を発表することは意味のあることである。主要部分が回収された一九二九―一九三〇年は、ドイツの労働運動の歴史の転回期になったからである。

回答は、そのまま記述的に提示するだけでなく、経済的な地位や政治的志向の違いとの関連から、比較と分析を行なった。その結果、異なった政治的、職業的グループの間にある独特な相違が明らかになった。私たちはその相違にさらに厳密な検討を加えて、暫定的な結論を得るための根拠にしようとした。▽強調しておくべきことは、これによって、決して何かの命題を〈証明〉することを求めたのではないということである。そのためには、私たちの資料は量においても質においても不足していた。私たちが重要と考えたのは、むしろ、このデータから導かれる理論上の結論を検討し、新しい経験主義的、理論的研究に刺戟を与えることであった。△回答の分析は、個人の情緒的動因とその政治的意見との関連を探り出すことに的をしぼって行なわれた。アンケート終了のあと、ドイツに起こったできごとが教えたことは、その折々の政治的意見と全体的パーソナリティとがどの程度に合致するかを問うことが、いかに重要かということであった。なぜなら、ナチズムの勝利は、ドイツの労働者政党の抵抗力の恐るべき欠如を露わにしたからである。それは、彼らが一九三三年以前の選挙戦やデモにおいて、数の上で示した強さときわだったコントラストをなしていた。

ここで、政治的組織に参加することは、パーソナリティの特性とは何の関係もないことであって、すべて、因襲と物質的得失によって決定されるという主張がなされるかも知れない。しかし、これに関連して想起すべきことは、ドイツの政党、とくにマルクス主義政党が、一般に狭い意味での政治的信条をはるかに超えた、それぞれの特定の世界観を代表していたということである。それゆえ、だれかが左翼の政党に加入するようになるのは、ただ物質的な得失からだけではなく、これらの政党がそれ以上に、個人の性格特徴が発現できる余地を提供したからであった。しかし、これは問題のただの一面にすぎない。

党員の信念の強さと確かさもまた、政党自身の運命を決定する重要な要因であった。左翼政党の支持者の多くは、パーソナリティと党綱領との間に広範な一致があった。彼らは、すべての人の自由と平等と幸福を望んだ。戦争を憎み、抑圧された者に同情した。彼らの信念は強く、参加は情熱的であった。他の人たちも同様の態度を示したが、感情的な参加の度合いは弱かった。彼らの心情的関心は、もっぱら、家族、仕事、趣味、あるいはその他の個人的目的に向けられていた。たとえ、左翼政党を政治的に支持することに対するためらいはまったくなかったとしても、彼らの信念は結局弱いものであった。政党の指導者に従いはしたが、自発性を発揮することはほとんどなく、個人的な危険や犠牲を強いるような闘いは避ける傾向にあった。

そして最後に第三の型があった。この型の人びとの政治的信念は信頼できないものであった。彼らは、金を持って人生を楽しんでいるように見える人すべてに対する憎しみと怒りに満たされていた。社会主義の綱領の中で、所有階級の転覆を目的とする部分は彼らに強く訴えた。他方、自由とか平等という綱領項目は、彼らにとってまったく何の魅力もなかった。彼らは自分が尊敬する強力な権威なら何にでもやすやすと従ったからである。彼らは、自分たちにその力があるかぎりにおいて、他を支配することを好んだ。彼らが信頼できないということは、たとえばナチズムの綱領が彼らに呈示された時に明らかになった。これは、社会主義の綱領を魅力的に感じた気持ちに訴えかけただけではなく、彼らの本性の中で、社会主義に満足せず、また意識下で反対していた部分にも訴えかけたのであった。このような場合には、彼らは信頼できない左翼から信念を持ったナチスに転向したのであった。

一九二六年から一九三一年まで、ドイツの左翼政党が選挙でかなりの勝利をおさめたことを見れば、回答者たちの大部分がこれらの政党のどれかに親近性を持っていることが、予測できた。したがって彼らの回答の分析と解釈は、政治的左翼の基本信条にまで立ち入らなければならなかった。しかし、回答者の本質的なパーソナリティ特性の調査によれば、その特性が、しばしば彼らの政治的信念と合致しないことがわかった。このくいちがいこそがこれらの政党の崩壊に少なからず手を貸したのである。

私たちの研究のもう一つの目的は、社会学的研究方法自体に関連していた。近年、アンケート方式がしばしば用いられることから、回答者の意識的な陳述を、単に記述することと、統計的に計算することとだけでは、大した結果は得られないという確信が大きくなった。▽とりわけ、ある調査の目的が、被調査者のパーソナリティに関係するものを見つけだすことにあるならば、アンケートの回答を、うわべの意味だけに従って提示するのは、正当ではないと考えた。さらに私たちは心理学的研究の基本原則に基づいて、ある人間が、自分の思想や感情について述べることは、主観的にこの上なく正直であったとしても、そのまま額面どおりに受け取ることはできないのであって、それを解釈しなければならない、と考えた。あるいは、もっと正確に言えば、何を言っているかのみが重要なのではなく、なぜ言っているかもまた、重要なのである。したがって、回答はただ記録するだけでなく、内容を解釈しなければならないのである。同時に私たちは、回答を政治的意味においても、比較できるようにしようとした。かくして、量的評価と質的評価のこの結びつきこそがこの研究の方法論上の主問題となっている。△私たちは、この両者を結びつける試みが、なお多くの欠陥を露呈していることは承知していた。しかし一方私たちは、他の学問におけると同じように、ただ既知のことがらを正確に繰り返すよりは、起こりうる失敗の火の粉をかぶってでも、新天地に足を踏み入れる方がよいと確信しているのである。

(b) 質問票の構成*

私たちの調査は、調査の対象である人びとの、意見、好み、習慣にかかわっていたので、必要な情報は、ただ被調査者に問うことによってのみ得られるものであった。この際、基本的に二つの方式が成り立つ。直接の面接とアンケートである。

面接には、アンケートに比して大きな利点がある。面接の状況の心理的、社会的問題を熟知している人によってなされさえすれば、そうして得られた情報は、回答者たちの社会的状況だけではなく、とりわけ彼らの心的構造についての非常に正確な洞察を可能にする。訓練された面接者なら、比較的短時間で、答えの出される様子——語調、自信、説得力の不足、物まね、身振り——から被調査者のパーソナリティの正確な像を得ることができる。〈どんな風に〉答えたかということは、しばしば答えの内容より重要である。そして、まさにこの〈どんな風に〉が、アンケートでは失われてしまいやすい。さらにな

＊ 完全な質問票は追補2として再録してある。

お、面接は通常、より高い回答率を確実なものにする。面接者は質問の表現を、回答者の個々の状況に適合させることができるし、必要とあれば、質問を追加することもできるからである。

しかしながら、私たちのこの調査にとっては、これらの利点よりも、面接の問題点の方がはるかに大きかった。政治についての意見、活動、また個人的事情を問う数多くの質問が、その性格上高度の秘密を要するものであったから、多くの人が、厳密な匿名の保証を要求することは、はじめから明らかであった。こうした事情にあっては、一対一の対話を始めるにあたっていかに確約を強調しようとも、無記名のアンケートを郵便で返送する場合のような安心感を与えることはできない。したがって、個人的な面接は、アンケート記入による回答より、拒否されることが多かっただろう。それに、私たちは非常に多くの人びとの情報を求めていたので、この調査は、時間と費用が許す以上の数の熟練した面接者を必要としたであろう。これらすべての理由から、私たちの目的にはアンケート方式の方が適しているという確信を持ったのであった。

私たちの第一の、そして比較的簡単な課題は、回答者の客観的生活状況、すなわち彼らの社会的・経済的立場を知ることであった。この問題領域での質問がとりあげたのは、職業の状態（教育程度、現在の地位、企業の種類、従業員の百分比と政治的思想傾向）、生活程度（収入と支出、住居状況、衣類や食物やタバコや酒や娯楽の出費）、個人的データ（年齢、性別、配偶関係、親きょうだいと彼らの社会的身分とについての情報）、最後に妻と子供に関するデータ（妻の出身、子供の教育と就職の見込み、および健康）であった。これらの質問の詳しさは、最終的には私たちが調査対象の具体的生活状況をいかに詳細にとらえようとしたか、ということで決まった。

政党への所属、投票行為、組合運動、政治活動を把握することにも、比較的問題はなかった。しかし、回答者の世界観と政治的志向、そしてまた好ききらいに関する質問の場合、事情は別であった。ここでは、質問の表現方法に、異なった重点の置き方が考えられるだけでなく、実にさまざまな質問や質問複合が可能であった。したがって、質問を選ぶこと自体が、実験的性格を持っていた——その有効性は、結果を待ってはじめて判定することができた。質問を選ぶにあたって基準となった理論的考察は、第三章の個々の質問の分析でその要点が述べられている。この場合はとりわけ、心理学的な説明に重要な意味があった。私たちは、政党とのかかわりをはっきりと表明している、政治的関心の強いグループを対象としていたので、とりわけ、狭い意味で政治的な質問の場合には、それぞれの答えに回答者の個人的意見よりは、党の支配的理論、つまりは党の機関紙の主張が反映されることが予期された。逆に、もっと個人的で、政治分野とはあからさまな関係のない質問の場合には、先入主のある答えが出る程度は低いと予測できた。むしろ、この場合は、パーソナリティ構造に相応した意見、感情、態度の表現が促されるはずであった。そこで、たとえば一つの質問群は、芝居、映画、文学、建築、音楽、ラジオ放送などについての意見に関係したものであった。ふつうの回答者なら、この分野が、ある程度、政治と結びついていることを当然知っているはずだが、それでも、これらの質問は、決して過少評価できない量の性格特性の表現を可能にした。このことは、同僚、友人、配偶者や子供との関係を問う質問、願望と趣味についての質問、そして自分の人生やその運命についての感じ方についての質問にも当てはまった。さらにこの種の質問が、しばしば引き出した回答は——類型的回答は別として——各人の性格について、はるかに多くを物語り、政治的なスローガンにはただ間接的に影響されているだけであった。

全体の文脈が、回答態度に影響を及ぼすのを防ぐために、質問は調査の論理によって並べるのではなく、アンケート全体に意図的に分散させた。政治的態度とパーソナリティ構造と社会的地位との間の関係にかかわる筆記式の質問の場合、通常は、尺度を定めた態度テストとパーソナリティ・テストを用いる。この二つの方式は、態度とパーソナリティの特性を測定できるものであるとされ、しかも他のどんな方法よりもはるかに科学的に精密であるとされる。これがもし事実なら、態度測定の結果とパーソナリティ・テストの結果とを比較して、十分納得しうる相関関係を発見することも可能なはずである。ところがここでもまた、特殊な問題が起こって、私たちはアンケートの形としてここにあるようなものを選ぶことになった。（以下については、シャハテル、一九三七も参照のこと。）

態度測定とパーソナリティ・テストは、はっきり点数を定めた回答を加算した尺度を作ることにほかならないが、それは回答が原則的に等質であることを前提にする。その回答は、自由形式ではなく、回答者はあらかじめ限定された答えの中から、一つを選ばなければならない。この場合に用いられる選択肢は、〈ハイ——イイエ〉型か、〈ヨリ多ク——ヨリ少ナク〉型かのどちらかで構成されていて、それはある行動の頻度を求めるのか、それとも特定の肯定的、あるいは否定的態度の程度を求めるのかによって決定される。このように回答の幅を限定することによって、各々の答えに一定の標準値を付することが可能になる。そして、場合によっては、反対の要素を差し引いたり、比率を出したりして、さらに精密なものにすることができる。しかしながら、個々の答えの値を加算して得られる点数——〈測定〉の結果値——は、個々の部分回答の価値を大きく失うことを意味する。二人の回答者の、まったく異なった個々の答えから、同じ合計点になることが起こりうる。それらの答えは、文脈から引き裂かれ、数字に還元されて、もともとの意味を失ってしまうのである。測定されたものは、結局、不明確で不確実である。態度や、パーソナリティ特性の個々の構造は、このようにして失われてしまうのである。

　態度測定のもう一つの欠点は、答えをいくつかの決まった選択肢に限ってしまうところにある。ほとんどの場合、用意されたリストは、可能なすべての答えを考慮に入れることはできない。回答者は答えを口移しに教えられて、それを言うだけである。それは、自分では、おそらく思いもよらなかったような選択肢を選ばなければならないからである。この欠陥は、たとえば質問第四二六で非常に重要な意味を持つ。それは、歴史上の重要人物をあげる問いである。多項選択の方式を用いたとすれば、最も有名な名前をリストアップするだけでも、アンケートの欄をはみ出してしまうことになるだろう。

　意見と態度についての他の多くの質問では、いくぶん網羅的な回答表を作ることが可能なようにも思えるが、これらの質問が、パーソナリティ構造の分析のためのものである以上、なお二つの異議が唱えられる。たとえば、しばしば用いられる〈正シイ――誤マッテイル〉型の態度テストを見てみよう。これらの場合、回答者は一連の記載事項について〈正シイ〉〈誤マッテイル〉、あるいはまたしばしば〈ヨクワカラナイ〉に印をつける。〈素朴《ナイーヴ》な〉回答者ならこの方式でも、首尾一貫して、自分のほんとうの態度に最も近い記述を選ぶから、あらかじめ構成されていない回答とほとんど変わりのない意見が表明されているだろう。私たちの質問のいくつかにおいては、そのような〈素朴な〉、偏見のない回答が多数を占めることが推測されよう。しかしながら、とりわけ政治的な質問では、そのような予測は成り立たない。回答者の大部分は、政治的な教育を受けているから、リストにあげられている意見の中から、党の方針に添っていると思われるものを、よしと判断するだろう。回答選択肢の作り方がいかに無色なものと考えられても、このような場合に、それらの質問が、誘導的な色合いを帯びることは避けられない。それらは、さまざまの党スローガンや、前日の新聞の論説のテーマを思い出させてしまうだろう。これに対して、もし回答者が、自分の答えを自分で作り上げることができれば、もちろん、その方がずっと多く彼のほんとうの態度を表わすものになるのである。

　個々の回答が、ヒントによって影響される程度は、多くの要素に左右される。ここで、質問の〈誘導性〉について述べなければならない。すなわち、外部からの働きかけで、通常決まりきった反応が出るテーマとその質問とのかかわりの深さである、さらには、このかかわりを見通して、十分考えた答えを出せる回答者の能力である。もう一つの外的要素は、回答者の状況判断にあり、それが〈正確な〉答えを書かせるようにする。その際、アンケートに回答するに当たっての感情的な状況（アンケートの目的や、アンケートを配布した人たちについての考慮）が、回答者の一般的な社会的事情と同じように重要である。たとえば質問第四二四は「あなたの考えでは、どうすれば世界はよくなりますか」と言っている。回答者が、すでに並べてある答えの中に「社会主義」というのを見つければ、すべてとは言えないにしても、左翼政党のシンパはほとんど、この選択肢をとるのが当然だろう。しかし、個人的な表現を許容する方法によって現われた意外な結果、なかでも、「社会主義」という答えが比較的少なかったことは、多項選択の方法においてはまったく現われなかったであろう。* これらすべてのことから考えて、あらかじめ回答を構成してあるアンケートでは、そこに含まれる真実の度合いに重大な限界が生じることになる。〔多項選択法の使用に対するさらなる反対論を定式化すれば、次のようになるだろう。〕多様な回答の可能性がどうしても薄れてしまうことや、〈正しい〉表現に引きずられて内容がゆがめられるとい

＊ ここに言われている自由回答式の質問に対する答えと、多項選択式の質問に対する答えとの間の違いを実験的に調べるとすれば、方法論の観点から見て、きわめて興味深いものになるだろう。そのような実験は、同じアンケートに二度答えてもらうという形をとることになる。一度は自由回答、一度は構成的回答とする。一度は回答表なしである。もちろん、質問の時間的間隔は十分とって、回答者に、最初のアンケートに与えた回答を思い出させないようにしないといけない。

う問題はさておいても、言葉による表現の特殊性の中に出現する個人性の要素が失われてしまうのである。パーソナリティを正しく判定するためには、しばしば、個々の表現形式の方が、回答そのものより有効なのである。音楽を作るのは音色なのだ（C'est le ton qui fait la musique）。多くの場合に、回答の実際の内容はまったく問題にならないのであって、それにひきかえ表現のしかた、方法が回答者の性格に解明の光を投げかけるものである。心理学テストの回答に十分経験を積んだ調査者なら、表現のかすかなニュアンスからでも、回答者が、現実に言っていることとは多分全然逆のことを考えているのだ、ということがわかるのである。ある回答が、ただのしきたりを反映しているだけなのか、それとも内的な信念から発しているのかという重大問題は、選択式回答からはほとんど決められないとしても、その表現を観察すれば判断できることが多い。自由回答式の質問形式を用いなければ、この情報源さえ放棄することになるのである。

多項選択法に対する私たちの反対論は、もちろんあらゆる種類の質問に向けられているのではない。配偶関係、子供の数、住居状況など客観的事実を問う質問には、基本的に、パーソナリティの影響が表われる答えはありえない。この場合には、選択式回答を選ぶべきである。それによって必要な情報の型を正確に聞き出すことができるからである。しかし、個人のパーソナリティ特性を見いだすことを目ざす調査において、ある答えが、何らかの点で個人の見解、態度、好悪に関係するものであるなら、選択式回答は無力である。

いくつかの場合に、質問の表現の不明確さや誤りのために、回答するのに困難が生じた。なかでも、二つの本質的失敗をあげるべきである。その一つは、一つの質問の中に、二つの問い、あるいは二つの観点が一緒にされたものである（質問第三一八参照）。もう一つは、配られた質問票で、「なぜですか」あるいは「その根拠は何ですか」という問いが、その直前の質問に対するものなのか、それとも、それより前の質問のことでもあるのか、必ずしも明瞭ではなかったことである（質問第三二四、三二五参照）。

(c) アンケートの配布と記入

アンケートの配布にあたったのは、職業的地位から、多くの労働者やホワイトカラーに接触できる立場にあるボランティアの人びとであった。この協力者たちは、国や地方自治体の福祉関係の公務員、医師、新聞発行者、成人教育の講師、生活協同組合員などであり、また党や組合の役員であった。彼らは、政治や労働組合のあらゆる傾向を代表する縮図であったので、これらのグループに属する人びととの参加を確保できた。私たちの標本では、左翼政党の党員が比較的多かったが、それは調査の時期での大都市の労働者、ホワイトカラーの実際の政治的分布を反映している。

配布者に渡されたアンケートには、それぞれ、説明書と料金別納の封筒が付いていて、封筒には、調査を行なうフランクフルト大学社会研究所の宛名が印刷されていた。説明書には、アンケートが純学問的なものである説明と、意味の不明確な質問には答えないようにという要望があった。アンケートの最後には、回答者の名前と住所を記入するための切り取り線のついた用紙があったが、これは、アンケートがさらに重ねて行なわれる時にも参加する意志があるという場合にのみ記入すべきものであった。匿名を保証するためにも、この部分はアンケート回収後直ちに切り離されることになっていた。最初のアンケートは一九二九年に配布され、その後時間を置いて続き、私たちが最後に回収したのは一九三一年の末であった。

当時、この種の調査は、ドイツにおいてはかなり新しいものであったから、多くの反対論があった。すでに述べたとおり、それまでにも相当数の経験主義的研究があったが、ホワイトカラーの組合のアンケート（一九三一）の場合のように、主として経済的実態の記述に限られ、ほとんど、あるいはまったく、その後の分析がなされなかった。私たちの研究に対する異議は、このような調査の学問的価値、もしくは実際的価値に向けられたものか、あるいは直接に政治的な性質のものであった。かくして、対象となったグループがすべての質問に答えるのに必要な情報を提供されていないので、アンケートの秩序だった記入が保証されない、という反対論が唱えられた。政党は基本的には多かれ少なかれ拒否する姿勢をとった。彼らは表向きは、質問の個人的性格と、数の多さが、党員たちを困らせかねないという異議を唱えたが、実際には、調査から引き出されるであろう推論に関して、疑いを抱いていたのであった。

政党の異議があったために、アンケート参加者が、自分の党に批判的で独立した態度をとることが異常に多くなるのではないかという予測がなされた。しかし、拒否が公にされたのがアンケートもかなり進んでからだったので、集められた資料の標本としての性質が過度にそこなわれることはなかった。それでも私たちの標本には、いくつかのゆがみが、はっきり認められる。二百以上もの質問に、進んで応じるという点では、参加者たちは比較的能動的で知的な型を代表していた。彼らは取り上げられている問題に、多かれ少なかれ、はっきりした興味を持ち、自分の責任であえて回答する勇気を持っていた。たしかにこの調査は、自分の時代の社会的・経済的問題に無定見で、無関心な態度をとっている完全に受動的な層には届かなかった。同じく、臆病で不信感を持つ人びとも、ほとんど把握できなかった。しかし、この二つの型はともに、決して一九三一年の労働者とホワイトカラーを代表しているものではなかった。

アンケートの途中や末尾に回答者が自発的に書いた感想も、回答の動機づけや一般的態度に光を投げかける。一つのグループは調査そのものに批判的であった。彼らは、この種の研究の実際的な価値が問題なのであって、いかに調査に努力しても、恵まれない人びとの生活水準を引き上げることはできないと指摘した。他の人びとは、設問の有効性、または予期される回答の信頼度、つまりは真剣さに疑いを持った。完全な匿名が約束されていたが、回答拒否の意見があった。ある人は、ほぼ完全に記入したアンケートの最後に、これは「まったく配慮が足りない」と書いた。

何人かの参加者からは、アンケートの修正や、追加に関する批判的提案があった。ここに含まれるのは、主として失業者と独身者で、彼らは自分たちの特殊な事情が扱われていないと感じたので、ある程度の補充質問を望んだ。そして提案された追加質問は、およそ考えられるかぎりのテーマ（セックス、道徳、教育など）全般に及んでいたと言える。別のグループは社会的・経済的問題について詳細な論評を加えていた。また何人かの回答者は自分の個人的生活状況について綿密な報告をしていた。これらの論述は、私たちの質問にあるいは関係し、あるいは無関係に生まれたものであるが、何よりもまず、現状に対する不満を明らかにしていた。

かくして、アンケートに答える根本的動因は、一面で、重要な問題に対する自分の意見を明瞭にして、できれば条件の改善に寄与したいという希望にあり、他面では、自身のことと自身の孤独とを人に知らせたいという必要性にあったようである。しかも、何人かの失業者は、個人的な困窮を述べるだけでなく、はっきりと援助を求めていた。明らかにこの人たちは〈社会研究所〉という名称を、福祉施設の名称と誤解していたのである。

(d) 資料評価の方法

前述のように、アンケートには基本的に二つの型の質問があった。その一つは、回答者の客観的生活状況あるいは地位についてのものであり、他は彼らの固有のパーソナリティ構造についてのものであった。第一の型の質問は、いろいろな標識に基づいて、ある社会的グループのメンバーとしての回答者の実態を、客観的に描写しようとするものであった。これに属するのは、年齢、居所、職業、収入、生活水準、配偶関係であり、そしてまた、教会や政党のような社会的影響力の強い団体、組織への加入状況であった。この場合の私たちの分類法は、通常のやり方と同じであり、それ以上説明を要することもない。〔しかしながら、いくつかの場合の評価、たとえば、回答者を政治的類型にまとめるような時に、私たちの分析を独自のものとするために、異なった分類や質問を組み合わせたり、指標を作成したりした。その際私たちは、パウル・ラツァルスフェルトの開発した類型学の提言をよりどころにした（P・ラツァルスフェルト、一九三七参照)」。(……)

個人的な習慣、好み、意見、態度などに関する質問の場合、答えの可能性の範囲は、基本的に地位に関する質問の場合より大きく変動する。分類の問題はより困難となり、それは多項選択方式より、自由回答方式において、いっそうはなはだしい。前者の場合は、標準化された答えが与えられていて、その質的明確さによって、直接の定量化が可能になる。これに反して、自由回答の場合は、答えにそのような統一性が与えられていない。むしろ、人それぞれによって、答えは明らかに異なっている。そして、時々、いくつかの回答が一致することがあるぐらいだろう。そのような相異を弱点としないためには、それぞれのアンケートを、完全に全体として分析しなければならない。しかし、すべてのアンケートの個々の質問を、統計的に比較するとすれば、比較のための土台を作らなければならない、それゆえ、回答は、表現がどれほど異なっていようとも、統計的な処理の可能な少数のカテゴリーに還元しなければならない。その際、個々の表現のニュアンスをとらえることにおいて多項選択方式よりすぐれているという、自由回答方式の利点がそこなわれずに残るかどうかは、このカテゴリーを作り、回答を整理する時の配慮にかかっているのである。

(1) **記述的分類**　回答をいかに分類するかは、つねに、調査目的とそれに関連する仮説とから決定される。しばしば、回答から直ちに明瞭となる構造を持った意見や態度が私たちの注意を惹いたが、このような場合には、回答は、質問の分類視点に従って、その意味どおりに分類された(P・ラツァルスフェルト、一九三七参照)。これを、記述的分類と言うわけである。(……)

もちろん時には、記述的分類が、回答を一定の観点にしたがって表にするだけにとどまらず、同時にそれを評価することもある。たとえば、質問第二四二(「あなたは、最近建てられている集合住宅を、どう思いますか」)に対する批判的な回答を、私たちは内容的な嫌悪と、表面的批判とに区別した。回答は、批判が近代の住宅建築の本質的要素に向けられているか、それとも部分だけに向けられているかによって分けられた。それでもなお、ここでは、記述的分類が行なわれているのである。たとえ、この分類が、基礎にあるカテゴリーに基づいて、評価的性格を持っているとしても、同じである。「純粋な」記述と「評価的」記述との間に、明確な一線を画することは、もちろんほとんど不可能である。回答から一定の視点を選び出すことによって、どの分類も暗黙のうちに、ある評価を行なっているのである。しかし、評価の程度はきわめて多様である。そのために、分類のこの要素に留意することが重要になる。

さて、質問には複数の分類視点が含まれる場合が多い。さまざまの分類システムに関連する標識の組み合わせから、一つのカテゴリーが生まれることがしばしばある。すなわち、質問第三一九(「週末を、どこで、どうして過ごすのが、最も好きですか」)の場合は以下の視点が考慮された。活動の種類、週末を過ごす場所、そして参加する人びと。この三つの点全部を満足させる材料を提供した回答は非常に少なかった。ほとんどは二つの視点をあげていた――たとえば場所(「家で」)そしてほとんどつねに――参加者としての家族。この実際経験に基づいて、二つの分類視点の組み合わせである、「家で家族と一緒に」という回答カテゴリーが生まれた。このような組み合わせの理論と、「実践的還元」の応用は、パウル・ラツァルスフェルト(一九三七)が述べている。

(2) **解釈的分類** 私たちは数多くの質問によって、明らさまに聞き出すことのできないパーソナリティ特性、あるいは態度を解明しようとした。回答者が自分の行為の動機だとしていることは、多くの場合〈合理化〉であって真の動機は背後に隠れているのである。私たちが理解しようとしたのは、人が何を考え、行なうかということだけではなく、なぜそうするのか、ということであった。ところが、もし私たちが明らさまに理由を尋ねたならば、ほとんどの場合、理由ではなく、行動の合理化が表面に出たであろう。私たちの考えでは、ある種の行動の型は、「骨相学的」な性格を持っている。すなわち、それは綿密な解釈によって見いだしうる深層のパーソナリティ特性を指し示しているのである。私たちが、質問にも回答にも直接表われない情報に関心を持っていた以上、回答の分類は、その隠された意味の解釈を得てはじめて可能であった。回答を、その述べている内容のままにまとめる「記述的」方法に対して、この方法は解釈的分類として特徴づけられる。

解釈的分類は、原回答をその根底にあるパーソナリティ特性の言葉に翻訳しなければならない。この際、表面的な意味による分類では無視される個々の表現のニュアンスが重要な役割を果たすのである。このやり方の欠点は、分類のカテゴリーが、すでに解釈された回答に基づいて作られていて、読者が、本来の資料に間接的にしか触れられなくなることである。それゆえ、解釈的分類は、記述的のそれに比して検証が難しい。失敗の可能性は、解釈自体の綿密さにかかっている。しかし、アンケート分析の理論的部分は、整合性のある分類体系を作り上げることとその活用にのみあるのではない。回答を個々のカテゴリーに分類することも、調査の重要な理論上の課題となるのである。

解釈的分類の実例としては、何よりも文化的テーマ（愛読書、映画、芝居、絵画）についての質問があげられる。私たちは、これに関する回答を分類するのに、理論的考察に基づいて、とくに「個性的」および「類型的」というカテゴリーを用いた。通常、回答者は一つあるいは一連の、書名、映画名、芝居名、あるいは住まいの壁にかけてある絵画の名をあげた。これが、絵画の特定の形の分布を統計的に把握するための調査であったなら、個々の回答は「複製」、「模写」、「オリジナル」のようなカテゴリーで区分するか、「風俗画」、「静物画」、「風景画」、「肖像画」というような表示で区分することができただろう。ところが私たちは、絵画とその所有者との関係を問題にした。情報がそれについて「骨相学的」なデータを与えてくれるかぎり、絵画は絵画としてではなく、回答者の文化問題に対する個人的関係を表わす指標としてのみ、私たちの関心を惹いたのである。それぞれ名前のあがるものと、その社会階層的意味を理解していれば、このような個人的関係の性質は、題名や名前からすぐ推測できるのである。

文化の問題に対する関係が「個性的」と分類されるのは、回答者が机の上の考えや、流行に左右されず、明瞭に自分自身の芸術感覚に従って選択をした場合であった。彼は先入観にとらわれない態度を示していなければならない。その態度は経験の反省が生み出すものであって、与えられた見本に従うだけのものではない。これに対して「類型的」態度は、個人的な関心とは一切無縁で、学校で習ったり、だれかれのまねをしたおきまりの態度に基づいているのである。私たちは、回答の潜在的内容と、顕在的内容とから、ある人物が「類型的」態度なのか、「個性的」態度なのかという結論を引き出すとともに、このカテゴリーによって、回答者のパーソナリティの質的標識を記述したのである。

解釈的分類のもう一つの例は、質問第一三五（「合理化の方策についてどう思いますか」）において用いられたような、「経営者的立場」というカテゴリーであった。このカテゴリーに入れる回答は、「経営者的立場」という言葉も、概念も持っていない。しかも、同意の立場も反対の立場も含んでいる。「合理化は労働者を疲労させ、やる気をなくさせる」という回答は、純粋に記述的な面で見れば、合理化は過労と神経の負担過重をもたらす、という文とほとんど変わりはない。しかし、「やる気がない」という表現は、回答者が、合理化で予測されるよくない結果を経営者の視点から判断していることを意味している。これに対して、合理化は従業員にとってますますストレスがきびしくなることを意味する、という事実のみを書いていれば、それは合理化の結果を労働者の眼で見ていることになるのである。第一の回答を、経営者志向と見なすことによって、私たちはその回答を、その特徴である生産過程に対する態度に従って解釈したわけである。その態度は経営者の視点そのものと言えるのである。

この事例では、私たちの解釈と回答者の意識的な表明とはほとんど矛盾していない。しかし、一つの回答の潜在的な意味と顕在的意味との対立が時にはきわめて激しく現われることがある。その点をあざやかに示しているのが、質問第四三四／五（「金や品物を友人に貸しますか。はい――いいえ。なぜ貸しますか（なぜ貸しませんか）」）である。私たちはこの質問によって、回答者の友人仲間に対する関係を知る手がかりを得ようとしたのであった。私たちの考えでは、進んで金や物を貸そうとするのは、援助の意志が所有の喜びや失なう恐れより強いことを意味している。ある回答者は、金も物も貸すが、それは友人どうしは互いに助け合わなければならないからだと答えた。これに対して別の答えは、金を貸すべきではない、それによって友情がそこなわれるからだ、というのであった。このどちらとも、友情の大切さを強調している。しかし、最初の回答者が貸すことを友人づきあいの義務としているのに対して、二番目の回答者はまったく反対の結論を出している。二つの回答を言葉どおりに受けとれば、たとえば「友人関係を積極的に重んじる」というようなカテゴリーに入れることができたかもしれない。しかし、それほどすぐれた心理学の知識がなくとも、何かを貸すことを拒否することの裏にあるものが、友人を失うことの恐れではなくて、貸したものを失う心配であることは理解できるだろう。回答の客観的な意味は、回答者が、実はその反対のことを信じているか少なくともそう思わせようとしているのだという事実とは、無関係なのである。これはむしろ、合理化の典型的な事例なのである。道徳的な弁明をすることによって、回答者が、他人にもまた自分自身にも認められることを望まない、あるいはできない何事かを合法化――というよりはむしろ隠してしまわなければならないのである。私たちはこの種の回答を「道徳的合理化」というカテゴリーに含めた。

しかしながら、今述べた事例とは対照的に、これらの質問に対する他の回答で、合理化なのか、それとも手の加えようのない事実なのか、を決定するための直接的な基準のないものもある。。すなわち、自分が何も持っていないから、人に貸すことができない、という表明からただちに、その人が何も貸す気がないのだという結論には至らない。しかし、多くの場合貧乏という口実自体が明らかな合理化であり、それは私たちが確認しえたように、とりわけ高収入の回答者たちによって用いられた。

この態度の驚くべき例はアンケート第六六号に見られる。この回答者は、自分の収入でやってはいけないのではないかという絶え間のない不安の中で生きていて、異常なほどの倹約を実行していた。金がないという理由が繰り返し現われる。彼の収入は（技術者、既婚、子供一人）、月間四百四十四マルクで、私たちの対象の最高収入グループの平均を明白に上回っていた。

それでも彼は以下のような回答をした。

――質問第三一九（週末を、どこでどのように過ごすのが最も好きですか）

「問題にならない。金がかかりすぎる」

——質問第四一六（あなたは、どうして病気になるのを恐れていますか／恐れていませんか）

「病気は金がかかるから」

——質問第四一九（あなたは次のどれかですか。禁酒家、禁煙家、生食主義者、菜食主義者）

「煙草を買うような金はない」

——質問第四三四（金や品物を友人に貸しますか）

「貸すようなものを持たない」

——質問第四五二（あなたが（もっと）組合活動をするのを妨げるものは何ですか）

「金がかかりすぎるから」

それでも、問題はいつも明瞭に回答しうるものであったので、結局回答は、どちらかと言えば記述的方法によって処理された。そして、他の多くの事例のように、解釈的分類と記述的分類とは相補的に用いられた。望みの情報を、回答者からたやすく得られるのであれば、当然解釈的手法は必要ない。しかし、回答者が、望みの情報を出す状況ではなかったり、真の返答を隠したりする時には、それが効果的となることが多い。たとえば、さきに概要を述べた「個性的」、「類型的」というカテゴリーは、調査対象者が率直に答ええないから必要になったのである。この場合、解釈的分類は、回答者がほとんど自覚していないためにそれとはっきり表現することのできない態度を扱っているのである。他の事例では、おそらくは社会的タブーによって、回答者が言いのがれ的な回答をしたり、まったく返答しなかったりした。ここでは、彼らが多かれ少なかれ、自分の真の思想や感情を抑圧し、まったくと言っていいほどそれを自覚しなくなっているという事実が決定的である。友人に貸さないことを、道徳的・思想的理由で説明したあの回答者たちにも、抵抗と無力の混合が見られる。調査対象者の中のある人びとは自分自身の答えを信じていて、自分が自己を表現する場合の合理化の性質に気づいていなかった。またある人びとは、自分が述べた理由が、真の動機を隠していることに十分気づいていながら、それを認める用意はできていなかった。

自由回答式アンケート、それもとくに解釈的分類は、研究者の側が調査問題について精通していることを前提とする。たとえばある絵や好みの映画などが「個性的」な態度を示唆しているのか、「類型的」な態度を示唆しているのかを決めようとするならば、研究者はどの絵あるいはどの映画が、自分の質問している階層に最も好まれているのかを知っていなければならない。それでこそ、各々の答えが個人的な好みをどこまで表わしているかを、決めることができるのである。彼はまた回答者の思考に影響を及ぼしている、社会理論上の概念を熟知していなければならない。質問第四二二／四二三（「個人は自分の運命に責任があると思いますか。はい――いいえ。どうしてですか」）はそのよい例である。マルクス理論はこの問題について明確な見解を展開したが、それによると、個人の運命は社会的に決定されるように見えるが、また、個々の人間は政治的活動によって自分の階層の状況を変えることができるし、それによって自分自身の境遇をも変えることができるということが、同時に強調されている。しばしば見られた回答はこうであった。「いいえ。個人は自分の運命をどうすることもできない。彼は社会的な条件で縛られているから」。ここにマルクス理論の影響は見られるが、それは部分的にしか身についていない。積極的な行動に関する側面を見落としているからである。理論構造全体との関連においてのみ、回答の正確な意味を把握し、それを適切に分類することが可能なのである。

最後に必要なものは、心理学的解釈全般の方法論的知識と、抑圧、合理化、反動形成のような特殊なメカニズムについての理論的知識とであった。この二つがあいまって、心理学的解釈の道具の本質的な部分となるのである。研究者がこの要求を満たしうるならば、解釈的分類の適用は、純記述的方法に劣らぬ客観性のある成果をもたらすのである。これら二つの関係は、説明と記述の関係に当てはまる。解釈的方法によってのみ、私たちが関心を持つ情報を確保し、問題を解くことが可能になるだろう。

(e) 相関関係

分類を終えてのち、回答は地位の特徴を示す標識に応じて検討された。すなわち、年齢、性別、配偶関係、収入、職業、政治的志向、に従って解明された。かくして、それぞれの回答のカテゴリーの分布を百分率によって示し、さらにその分布を理論的分析の対象とした。

すでに何度も強調したとおり、私たちのデータから自明のこととして証明されるものは、何もない。しかし、統計的結果が私たちの予測に合致したならば、予測に重味が付け加わることになるし、そうならなかった場合には、いかに説明的変数を付け加えたり、方法的な誤まりを指摘してみたところで、私たちの仮説は疑わしいものに見えた。個々のグループでのカテゴリーごとの区分は、その信頼性を確かめた。*結果が肯定的である場合は、「有意」と認定された。理論上予測した区分間の差が有意でなくても、単純な標準誤差より大きい場合には、私たちの予想を少なくとも傾向的に確認するものであるとし

* 信頼性の公式は $\frac{p_1(100-p_1)}{N_1}+\frac{p_2(100-p_2)}{N_2}$

た。このようなことがとくに目立って起こったのは、同じ地位グループ間で、それ自体に論理的一貫性を有する二つもしくはそれ以上の同じ差が存在した場合である。そのような差は、単独の質問にも、一連の質問にも、観察された。そのよい例は共産主義者の示す傾向であって、彼らが政治的質問に答える頻度は、社会民主主義者に比べて異常に高いものであった。また広範囲にわたって興味深い傾向が発見された。たとえば、左翼的志向が増すにしたがって、過激な回答の数がふえることなど。両極端の差が統計的に有意であれば、そのような「動向」もしくは「傾向」自体も、広い意味で「有意」と認定した。

▽しかし、二つの地位グループの回答の差が、信頼しうると確認できたとしても、つまり、たとえば、社会民主主義者の回答において、共産主義者と比べて、ある態度が有意的に顕著に見られたとしても、その違いをそのまま、その時の政治的立場に帰したわけではない。年齢や職業の影響を受けていることもあるからである。地位グループの間の差が、そのような外的要因に基づいているということを否定しきれないかぎり、さらに吟味が行なわれた。社会民主主義者において見られる、ある回答の比較的高い割合が、年齢条件によるという予測が立てば、社会民主主義者も、共産主義者も、同じように年齢グループに分けた。そして、各々の年齢グループがあらためて同じ差を見せれば、回答の態度の差は政治的な相違のためであると、確信をもって言明することができた。

このような二次分析は、とりわけ二つのしばしば見られた事例で行なわれた。その一は、一つの同じ質問に対する回答において、職業上の差と政治上の差が両方とも現われた場合であった。このような事例では、政治的類型を経済的地位によって分析して、それぞれが互いに独立している場合にのみ、二つの差をそのまま本文に述べた。その二として、社会民主主義者と共産主義者の間、および失業者とホワイトカラーの回答の間にあるすべての有意の差を、他の職業グループとの比較で再吟味した。それは、私たちの標本では、共産主義者には社会民主主義者より多くの失業者があり、共産主義者に対して社会民主主義者はホワイトカラーの比率が大きかったからである。したがって以下のことを必ず確かめる必要があった。すなわち、共産主義者、あるいは社会民主主義者の「典型的な」回答が、この両グループの職業構成の有意の差のゆえでないかどうか、また逆に、失業者あるいはホワイトカラーの「典型的な」回答が、この二つのグループの政治的構成の有意の差に帰することができないかどうかということ。△（……）

調査した相関関係の証言能力はきわめて多様であった。最も不毛な結果になったのは、各々の回答と、性別、収入との関係であった。私たちが扱った、女性のアンケートは、非常にわずかなものでしかなかった（男性五百三十七に対し、女性四十七）。これでは社会的、職業的立場を男性と比較することはほとんどできなかった。したがって、性に特有の差は、経験主義的にもほとんど期待することができなかった。収入と関係した回答態度の調査が、興味深いものとなったのは、むしろ、回答者の習慣、意見、パーソナリティが収入によって決定される度合いはごく小さいということを、有意差の欠如が示唆しているように思われた場合であった。

配偶関係との相関関係も、なんら驚くような結果をもたらさなかった。明らかになった差は、一部分年齢という変数に起因した。未婚者の平均年齢の低さが、彼らの回答態度の特殊性を十分に説明したからである。他の結果は、あまりにも明白で、それ以上説明を加える必要はなかった。すなわち、既婚者は、未婚者より家族と旅行することが多く、友人や仲間たちと過ごす時間が少ない（質問第三二〇）。そして数多くの質問で、年齢が回答態度を決定する強い要因であることがわかった。私たちは表を作るにあたって、性別、収入、配偶関係、年齢に関係するすべての結果を示したわけではない。これらの変数が回答に特別な影響を与えた場合のみを示したのである。

私たちは、〔私たちの理論の基本的な仮定に基づいて〕、経済的地位と予期される回答類型との間に密接な関係があると期待した。この期待は多くの質問については実現したが、ずっと多くの質問については満たされなかった。このことは主として、私たちの資料に量と質において限界があるためと思われた。たとえば、「肉体労働者」というカテゴリーを、熟練労働者、半熟練労働者、非熟練労働者という下位グループに分け、さらにそれぞれの企業の大きさによって分けるとすると、その結果生じる単位は数多く分類される回答のカテゴリーと比べて、極端に小さなものになってしまう。この難点は、私たちの標本では、ホワイトカラーの数が労働者よりはるかに少なかったということによって、さらに拡大された。グループ像が小さすぎると、説得力のある統計的比較のためには無価値である。逆にまた、分割する前の「労働者」というカテゴリーで得られた結果では、不十分である。この概念が社会心理学的意味での単位を表わしていないからであるし、そのために回答が、結局、さまざまの下位カテゴリーの平均値となって、それ以上の深い意味を持たないからである。たとえば、多くの場合に、大企業と小企業において、熟練労働者の間にはっきりした差が見られるが、それは平均値の計算ではとらえられないものである。この時の平均値は、おそらく場合によっては、ホワイトカラーの回答のすべての平均値に一致するだろう。ところが下位グループに分けると、たちまちその値にはまたも有意の差が生じるのである。そこで私たちは、妥協点を求めて、職業的地位による区分は、統計的に使用しうる単位がそこなわれない範囲にとどめた。それでも私たちの理論的期待は広範囲にわたって裏付けられた。経済的地位がパーソナリティに与える影響は、しばしば現われるある種の性格類型と比較した時に、いっそうはっきりとしたのである（第四章参照）。

回答が政党への所属によって左右されることは、もちろんもっとはっきりしていた。その理由の一つは、政治的グループが、社会心理学的な意味で、完結した単位を形づくっていて、それ以上、特別な質を確定するために、分類する必要がない、ということにある。回答者を、その政治活動の基準に応じて、さらに区分けしても、なお、仕事のカテゴリーによる分類よりは、明らかに大きい単位となった。経験的なものとして明らかになった、政党所属（あるいは政治活動の程度）と態度との密接な関係は、この場合基本的に二つの流れになる。まず第一に、ある特定の政党に属することも、党の宣伝活動も、個人の意見と姿勢とに影響を及ぼす。個人は自分の関係する党が絶え間なく宣伝する理論と理念を受け入れる。しかし、ここにもう一つ逆の、パーソナリティ要因と政党所属の関係がある。たしかに当時の労働者は――彼の性格特性に関係なく――二つの労働者政党のどちらかに所属しているか、それともどちらかに投票するかがふつうであった。しかし、社会民主党に属するのか、共産党に属するのか、またどれほど積極的に政治に参加するのか、ということは、まったくではないにしても一部は、彼のパーソナリティ構造にかかっていた。そこである一つの答えは、政党所属に強く影響されているかもしれないが、またこの政党所属は、その特別な回答パターンによって表現される性格類型の影響を強く受けている。この二つの要素の間にはしばしば相互関係があって、どちらが原因でどちらが結果か、はっきりしない。それでも一般的に言って、党がすでに宣伝活動の中で、典型とする理念を用意しているようなテーマに対する回答は、政党の影響が強いと考えてよいであろう。そして党活動がほとんど触れることがなく、むしろ個人の姿勢に強くかかわっているような問題の場合は、逆に回答の中に個別の性格構造が表現され、それが政党所属も、政治活動の程度をも決定するのである。

(f) 症候群

〔ここまで述べてきた、統計的相関関係の〕分析では、回答を個々のアンケートの文脈から切り離して観察していた。ところで、各回答者の、政治的、経済的地位と関係していると考えられるパーソナリティのいくつかの面を明らかにするために、それぞれのアンケートを総合的な統一体として扱いうるような手順を見いださなければならなかった。その目的は、ある人の信じている政治的信条が、その人にとってどれほどの意味を持っているのかということと、さまざまの政治的、経済的グループにどのパーソナリティ類型が対応するのかということを発見することであった。

▽私たちは、アンケートの全体をもって、回答者のパーソナリティを理解する基礎とすることを提唱したが、だからといって、それによって完全なパーソナリティ像が得られるというのでは決してない。たとえ記入方式によるアンケートによってそれを得ることが可能だとしても、アンケートの構成と評価に用いられた従来の技術では、このような目的には、まったく不十分である。とくに私たちの行なったアンケートは、要求される水準を満足させるものではない。そこで、私たちの企画の目標は、ずっと控えめなものであった。まず第一に私たちは、社会心理学の領域で重要な意味を持っている特定のパーソナリティ特性の姿をとらえようとした。その際私たちが描き出したパーソナリティ相は、とりわけ次の

要素を主要視した。すなわち、権威主義的、あるいは非権威主義的傾向、個人主義的、あるいは全体主義的志向、とりわけ個人の政治思想の一貫性。△（……）

〔さまざまの態度が、必ずしも一貫したものとはかぎらないということは、次の例がよく明らかにしている。〕左翼政党の支持者である回答者が、質問第四二四（「あなたの考えでは、どうすれば世界はよくなりますか」）に対して、「支配階級を粉砕することによって」と回答し、その同じ人物が体罰なしに子供の教育は可能かどうかという質問（質問第六二一／二二）に対して、たとえば「いいえ。尊敬心を持つためには、子供には体罰が必要」と答えたとすると、このような二つの回答から引き出しうる結論は、この回答者の資本家に対する憎悪が、自由と平等を心より信じていることによるものでは、まずないということである。なぜなら、この信念は、子供に敬意をいだかせるための彼の方法と矛盾するはずだからである。むしろ、おそらく、一方にあるものは、すべての強い者、幸福な者に対する心底からの憤懣にほかならず、他方にあるものは、およそ弱い者すべてを支配したいという欲望である。そこで、他の回答も、この二つのものの組合せに結びつけると、その上により大きな全体像が浮かび上がって、当初の推測を十分根拠のある確信とすることもできるのである。

〔ところで、それぞれのパーソナリティの、さまざまの面のイメージをとらえるために〕一つの技術が開発され、それによって、個々の回答者について、彼の態度の一つの〈症候群《シンドローム》〉を構成し、それを彼の政治的立場と比較することができるようになった。この技術についてはあとで詳述するが、▽ここでは、少なくとも、私たちが症候群を形成するにあたって追求した基本的目的を概観するにとどめる。私たちが主として関心を持ったのは、政党所属と性格構造の関係の問題であった。というのは、この関係の分析によって、個人における政治思想の重みと一貫性の姿をとらえることができるはずだからである。(……)政治的信条の重みという言い方で、私たちが理解するのは、個人の行動に対するその影響の強さである。ある人物が――たとえ、ある党を選挙で支持し、大会に出席し、党費を払っていても――実際の犠牲を要求されたとたんに党を捨てる時、あるいは、ある人物が、党が勝利者側にいる間はその党に属していて、落ち目になるやいなやその綱領に疑いをいだく時、その影響はごく弱いのである。それと反対に、自分の党の目標を信じる気持ちが、何によっても動かされないとすれば、政治的信条の占める位置は高いのである。

この両極の間に、幅広い態度の帯域があって、数多くの中間値を示す目盛りがある。政治的信条の重みは、それぞれの政治綱領の実現が直ちに生活条件の改善につながるということが明らかであればあるほど、増大する。あるいは成功の見込みが大きければ大きいほど、増大する。しかるに、冷静な理性が正しいと考えることと衝突する説明や公約が問題であるならば――たとえそれが自己保存の要求に訴えるものであっても――、それに心を動かされるのは、合理的思考力があるいは未熟であるか、あるいはいわば催眠術によって麻痺させられているような人たちのみであろう。反対に、政治的目標と説明パタンが合理的であればあるほど、党の教義が支持者に対して持つ意味は大きくなる。しかし、支持者の物質的状況が絶望的でない場合、すなわち、現在の生活を続けるよりは死んだ方がましだと思うような事態でない場合、そのような状況での政治的信条は、それが感情的にも根付いている場合にのみ、大きな重みを持つのである。感情的なきずなが強ければ強いほど、そしてそのきずなを強める綱領の力が明らかであればあるほど、個々の支持者は勇敢に精力的に党を支持し、その目標のために戦う。他方、綱領と感情的欲求との結びつきが弱ければ弱いほど、個人は政治的に〈日和見型〉に傾き、危急の時の頼りにはならなくなる。

もちろん、政治的教養が、必ず物質的欲求と感情的欲求の両者に同時に帰せられるとはかぎらない。自分では利益になると判断した客観的利害関係に明らかに対立することすらある。政治上の信条は、実際問題として、あらゆる理性にそむいても、なおかつ感情的欲求との密接な結びつきのゆえに、重要な意味を失わないでいることができる。しかし、この場合には、当然いくつかの要素が感情的に抵抗しがたい働きをしなければならない。信条全体が個人の直接の利害と対立し、その現実の内容からしても、個人の理性的思考を味方にすることができないはずだからである。その時政治的信条はイデオロギーとなり、そのイデオロギーの効力は、その感情的影響力の範囲と強さに比例し、同時に、理性的思考を合理化によって代償する能力と比例するのである。

私たちは個人の感情的欲求のあり方と働き方は、それぞれのパーソナリティ構造に応じて異なりうると述べた。しかしそれは、性格が個人的条件や偶然の条件で作られるという意味ではないし、性格が生物学的に与えられた〈人間性〉に発しているという意味でもない。たしかに、遺伝的要因や、生活経験の個人的な相違によって生じたパーソナリティの違いもある。しかしその生活経験自体が、偶然の要素も多くあるが、つねに一定の枠の中にとどまっているのであって、その枠を決定するものは、一般に、文化の発展段階であり、なかんずくそれぞれの階級の状況である。さらに、私たちが経験的に知っているような特殊な感情複合は、歴史的条件の結果であって、その条件は人間の性質の生物学的、生理学的な基礎を、歴史の流れの中で変化する、何か新しいものに変えるのである。一つのグループを囲む社会的条件は、その構成員のパーソナリティ構造を形作るのであって、それによって、一つの階級におけるパーソナリティの基本的要素には、ある種の統一が生じるのである。

たとえば、ヨーロッパの市民階級は、きわだった倹約心という特徴を持つ。さらに、強さを賛美し弱さを軽蔑し、すべての「よそもの」に不信感を持ち、そして、他人と接近しすぎることによって個人的存在の私的領域を乱すことに不安をいだくという特徴を持っている。それに反して、労働者、とくに大企業の労働者はまったく別の条件の下に生きている。ここでは、互いの競争ではなく、連帯が不可欠の条件である。資本集積の機会はなく、したがって倹約の欲求もない。他人を遠ざけるという強迫もない。ここから生まれるのは、違った感情的欲求と違った形の満足とを持つ、まったく違った種類のパーソナリティ構造である。しかし、この二つの階級のパーソナリティ構造の対立は、予想されるほど経験的に明らかなものではない。階級の経済的発達と心的発達の間には差異があるが、ここでその原因について論じることは、あまりにも主題からそれてしまうことになるだろう。私たちの資料が非常にはっきりと示していることは、きわめて多くの労働者が、市民階級において多かれ少なかれ典型的なパーソナリティ特性を表わしているために、それは彼らの社会主義的意見と整合しないということである。この意見はむしろ、労働者階級の最も進んだ部分にのみ見られるような構造と合致しているのである。△

(g) 回答拒否

すべての質問について、回答拒否というカテゴリーが現われる。回答がないということは、決してそれ以上の解釈を閉め出す否定的なデータではない。拒否を主観的要因に帰することができるならば、しばしばそれ自体がいかなる明確な表現にも劣らず、意味のある回答となる。回答がない場合のたいていの客観的理由は、全部の質問がすべての回答者に該当しているのではないということと、遺漏のない回答をするのに、必要な情報が欠けていることがよくあるということにある。たとえば、多くの質問が子供のある家庭にのみ向けられているし（六〇三、六〇五、六〇八、六〇九、その他）、義父の職歴とか、自分の働いている会社の従業員数を問う質問では、身の回りについての正確な知識が必要である。しかし、質問が明らかに答えることのできないものであった事例は、すべての無回答の中のごく一部分にすぎない。

一つの質問に回答がなされなかったのが、客観的理由からなのか、主観的理由からなのか、決めかねることがしばしばある。回答者が確固たる信念をもって、答えるべきではない、あるいは答える必要がないと考えたのかもしれない。しかし、多くの場合、真の動機は、その質問に取り組むことに嫌悪を感じるためか、少なくとも関心が薄いためと思われる。このことがとくに顕著となるのは、客観的に同じ状況にある回答者が、質問が自分に該当しているかどうか、自分が十分な情報を持っているかどうかについて、別々の判断を下している場合である。失業者の回答態度が好例である。彼らの多くは労働場所と労働条件に関する長い一連の質問（一〇八―一四〇）に無回答であった。アンケート当時に、どこにもやとわれていなかったからである。しかし大半は、これらの質問に回答した。最終の職場を基にしたのであった。

事情が少し違っているのは、質問第六二一／二二（「まったく体罰なしに、子供を教育できると思いますか」）と第六二四（「あなたと奥さんは、性生活（出産、生殖、性病）について、子供を早くから教育することを、「どう思いますか」）に対する多数の無回答（すべてのグループにある）の場合である。これらは、回答者が結婚していて、子供があることを前提とした一連の質問になっている。しかし、独身の人も子供のない人でも答えられるように作られていた。教育上の手段としての体罰と、子供の性教育の問題への言及は、非常に一般的なもので、特別な教育上の経験を要するものではなかった。かなり多くの数の独身者がこれらの問題すべてに意見を述べた一方で、多くの既婚者が意見を述べなかった。

この点において、私たちはまず、回答をしなかった独身者に関心をいだいた。第一に考えられることは、このグループがアンケートのⅥをちょっと見ただけで、質問が全部子供と教育の問題に関するものなので、自分たちにはまったく関係のないものだと結論づけてしまったということである。この推測は、一頁が完全に飛ばされていたり、斜線で消されていたりした場合には、明らかに当を得ている。しかし、ほとんどのアンケートは、もっと入念に記入されていた。この事例では、頁全部ではなくて、いくつかの質問のみが空欄であるか、線が引かれているか、あるいはその他のやり方で、回答できないことの意思表示があった。このような場合には、回答者がすべての質問を読んでいて、無回答が、見過ごしではなく、意図的なものであるという前提に立つことができる。独身者がこれらの質問に回答をしていれば、それははっきりした関心があるからであるが、それに対して無回答は、関心の薄さに帰せられるか、この問題に意見を述べるのを拒否していることを意味するかのどちらかである。

一人の回答者が、質問を自分との関係でとらえて、その上で、回答をしなければならないと考えるかどうかは、質問の作り方や、直接の関連性のみにかかわっているのではなく、彼の関心と心理的抵抗の強さにもよる。同じような問題は、回答者がある質問に回答するのに、十分なことを知っているかどうかを決めなければならない時に生じる。過剰に正確さを求める考え方は、往々にして無回答の結果をもたらすことがある。たとえば、自分の会社に五百人が働いているのか五百十人が働いているのか、一〇〇%確実には言えないような時である。このような態度は、もちろんめったに目にしないものだが、必ずしも完全な正確さへの欲求のためではなく、回答する気がないことの合理化なのである。

私たちの見解では、回答拒否の主観的な動機は、多くの場合、関心の薄さに基づいている。しかし、関心がパーソナリティの一部であるように、特定の質問における無回答は、パーソナリティ構造の特殊性への重要な示唆を与える。次の世界戦争阻止の可能性を問うような質問に対する関心は、ジャズを聞くのが好きかどうかという質問に対する関心とはおよそ比較しえない。心理学的に見ると、あとにあげた質問の訴える力と、長生きをしたいかとか、もし金があればどのように投資するかという質問の訴える力との間には大きな違いがある。回答の頻度に表われるような、関心の有無の心理学的意味について何か知ろうとするならば、私たちはつねにまず質問そのものを考察しなければならない。その時、基本的に区別しなければならないのは、全体的な関心、政治的な関心、あるいは文化的関心にかかわる質問と、各人の個人的生活にのみ関連しているような質問である。私的問題への関心と、社会的問題への関心の関係は、時には個人の場合のみならず、社会的集団全体の場合にも典型的に表われることがある。

これらと並んでさらにもう一つ、個人によって異なることが認められる関心の領域がある。それは、個人の幸福や楽しみの能力に関するすべての質問への関心である。すなわち個人的願望や好みの映画などを問う質問である。何にもまして、義務の履行、仕事、業績を志向するパーソナリティ類型の場合は、感情的関心の欠如や、さらには内心の嫌悪感からこのような質問には答えないでおくことが多いだろう。

それゆえ、この種の無回答は、彼のパーソナリティ構造の理解に大いに役立つ情報を提供している。さらに、不安と不信とが、無回答の複合的な主観的動機を作り上げる。しばしば、ある種の質問に答えることによって生じるかもしれない不都合な結果に対する、明らかな不安が見いだされる。私たちのアンケートが匿名であることを考えれば、そのような恐れの根拠は実際にはまったくないのだから、このこと自体が回答者の不信・不安をいだきやすい性格特性を示していた。よりひんぱんに見られたのは、回答者が原則的には回答の意志を持ちながら、不信感と閉鎖性から、すべての質問に、できるだけ短く、あたりさわりのない回答をした場合である。さらに、それぞれの政党、組合、その指導者、政策、組織構造に対する評価を問う質問の場合には、もう一つ別な要素が大量の回答拒否の原因になっていると考えられる。すなわち、党や組合に対する忠誠心であり、部外者の面前で否定的な批判をしたくはないという気持ちである。

以上を要約して確言できることは、無回答はそれほど大きな資料欠如と見なすべきではないということである。なぜなら、適切な分析技術によって、無回答それ自体を解釈することができるからである。この、解釈可能ということが、統計的処理に影響を与える。回答拒否の大きさと意味とを決定しようとすれば、二つの方式の一つを取ることになるが、これらの方式は、いくつかの場合には、互いに相反する結論を導き出す。その一つの方式に従えば、回答拒否は、それぞれ一定の態度を表わすさまざまのカテゴリーのうちの一つと見なされる。この場合、それは全回答の一部と考えられるので、実際に答えられた回答の割合は、その分だけ減じられることになる。もう一つの方式では、回答拒否が完全に無視され、積極的回答のカテゴリーの割合は、実際の回答の百分率として現われる。二つの方法の機能の違いを例をあげて明らかにしてみよう。

二つのグループで、百人ずつを取ってみる。一つは二十歳未満のグループで、一つは五十一歳以上である。好みの映画の質問の分析によれば、年少グループの五人が回答をせず、二十五人がロシア映画をあげた。年長者グループのこれに対応する数は、それぞれ六十五と十であった。百分率にして表わすと次のような分布になる（表1・1）。

ここで回答拒否を無視して、「ロシア映画」という回答の百分率のみを出すと、様相は一変する（表1・2）。

表 1. 1

	20 歳以下	51 歳以上
無回答	5%	65%
ロシア映画	25%	10%

表 1. 2

	20 歳以下	51 歳以上
ロシア映画	26.4(25)%	28.6(10)%

括弧内の数は絶対数を表わしている。第二の方式による計算では、ロシア映画は年少者よりも、年長者がより多く好むような印象を与える。第一の方式では、回答拒否を考慮することによって、正反対の結論になる。両方式のどちらが〈正しいもの〉であるかは、明らかに、回答拒否という事実をどう解釈するかにかかっている。質問に対する積極的な回答をただ偶然的なものと考えるならば、無回答者が答えるのを〈忘れ〉さえしなかったら、それぞれの積極的な回答のカテゴリーの比率は、無回答者の分に比例して増えたであろうという推測が可能となる。つまり、各々のグループの相対的な比率は、無回答分を加えることによって変わることはないだろうというのである。これは私たちの例では、年長者が実際に年少者よりロシア映画を好むという意味になるだろう。年長者グループの六十五人の無回答者のうち二八・六%が、実際に答えたとしたら、同じ種類の映画を選び、同様に、年少者グループの五人の無回答のうち二六・四%もそうするだろうという前提に立つからである。

しかるに、回答拒否が偶然ではなくて、たとえば、関心の欠如が原因であると考えるならば、右の計算方法では、まったく誤った様相を呈することになるだろう。この場合には、回答拒否者がもし実際に答えを書いたとすれば、好きな映画はないとか、映画は見に行かないとか、どんな種類の映画が好きかわからないとか、書いただろうという推測が成り立つ。この仮定に従えば、どのような回答になるにせよ、特定の種類の映画が好みのものとしてあげられることだけは、ないはずである。もし、無回答も解釈しうると確信するならば、それを他の回答群と同じように処理すること、すなわち、一個の独自な意味を持つカテゴリーとして処理することによってのみ、実際の状況の信頼できるイメージをとらえることができる。これに応じて結果を解釈すると、ロシア映画をとくに好む率は年少者のグループにおいて、年長者グループにおけるよりはるかに高く（二五％対一〇％）、また、映画全体に対する関心は、年長者においては年少者におけるより相当に低いのである。

適切な統計方法の選択は、回答拒否の事実の解釈にかかっている。これまで概略した考察や、いくつかの調査の結果に基づいて、私たちは、回答拒否が特殊な動機、なかんずく関心の欠如を示唆しているということから出発して、まずさしつかえないであろう。したがって、ほとんどすべての事例において、私たちは、回答拒否を特定のテーマに対するさまざまの態度カテゴリーの一つと見なしたのである。

第二章　回答者の社会的、政治的状況

▽以下の十数頁は、私たちの標本の個人的、社会的、経済的、政治的構成の概観である。ここにおいてまず検討するのは、出身、宗教、年齢、収入、職業、配偶関係、生活水準、労働組合、などの標識である。それに続いて、政治的なグループの区分を行なうが、ここではさきにあげた標識との相関関係が問題になる。△

(a)　個人的データ

五百八十四のアンケートの大半、すなわち七一％は、フランクフルトとベルリンの間の都市部からの回答であった。二五％はマイン川以南の地と、ラインラントからのものであった。残りの四％は、とくに農業主体の構造を持つ東部を除く、ドイツのその他の全地域に分類される。

大多数がプロテスタントである北部および中部地域に対して、南部ドイツとラインラントには、カトリックの人口がずっと多い。全回答者の一一％が、カトリック教会に属していることを認めているが、このグループはほとんどの場合この地域の住人であった。二五％がプロテスタントで、一七％がユダヤ教を含めた宗教的少数グループであった。ところが五七％もが無神論者と答えた。

回答者は、二六％が地方生まれであったが、ほぼ全部が都会に住んでいた。わずか三％の地方居住者にしても、働いているところは、都市か、または少なくとも国営鉄道のような大企業であった。七四％は、すでに両親が都市に居住していたので、世代間での居住地の変動は、ごくわずかしか認められなかった。これを補完するかのように、構造上の変動も同じようにわずかである。すなわち、ほとんどの場合において回答者の地位は両親のそれと一致する。ただ地方居住者のみは例外である。彼らの場合、都市への移住は一般に地位の上昇を意味していた。しかし、もっと大きな社会的地位の上昇が回答者の子弟の場合に予測される。彼らの半数が、通常彼らの両親より高い社会的地位の者が受ける教育を終えているからである。

五九％の回答者が結婚していて、二％が死別もしくは離婚している。結婚年齢の平均は二十七歳と二十八歳の間であった。三八％が独身と答えていて、これは予期したとおり、たいていは、若い回答者であった。二十歳未満はみな未婚であったが、四十歳以上では、独身者は三％を占めるだけであった。私たちのデータで特殊な位置を占めていたのは、女性であった。四十七人の女性回答者のうち、結婚しているのは七人だけであった。既婚の男性の四分の三は結婚してすでに五年以上たっていた。これらの夫婦の一七％には子供がなかったが、子供の数の平均は一・八人であった。

既婚者の六六％は、妻が仕事を持っていた。それも六％を除いては、戦争以来継続して働いていた。しかし、回答者の三一％のみが、母親も職に就いている、あるいは、就いていた、と答えた。これに対して、五八％は職に就いている姉妹を持っていた。そして二七％は、家庭の女性全員が仕事によって収入を得ていた。

(b) 生活水準

ここにある、私たちの得た回答者の生活水準のデータでは、異なったグループの間で統計的に信頼できる比較をするには不十分だが、少なくとも、社会的背景に何らかの光を当てるいくつかの一般的な特徴があげられる。住居状況は基本的に貧しいと表現することができる。家族の一人一人にベッドつきの部屋があるのは、回答者の三分の一にすぎず、二八％の家庭には、一人に一つのベッドすらなかった。これに比して家具調度は、住居状況から予想されたものより、豊かであった。おそらく、家財道具は、まだもっと広い住居に住む余裕のあったよき時代からのものであるのだろう。たとえば、失業者のせまく苦しい空間に、疑いもなく暮し向きのよかった時に求められた家具が置かれていた。椅子、食卓、洗面台、たんす、時に一台のミシンや置時計といった、必要最小限の家具以上のものを所有していないのは、回答者のわずか九％であった。大多数はそのうえに書架、本棚があり、また書き物机のあることも多かった。

約一〇％——このうち半数は失業者であった——は、一週間のうち肉を食べるのは二日以下で、酒や煙草を買う金はないと述べた。五七％の回答者の場合——そのうち失業者はわずか六分の一であった——一週間に五度までは肉が食卓に上り、酒や煙草にもある程度の金額が自由になった。結局、肉も酒も煙草も十分であったのは、回答者の三三％であったが、失業者の割合は、ここではさらに低くなる。このグループでは十八人に一人のみが無職であった。

直接の生計費以外の出費を、楽しみのために使われているか、教養のために使われているかによって分けてみると、次のようになる。すなわち、一一％は明らかに楽しみを選び、金を主として酒や煙草に費していた。五一％は、むしろ教養のために投資をすることに決めていた（本、講演）。他方残りの三八％には、これといったはっきりした傾向は見られなかった。

(c) 年齢、収入、職業

回答者の年齢分布、収入状況、職業状況は表２・１、表２・２、表２・３のとおりである。

標本の年齢分布は、二十一歳未満（六％）から六十一歳以上（三％）に及んでいた。その中で一番大きな集団を作っていたのは二十一歳―四十歳で、全部の年齢平均は三十一歳であった。

五十一マルク未満の収入を度外視すると、回答者の収入平均は一九七ＲＭ〔訳注。ライヒスマルク。一九二四年から四八年まで用いられた貨幣単位〕である。しかし、収入分布は、それを年齢グループや性別にしたがって分類すると、また違ったよう

表 2. 1　年齢

年齢	人数	%
21 歳未満	34	6
21-30	237	41
31-50	260	44
51 以上	48	8
無記入	5	1
	584	100

表 2. 2　収入

収入 (月収・マルク)	人数	%
51 未満	109	19
51-100	36	6
101-150	83	14
151-200	124	21
201-250	170	29
251-300	60	10
無記入	2	1
	584	100

に見える。二十一歳―三十歳は平均一七二RMを稼ぐが、三十一歳―五十歳のグループでは二〇九RMに上昇し、五十歳―六十歳では最終的に二一五RMに達した。これに対して、常勤の女性労働者の平均収入は一六〇RMであったから、同僚男性よりかなり下回っていたことになる。

私たちの調査の中心的職業グループを形成していたのは、ホワイトカラーと熟練、非熟練の労働者であった。「ホワイトカラー」というカテゴリーには、公務員も、私企業のホワイトカラーと職長も含まれた。熟練、非熟練の労働者が六四％で、私たちの標本の過半数を占めていた。回答者の二九％がホワイトカラーであった。残りの七％（「その他」）は、学生と主婦と零細業者で構成されていたが、それぞれ別々に分類するには数が少なすぎた。回答者の一六％が失業していた。中級労働者の三人に一人、熟練労働者の六人に一人、ホワイトカラーでは、十三人に一人が職を持たなかった。しかし、ホワイトカラーのカテゴリーには、めったに失業を経験することのない公務員も数えられている。したがって、労働者は基本的にこの危機に遭遇する度合いがずっと大きい。回答者全体では一六％であるのに対して、労働者では二〇％が失業者であった。

失業者のほとんどは、国の生活補助金のみに頼っていた。したがって、一か月五一RM未満の最低収入グループに属した。表2・4は、職業状況、すなわち雇用状態と、収入との関係を個々に示している。失業者を別にすると、非熟練労働者が最低の収入であった。これに対して、熟練労働者の収入は、ホワイトカラーをほんのわずか下廻るだけであった。表の基礎になっている回答からは、家族全員の収入が含まれているのか、いないのか、必ずしもはっきりとはしなかった。

それぞれの職業グループの年齢分布は、だいたい似かよっていた。ただ一つ目につくのは、三十歳以

表 2. 3　職業状況

職業別グループ	就業者		失業者		計	
	人数	%	人数	%	人数	%
熟練労働者	264	45	57	10	321	55
非熟練労働者	34	6	20	3	54	9
ホワイトカラー	154	26	13	3	167	29
その他	42	7	0	0	42	7
	494	84	90	16	584	100

表 2. 4　職業別グループと収入　(%)

収入 (マルク)	非熟練労働者	熟練労働者	ホワイトカラー	失業者	その他	計
50 以下	18	3	3	83	30	19
51-100	12	5	6	1	20	6
101-150	35	16	14	6	5	14
151-200	32	31	17	2	8	21
201-250	3	34	42	8	22	29
251-300	—	10	18	—	15	10
無記入	—	1	—	—	—	1
	100	100	100	100	100	100

表 2. 5　職業別グループと年齢　(%)

	非熟練労働者	熟練労働者	ホワイトカラー	失業者	その他	計
20 以下	6	7	5	6	3	6
21-30	41	38	33	60	45	41
31-50	44	44	52	33	40	44
51 以上	9	9	9	1	12	8
無記入	—	2	1	—	—	1
	100	100	100	100	100	100

下の失業者の多さである。

一六％の回答者が従業員十人以下の企業で働いていた。三三％が十人―百人の企業、三二％が百人―千人の会社、そして最後の一九％が千人以上の大企業であった。その他の二〇％は、主婦、学生、自営、あるいはより多くは失業者で、最終勤め先の企業の規模については、報告がなかった。

最小規模の企業を除いて、すべての企業には労資協議会があった。これは労働者によって選ばれ、法の規定に従って、独立して彼らの利益を代表するもの、と理解されていた。失業者と自営業者と、零細企業の従業員を除くと、残りは三百九十のアンケートであったが、そのうち三例だけが労資協議会について何の情報も提供していなかった。

五百八十四人の回答者中四百五十一人が労働組合員であった。その六二％は、社会民主党の支配下にある〈自由労働組合〉に属していた。集計された企業の六二％においては、労資協議会はことごとく社会民主党員から成っていた。もっとも一九三〇年頃には共産党員も、ほとんどは社会民主党の組合のメンバーであった。調査回答者の四％のみに、純粋な共産党員の労資協議会の記述があり、回答者の三人のみが、当時出現した〈革命的労働組合党〉のメンバーであった。最後に、労資協議会の四分の一が、さまざまなグループから成り立っていた。ここでは、共産党員は社会民主党員と一緒に、ヒルシュ＝ドゥンカー組合〔訳注。進歩党系の労資協調組合〕のメンバー、キリスト教党員、ホワイトカラー組合員と同席している。社会民主党系組合の勢力は、この点党員の強い忠誠心に負うところが大きかった。すなわち、アンケートに答えた社会民主党系の組織労働者の二〇％は、一九一八年より前にすでに組合に入っていて、平均組合員歴は約十年であった。

組合は一般に組合員に対して、かなりの時間的犠牲を強いる。私たちの資料では、組合員の七%だけがまったくの消極派であった。二二%は集会に出たり組合紙を読んだりしていて、残りの七一%は、それ以上に組合生活のさまざまな要請に積極的にかかわっていた。組合員の三人に一人は組合の役員であった。

(d) 政治的グループの分類

質問第四四二(「どの政党に投票しますか」)に対する回答が、回答者を政治的グループに分類する出発点となった。この際の基本的な分類は次のとおりである。社会民主党、共産党、ナチス、ブルジョア政党、支持政党なし。「ブルジョア政党」というカテゴリーには、ナチスを除いて、社会民主党より右寄りのすべての党、すなわち、ドイツ国民党、中央党、シュヴァーベン農民党その他を含んだ。この一本化は方法論上必要となった。個々の組織を代表する回答者が、いずれもあまりに少なかったからである。さらにこのやり方を正当化したのは、これらの回答者の回答が、ただ比較の目的のためのみに用いられるという事実であった。ナチスは比較的数が少なかったが、それでも独立した分類として扱った。当時極右勢力がまさに権力を奪わんとしていたので、この小さな集団にはとりわけ歴史的な関心があったのである。

社会民主党の内部には、かなりはっきりと目立つ左派があった。これは社会主義理論の解釈においても、直接の政策の点においても、党の中核から離れていた。この相異によってすでに早くからUSPD〔ドイツ独立社会民主党〕が分離していたし、私たちのアンケート終了後しばらくしてSAP〔社会主義労働者党」が新しい左派社会主義政党として結成された。正規の社会民主党の政策は、反動勢力の攻勢に対抗して、民主主義的共和制を維持し守ることに専心していたが、他方左派社会主義者は、社会主義社会への変化を早めることを強く志向していた。そこで質問第四二七（「どの政体が最良だと思いますか」）に対する回答は、社会民主党員たちを二つに分類するために用いられた。社会民主党の中で社会主義左派とされたのは、「社会主義共和制」とか、はっきりと「ソヴィエト体制」に賛意を示した人たちで

表 2.6　組み合わせの可能性（活動的―非活動的）

		組合	
		活動的	非活動的
党	活動的	1	—
	非活動的	3	2

表 2.7　政治的志向と政治的活動性

		人数	%
共産党（K）		150	26
(1)役員	63		
(2)支持者	78		
(3)あいまい	9		
社会主義左派（L S）		45	8
社会民主党（S）		262	45
(1)役員	61		
(2)支持者	125		
(3)あいまい	76		
ブルジョア政党（B）		43	7
ナチス（N）		17	3
支持政党なし（O）		67	11
		584	100

あった。彼らはこれらの回答によって、党の公式の綱領に対する重大な相違を表明していたからであった。(……)

私たちの調査の段階では、ドイツの労働者とホワイトカラーの政治的信条の面で、社会民主党と共産党が必然的に二大政治集団を形作った。私たちの標本のうち、この二つの標本のみが、政治的活動性の程度による再分類が可能な大きさを持っていた。政治的なかかわりは、基本的に党に対するものと組合に対するものとの二つに限定することができる。いずれの場合にも、量的な問題から、私たちはかかわりの程度を二つだけに区分することにした。「活動的」と「非活動的」である。この二つにおいて、「活動的」にはすべての役員が含まれる。これに対して、残りの党員と組合員は「非活動的」とする。そこでまず四つの組み合わせができる。

組合活動と党活動とは、もちろん政治意識を示す指標としては、互換性のあるものではない。なぜなら、組合はもっぱら生活条件の改善に取り組み、政治問題に直接取り組んではいないからである。余った時間を組合活動にささげるきっかけとなる動機は、必ずしも政治的積極性を示すものではなかった。反対に、ある回答者が党の仕事に打ち込んでいれば、それは強い政治意識をはっきりと示していた。この場合には、組合活動の問題を考える必要はなかった。双方の領域で、非活動的であれば、それは、政治的関心が少ないということはっきりした証拠であった。

これに従って、四つの組み合わせは、分析の目的のために三つに還元される。(1)「役員」、党にあって活動的であり、組合でも活動的であるかもしれない人たちである。(2)「支持者」、党にあっても組合にあっても、活動的ではない人たちである。(3)「あいまい」、組合では活動的であるが、党では活動的でない人たちである。表2・7は異なったグループの個々の分布を示している。

社会民主党では、両翼ともに、三分の二を下らぬ数が、登録党員である。一方、共産党支持者では半数以下である。他方、登録党員中の役員の割合では、共産党員がずっと高い割合を示した。すなわち、社会民主党が五〇%未満であるのに比べて、三分の二であった。社会民主党は、傘下の組合組織の場合と同じく、党としても党員歴の長い党員の率が高い。一九一八年設立のドイツ共産党の党員の一一%が、革命前には社会民主党員であったが、それに対して、社会民主党員の一八%が、一九一八年以前にすでに同党の組織に入っていた。

社会民主党支持者の一三%が宗教団体に加入していた。このグループの六人に一人が、さらに登録党員でもあった。これに対して共産党では、二%のみが教区の組織員であった。そして共産党も社会民主党も、過半数が無神論者であると表明した。その九人に一人が無神論者の団体に所属していた。対照的に、ブルジョア政党支持者たちの六分の五が強い信仰を持っていて、一人の無神論者もいなかった。最後に、回答者中のナチスは、無宗派の二人を除いて、ほとんどがプロテスタントであると述べた。

それぞれの党の年齢グループの分布は、私たちの資料では表2・8のようになる。

ブルジョア政党は、三十八歳と最も高い平均年齢を示した。社会民主党が三十二歳でこれに次いだ。その次が共産党と社会主義左派で、それぞれ二十九歳と二十八歳であった。そして、ナチスが最も若い党として、平均年齢も最も低く、二十六歳であった。

政治的志向と、職業的地位とを比較すると、次の興味深い結果が得られた。

ナチス党の支持者は、主として「ホワイトカラー」あるいは「その他」のカテゴリーに属していた。

表 2.8　政治的志向と年齢　(%)

	S	LS	K	N	B	O
21 未満	4	4	5	12	5	13
21-30	38	57	48	64	21	32
31-50	48	35	41	18	53	45
51 以上	10	4	5	6	21	5
無記入	—	—	1	—	—	5
	100	100	100	100	100	100

表 2.9　政治的志向と職業別グループ　(%)

	S	LS	K	N	B	O
非熟練労働者	6	6	8	—	4	1
熟練労働者	52	52	45	17	35	35
ホワイトカラー	31	22	14	36	34	34
失業者	6	18	25	17	16	26
その他	5	2	8	30	11	4
	100	100	100	100	100	100

表 2.10　政治的志向と収入

	S	LS	K	N	B	O
51 未満	10	23	29	24	23	27
51-100	4	4	8	17	5	10
101-150	15	7	16	—	16	19
151-200	28	23	16	18	12	11
201-250	27	34	28	35	30	29
251-300	16	9	3	6	12	3
無記入	—	—	—	—	2	1
	100	100	100	100	100	100

一般的に言えることは、政党それぞれの労働者とホワイトカラーの比率が、党の〈左〉傾向の程度に直接に左右されるということである。共産党は、ホワイトカラーの割合が一四%で最小であった。その割合は最右翼のナチスにおいて、三六%まで上昇する。左翼の各党の労働者の割合は非常によく似ているが、共産党は高い失業者の比率を示した。ここに現われている、失業と政治的志向の関係は、現状のみではなく、失業歴についてもあてはまる。すなわち、社会民主党で失業経験のないのは四〇%であった

が、共産党ではそれは二五％のみであった。

収入と政治的志向との比較は、異なったグループ内の失業者の割合の違いのために、まったく難しい問題であった。

失業者という特殊な問題を別にして考えると、異なった政党に属する人びとの間には、比較的わずかの収入の差しか見られない。職に就いているかぎり、とりわけ社会民主党と共産党における収入は似たものであった。はっきりとした収入の差は、主として、共産党の方が非熟練労働者の割合が多いことによると考えられた（一五％対七％）。

(e)　この調査の標本能力の問題について

私たちが調査した標本が、ドイツ国民全体の標本としてどの程度に通用するのかを判定するためには、当時のドイツの一般的な社会・経済状況の分析が不可欠である。標本能力の問題を一つ一つ立証するだけの統計資料はないが、回答者たちの構造指標が彼らの代表するグループの指標によく合致していると考えてよい十分な理由があった。少なくとも、政治的志向とその分布は、当時のドイツの典型と言うことができる。回答者の七九％が両左翼政党のいずれかに投票していた。ドイツの大投票区の統計の分布も、それに似た数値を示している。農業重点の東プロイセンとカトリック色の濃いバーデンの結果は、そのような類似と矛盾するように見えるかもしれないが、これらの地域自体が構造的特異さを示しているのである。私たちのアンケートの特徴となる背景は、プロテスタントで工業地域であるヘッセン＝ナッサウ（フランクフルトを含む）と、ザクセンである。労働者、ホワイトカラー、公務員の合計数に対して、社会民主党と共産党に対する投票率は、ヘッセン＝ナッサウで七九・八％、ザクセンで七三・九％であった。この結果は私たちが測定した数値に非常に近いものである。

私たちが調査した人数の、五三％は社会民主党で、二九％が共産党であった。一九三〇年にこの二つの党が議会に出していた代議員は、それぞれ百九十三人と七十七人であった。この数は、回答者の社会民主党と共産党の割合が、ドイツ全土における分布ときわめて近いことを明らかにしている。私たちの資料ではないに等しいナチスの数も、この党が産業労働者に及ぼしていた影響が、少なくとも一九三〇／三一年には弱いものであったことと一致している。

さらに、ドイツ組合運動の歴史も、社会民主党系の組合が国家レベルで、私たちの標本におけるのと同じような優勢を保持していたことを示している。それに対応して、労資協議会における社会民主党の優位についても同様のことが言える。それはドイツ全体においても、私たちの回答者の会社におけるのと同様のことが明らかとなっている。

回答者の収入状況は、対応するグループの国平均をいくぶん上回った。これは私たちの行なった研究のような場合、決して異常なことではない。大きな理由は、比較的貧しい人びとが、自分たちの収入を、少なめよりはむしろ多めに言う傾向があるからである。しかし、私たちの場合には、その開きは通常より小さかった。そして、収入の大きな散らばりがなかったことから、標本の信頼性に問題はないということになる。

ドイツの失業者統計は、残念ながらあまり細分化されていないので、比較の目的で引用することができない。私たちの資料でほぼ一六％という失業者の割合は、一九三〇年末における平均比率である一四

%より、わずかに高いだけだが、それよりも私たちの調査にとって重要なのは、失業者の中で共産党支持者の占める高い比率が、ドイツ全土を代表しているのかどうかをたしかめることであろう。失業者の政治的志向に関する統計は存在していないが、ドイツ情勢の専門家のほとんどは、この点に関して、共産党支持者の割合が比較的多いことを前提にしている（A・ローゼンバーク、一九三五参照）。一般的に認められたこの傾向の理由づけは、まちまちで、一つではない。共産主義の労働者が、政治的信条のために企業経営者から首を切られることを、その傾向の原因にする観察者もいれば、共産党の急進的な綱領が、まさに失業による悲惨な状態に陥った労働者に訴えるのだと考える者もいる。とにかく、いずれの場合にせよ、共産党系回答者の二五%という失業者の割合が、大きすぎると考える根拠はないのである。

政党内の職業グループ別分布の問題については、実際上何のデータもない。共産党員の職業状況に関しては、いかなる統計資料も存在しない。社会民主党のみが、自党内でそのようなものを作成しようとしたが、彼らの統計は党員の八分の一に及ぶだけであったし、単なる支持者はまったく無視されている。しかし、私たちの資料に表われている、社会民主党内の比較的大きなホワイトカラーの比率は、共産党より社会民主党の方が多くのホワイトカラーを組織に入れているという、一般的な観察に合致している。最後に、ナチスにおけるきわめて高いホワイトカラーの比率は、同じようにほとんどの観察者の判断を裏書きしている。ナチスは当時、労働者の間にほとんど支持を得ていなかったからである。

私たちの標本の年齢分布にしても、政党それぞれのものと比較分析することは、ほとんどできない。これに該当するデータは、社会民主党の党員のもののみがある。これと比較したところ、回答者中、社会民主党の平均年齢は党全体より低く出た。この理由はおそらく若い者の方が年輩の者よりアンケートに関心があり、したがってまた、回答することにも積極的だということにある。さらに注意すべきは、社会民主党の作成した数字が、登録党員のみのものであって、単なる支持者は入っていないことである。共産党の年齢構成については、調査は何もないが、この領域の識者はすべて、共産党が社会民主党より、年若い党員や支持者の比率が大きいということで一致している。私たちの資料で、ナチスが一番低い平均年齢を示したという事実は、これもまたすべての観察者の合意した意見に一致している。ただし、ここでも利用しうる統計はない。

要約すれば、このように、回答者は私たちの調査の段階でのドイツの労働者とホワイトカラーを代表していると、十分な理由をもって主張できるのである。この主張を統計的に立証することは、必ずしもすべてが可能なわけではないが、手持ちの資料によって基本的にたしかめうるのであって、とりわけ、政治的志向について、このことがあてはまる。少なからぬ状況証拠も、同じく私たちの主張を裏付けている。疑いもなく、全国的平均値と比べて、いくつかの違いは存在するが、それらは重大なものではない。私たちの研究は、わずかな標本を基にしているとはいえ、それでもなお当時のドイツ労働者とホワイトカラーにきわめて特徴的な発展傾向を指し示しているのである。

第三章　政治的、社会的、文化的態度

〔私たちは、標本の社会構造的特性という最も重要な問題を解明したのちに、意見と態度の分析に移った。この目的のために数多くの質問を考量したが、それらは体系的観点から、五つの異なった問題領域に整理される。すなわち、政治的意見の領域（a）、一般的な世界観（b）、文化的、審美的態度（c）、妻と子供に対する態度（d）、そして隣人と自分自身に対する態度（e）である。その際、私たちの研究の目的は、何よりも、政治的志向と経済的地位とがそれぞれの意見や態度に及ぼす影響を解明することにあった。しかし、いくつかの事例では、年齢や性別などの付加的要素をも分析した。〕

(a)　政治テーマに関する質問

〔回答者の政治的、あるいは社会政治的態度を記録するために、私たちは次の七つの質問を選んだ。

質問第四三二　あなたの考えでは、今日国家の実権を握っているのはだれですか。

質問第四二七／二八　どの政体が最良だと思いますか。何によってそう考えるのですか。

質問第四三〇　ドイツの司法をどう評価しますか。
質問第四二九　あなたの考えでは、どうすれば次の世界大戦を防ぐことができますか。
質問第四三一　あなたの考えでは、インフレーションはだれの責任ですか。
質問第一三四／三五　あなたの職場では合理化が行なわれましたか。それをあなたはどう思いますか。
質問第四四四　あなたの党をどう評価しますか。

ここにあげられた質問を系統だててみると、最初の三つは一般的な政治の体制構造に対する判断に関するものである。次の二つは今世紀始まって以来の最も深刻な政治上の事件、すなわち世界戦争とインフレーションをテーマにしたものである。合理化の質問は、政治的であると理解されることはほとんどないものの、その実は社会政治上きわめて重要な発展傾向を扱っている。終わりに、最後の質問で、ワイマール共和国での公の政治的位置に対する回答者の態度をとらえようとした。」

質問第四三二
あなたの考えでは、今日国家の実権を握っているのはだれですか。

ワイマール憲法第一条によれば、国家の権力は基本的に国民に発するとされた。これに従って、立法権は自由な普通選挙で選ばれた国会にある。大統領もまた直接選挙によって決められる。大統領は内閣を任命する。一方内閣は国会の信任を受けなければならず、不信任の決議があれば辞職しなければならなかった。しかし、私たちの調査の段階で、ドイツには、真の決定権がはたして国民にあるのかどうかに、強い疑問が存在した。この問題がドイツ民主主義の安定にいかに重要であったか、とくに強調するまでもないことである。無力と見られた政権は、多くの敬意も、長期にわたる敬意も得られない。強力な権威を渇望する者は、そのような政権を忌避し誹謗する。

マルクス理論においても、また多くの回答者が回答の中に引き合いに出している左翼政党の宣伝においても、民主主義体制の実際の権力の中心は、経済の領域にある。したがって、議会制民主主義の機構に、あらゆる方面から不信が表明されたのも不思議ではなかった。労働者政党は議会で最強の派を形成していたものの、労働者階級自体の中には、現実の権力への可能性について、大きな失望が広まっていた。ごくおおざっぱに経済体系に責任があるとした回答は、資本、資本家、企業と銀行というカテゴリーに組み入れた。企業と銀行とひっくるめた回答をこの中に入れたのは、これによって回答者は明らかに資本家全体に罪を着せていたからである。しかし、ブルジョアジーという回答は、資本のカテゴリーと同一にはしなかった。一つの理由は、ドイツ語のこの概念には、フランス語や英語に比べて、はるかに多くの攻撃的な含意があるからであり、もう一つには、これが明確に有産階級を指していて、しかも中小企業の経営者を含んでいるからである。大企業経営者、単独もしくは大地主とともにのカテゴリーには、資本という回答と比べて特別の意味が認められる。ここには、資本主義社会の中に権力の段階設定をしようとする試みが見られる。ここで大を強調しているのは、ドイツにおける独占化傾向に関連しているのであって、批判がこの数は少ないが強力な資本集団のみに向けられていることを、明瞭に示している。もちろん、平均的な賃金労働者や給与所得者にとって、自分の手の届かない〈大企業〉を批判することは、多くの者がその仲間入りすることを生涯の目標としている小企業を含めた全体制を批判するより、はるかに容易である。ナチスの宣伝は、この気持ちを巧妙に利用した。そして、トラストの力を砕き、大地主の土地を分配すると約束することによって、多くの支持者を獲得したのであった。

銀行、証券取引所という回答もまた、同じように特別に考えるべきである。これも資本主義の全体機構のうちのある一つの部分を取り上げているからである。この種の回答はあまり多くはないが、それでもなお重要なものであるのは、ほとんどの人には無縁で、よくわからぬところのある機関に権力を認めているからである。回答者は、一部すでにナチスの宣伝の影響を受けていたものと思われる。その宣伝は資本を「生産的」なものと「搾取的」なものとに分類し、後者に銀行、投機を含めていたからである。

政治的支配の基盤を問題とした質問では、それぞれの政治グループごとの回答態度がきわめて興味深いものであった。最も多い回答拒否の数を示したのは（……）ブルジョア政党支持者であった。三〇％というのは、社会民主党の場合に比べて、無回答の割合が有意に大きいものであった。その社会民主党自身にしても、社会主義左派（五％）や共産党（四％）より、無回答の度合が多かった。つまり、国の中での権力に関する問題への関心は、政治的に過激になるほど増大しているのである。わずか六％のみが回答しなかったナチスは、この点において共産党に近い。彼らはこの問題をまったく別の視点から判断していたが、現実の権力分配の問題は彼らにとっても、死活の意味を持っていたのである。

大半の回答、すなわち五六％が資本、資本家の部門に入るものであった。そしてこの意見はブルジョア政党やナチスよりも、左翼においてはるかに多く見られた。この結果は、政治体制のいかんにかかわらず、実際の権力は、生産手段と分配手段を所有するか支配している者の手にある、というマルクス主義の教義にきわめてよくあてはまるものである。大企業経営者または大地主という回答もまた、ほとん

表3.1 質問432：あなたの考えでは、今日国家の実権を握っているのはだれですか。
政治的志向別による回答 (%)

回答カテゴリー	政治的志向												計
	社会民主党				社会主義左派	共産党				ブルジョア政党	ナチス	支持政党なし	
	1	2	3	計		1	2	3	計				
1 資本、資本家、企業、銀行	68	50	63	58	70	66	53	80	60	35	20	52	56
2 大企業家、単独または大地主と	5	6	5	5	11	12	14	10	14	5	–	–	7
3 銀行、証券取引所	–	2	5	3	–	–	3	10	2	–	6	3	2
4 ブルジョアジー	2	2	1	2	5	9	6	–	7	–	–	–	3
5 政府、議会	2	2	1	2	2	2	–	–	1	–	6	4	3
6 共和主義政党	2	4	3	3	–	2	5	–	3	7	6	7	4
7 中央党	–	4	3	3	5	2	1	–	1	–	–	2	2
8 民族、資本、労働	2	1	2	1	–	2	–	–	1	–	–	–	1
9 ファシスト、軍国主義者、国家主義者、王政主義者	2	1	–	1	–	5	6	–	5	3	–	–	2
10 ユダヤ人、単独でまたはフリーメーソン、イエズス会と	–	2	1	1	–	–	1	–	1	5	50	7	3
11 だれでもない	–	3	3	2	2	–	–	–	–	–	–	3	1
12 その他	2	3	4	3	–	–	3	–	1	15	6	3	3
13 無回答	15	20	9	16	5	–	8	–	4	30	6	19	13
計	100	100	100	100	100	100	100	100	100	100	100	100	100
回答者数	61	125	76	262	45	63	78	9	150	43	17	67	584

ど例外なく左翼政党支持者のものであって、共産党の方が社会民主党より多かった。この表現を選んだ回答者は、これによって、まず、最も強力な資本家を特徴づけようとしたのだが、それでも、構造的な要素を人格化していることも数多くあったであろう。左翼に限って見られたのが、所有者階級に対する挑戦的な意味を持った、ブルジョアジーという回答であった。この場合、社会民主党より共産党の方が有意に多くこの概念を選んでいる。

　銀行、証券取引所は、一般的に資本家というよりは無名性が少なく、人格化した敵をはっきりと特定する必要を明らかにしているカテゴリーである。左翼政党においてこの回答をしたのは、役員には一人もなく、支持者に何人かあるのみであった。回答の状況から言えば、銀行と証券取引所は、スケープゴートの機能を果たしていることが大きい。このような非合理的なスケープゴート選びが最もよく表われているのは、ユダヤ人、単独またはフリーメーソンやイエズス会とともにのカテゴリーである。ナチス全体の五〇％がこのように答えた。

　議会制民主主義の持つ権力のあり方に対する不信感の広がりは、政府、議会のカテゴリーの回答が、わずか二％を数えるのみであったことが示している。同様に、政党のうちのどれか一つが真の権力を持っていると考える者は、ごくわずかにすぎなかった。

　ファシスト、軍国主義者等という回答は、ほとんど完全に共産党に限られていた。彼らの五％がこの見解を表明した。政治的混乱の場合にも、集会やデモの余波の際にも、共産主義者は極右の軍隊的組織や、あるいはまた正規軍と力の対決を引き起こすことがよくあった。その上、彼らにとって、ファシストという語は、他の政党の場合より早くから、もっと厳しい意味で、政治的反動一般の同意語であった。

一人、それもたった一人の回答者――社会民主党であった――が、労働者が国の真の権力であると言った。すべての権力は国民に存する、あるいは労働と資本に公平に分かたれるという憲法の原理は、社会民主党と共産党の一％のみが、事実として認めた。

最後に、だれでもないと答えた回答者が何人かあった。これは、議会の舞台で起こっていることをよく知らないことを示しているとも考えられるが、他方この意見は、議会での討議が、果てしない停滞の繰り返しだという印象から生じたものかもしれない。この回答を選んだのは、支持政党なしの数人、二、三人の社会民主党支持者、そして実に奇妙なことに、社会主義左派の役員一人であった。

質問第四二七／二八

どの政体が最良だと思いますか（民主主義共和制――ファシズム――君主制――ソヴィエト（評議会）体制）――何によってそう考えるのですか。

最良の政体の問題は、二〇年代にドイツの政党の綱領で中心的役割を演じていた。したがって回答者の答えは、まず第一に彼らの政治的志向を明らかにするものであったから、私たちは質問第四二七自体を、政治的類型分類の道具として利用することができた（第二章(d)参照）。

それぞれの選択よりも、より多くを語ってくれたのは、その理由であった。なぜなら、この部分は、党の公式路線をそのまま反映するよりも、回答者の個人的見解と姿勢を色濃く出していたからである。回答者の七％が質問のいずれの部分にも答えなかった。さらに一六％が自分の見解に理由を与えなかった。残りの七七％が質問第四二八にも回答したが、それぞれの立場の取り方は、その理由づけの観点から七つのおもだったカテゴリーに分類された。もちろん、書かれた理由はさまざまの政体に結びついている。しかし、それぞれの政治的グループの中の過半数はつねに同一の体制モデルの支持を表明したから、分析に際しては、理由づけと政体とを切り離して扱うことが可能である。この解釈過程で、支持政党なしグループは当然まとめて除外しなければならなかった。それは、あまりにも多くの要因が、あまりにも小さなグループにかかわることになったからである。

政治的グループのほとんどは、選択にあたって、独自の理由づけの構造を明らかにした。社会民主党は、民主主義を第一にすることが他より有意差をもって多かった。それが市民個人の自由と平等を意味しているからである（二六％対他党平均四％）。共産党も最良政体の理由づけには、市民の立場を主張した。しかし、個人の自由よりは、労働者階級の社会的経済的利益を強調した。そして、三七％（他政党は一二％）という注目すべき割合が社会の抑圧された人びとの状況に注目をうながした。同様に重要な事実は、共産党が、彼らの政治理論を実現させる唯一の手段として、ソヴィエト体制を選択したことである（一七％対他グループ四％）。

社会主義左派は、社会民主党と共産党の中間に位置する立場をとった。共産党とは、労働者階級の利益に関する主張で一致していた。しかし、ソヴィエト体制の有用性にはそれほど信を置かず、それよりは社会主義共和制の理念を支持した。

ナチスの理由づけは、ほとんどの場合彼らの世界観に関係していた。大方の回答者が正しく認識していたように、いろいろな政体それぞれの利点と欠点を問われた時に、個人的信念や世界観に戻るのは、もちろん同意語反復《トートロジー》である。しかし、このことは、ナチスが、ファシスト独裁型を支持するにあたって、何の理性的理由も持っていなかったということを示しているのかもしれない。ブルジョア政党支持者の態度表明は、ナチスの回答とずい分違っている。彼らは民主主義共和制か、君主制かを支持した。「十分うまく行っている。なぜ変える必要があるか」そして「昔の方がよかった。どうしてあの時に帰ってはいけないのか」――これらが、一応理由が書かれている場合の、論拠の主なものであった。どちらの場合にも、理由づけは本質的に保守的なものである。

〔理由の構造を明らかにするために、いくつかの回答例をあげる。私たちが分類した回答カテゴリーの順に整理したものである。〕

カテゴリー別の回答例

(2)「民主主義共和制。私の望みは、個人が最大限の自由を持つことである」

「民主主義共和制。民主主義ではだれでもが発言権を持つ。少数派は従う。独裁制は力の対決を生むのみである」

「民主主義共和制。どの国民も自分で自分の政体を決定する。だれが、隣人よりすぐれていると思う権利を持っているだろうか。人はみな平等に生まれた――だれもが人間という高貴な種族の子供である」

(3)「評議会制。直接に選ばれたこの評議会は、選挙民に責任を負い、いつでも解任することができるが、労働者の利益を保証するのに最もふさわしい」

「ソヴィエト体制。この体制に搾取はない」

表3.2 質問427／28：どの政体が最良だと思いますか。(民主主義共和制―ファシズム―君主制―ソヴィエト（評議会）体制）何によってそう考えるのですか。
政治的志向別による理由 (%)

回答カテゴリー	政治的志向												計
	社会民主党				社会主義左派	共産党				ブルジョア政党	ナチス	支持政党なし	
	1	2	3	計		1	2	3	計				
1 理由なし（質問428無回答）	15	17	15	16	18	–	5	–	3	18	26	32	11
2 市民個人の自由と平等のために	26	25	27	26	9	–	3	–	2	–	7	3	14
3 労働者の利になる	10	11	11	10	22	38	34	56	37	23	2	13	18
4 最良に機能する	19	13	9	13	4	6	4	–	5	6	11	7	9
5 他の制度よりよい	5	3	5	4	11	11	7	22	9	12	5	2	7
6 他の国／時代でよく機能したから	2	2	5	3	4	16	17	–	15	12	33	6	13
7 自分の政治観に一致する	5	2	4	4	11	16	18	11	17	–	2	3	7
8 世界観に一致する	15	17	23	18	19	11	7	11	9	29	9	8	14
9 両質問に無回答	3	10	1	6	2	2	5	–	3	–	5	26	7
計	100	100	100	100	100	100	100	100	100	100	100	100	100
回答者数	61	125	76	262	45	63	78	9	150	43	17	67	584

(4)
「民主主義共和制。労働がわずかながらもより多く尊重される」

「君主制。秩序がより多く保たれていた」

「社会主義民主制。現状――大衆搾取――は何も与えてくれない」

「民主主義共和制。ウィルヘルム二世のやったこと。そして世界大戦」

「君主制。より多くの平和を与えてくれる、政治的に。私は共和制では他人と争い合うと信じるようになった。この理由で、君主制の方がよい政体と思う。今は政党が多すぎる」

(6)
「民主主義共和制。成長した国民はこの種の政体によって、自治を行なうことができる（USA）」

「ソヴィエト体制。非常にきびしい情勢の中で、新しい形の経済のために闘っている。そしてそれが、西ヨーロッパを重要な意味を持つ決定に直面させるだろう」

「ソヴィエト体制。ロシアがなしとげた進歩がある。そこでは一人が百万長者になることはありえない」

「ソヴィエト体制。十二年にわたる外敵との絶え間ない抗争にもかかわらず維持され、大きな社会進歩を実現した政体はよいものであるにちがいない」

「君主制。私たちの望むのは、君主制の復活である。あの当時は、だれも飢えの日を送る必要がなく、すべての人に正義が与えられた」

(7)
「ソヴィエト体制。ここで集産化が最初の試練に耐えている。社会主義に向かう第一歩である」

「民主主義共和制。私は社会民主党員であり、したがって他に考えようもない」

「ソヴィエト体制。プロレタリアートが社会主義を手に入れる唯一の道は、プロレタリアートによる独裁である。ブルジョアジーは、このことを社会民主党よりよく理解している。社会民主党は投票用紙によって、徐々に社会主義を達成できると考えている。ブルジョアジーはこの考えをうまく利用するだろう。そして必要に応じては別の仮面（ファシズム）をつけて、みずからの地位を確保するだろう」

(8)「民主主義共和制。私は、宗教的理由から、暴力を拒否する。暴力は必ず暴力を呼ぶ」

「私の世界観である」

「民主主義共和制。私は人間性と社会主義を信じる」

「君主制。神の原理に合致している」

質問第四三〇

ドイツの司法をどう評価しますか。

司法機構の中立性と信頼性を信じることは、秩序ある共同体の維持の基礎である。しかし、私たちが調査を行なった時では、裁判所に対する一般的な不信の声が高まっていた。それは、「信頼の危機」と呼ばれ、広く議論されていた。それゆえ、私たちの質問はきわめて時宜にかなったものであった。そして回答がそれ自体、社会秩序の安定性を示すものとして解釈された。

共産党の四％のみが回答を拒否した一方、社会民主党とブルジョア政党支持者の、この点における数値は相当に高いものであった（一八％と三一％）。社会主義左派（無回答六％）は、共産党と同じように、意見の表明に熱心であった。社会民主党の無回答の割合が高かったことは、おそらく、同党がプロイセンにおいても、ワイマール共和国においても、政権に加わっていたということで説明されるだろう。このような場合には、司法への批判が同時に自分の党への批判になってしまう。それを避けるのは回答拒否以外にないのである。最後に、ブルジョア政党支持者の回答はさらに少なかった。明らかに、この問題設定に対する関心の度合がより低かったからである。

回答者のわずか四%が、文句なく司法を承認していることを表明した。彼らの回答はよいのカテゴリーに入れた。五七%が司法を基本的に不良と判定した。そのうち一一%の回答が、それ以上の説明をしなかったが、四六%が理由としてあげたのは、政治的に歪められている、であった。最後に、一部の回答者は、詳細な批判を展開して、裁判所が、まだあまりに君主制的にすぎるとか、非人間的だという意見を述べた。これらの回答は、改革が必要のカテゴリーに入れた。それは、司法を完全に否定しているのではなくて、基本的な改革可能性から出発しているからである。しかし少なくとも七五%を超える回答者が、何らかの意味で現行の司法制度に批判的な考えを明らかにした。不当な一般化は控えるとしても、当時のドイツ労働者階級が、司法の中立性に対する信頼を大幅に失ってしまっていた、ということはたしかに言えることである（表3・3参照）。

政治的志向の違いは、とりわけ、不良、政治的に歪められている、のカテゴリーの割合においてきわだっている。ここでの回答の傾斜は、社会民主党の三七%から、社会主義左派の六六%を経て共産党の七四%にまで及んでいた。予想どおり、ブルジョア政党支持者は一九%で最低であった。他方、ナチスは五八%で、社会民主党より高い割合を示した。ナチスの、普通以上の政治的関心と、しばしば法律と衝突するという事実とが、この党の司法忌避を十分に説明している。彼らの目には司法は、憎むべきワイ

表3.3 質問430：ドイツの司法をどう評価しますか。
政治的志向別による回答 (%)

回答カテゴリー	政治的志向												計
	社会民主党				社会主義左派	共産党				ブルジョア政党	ナチス	支持政党なし	
	1	2	3	計		1	2	3	計				
1 よい	2	2	7	4	–	–	1	–	1	17	6	8	5
悪い													
2 注釈なし	8	12	7	9	13	6	15	11	11	7	12	16	10
3 政治的歪曲	44	33	37	37	66	89	63	78	74	19	58	18	46
悪い 計	52	45	44	46	79	95	78	89	85	26	70	34	56
改革要													
4 注釈なし	8	3	12	7	–	–	1	–	1	5	–	3	4
5 具体的法的欠陥	18	19	4	14	9	–	10	–	5	7	–	10	10
6 いまだに君主制主義	4	2	11	5	2	3	1	11	3	–	–	2	3
7 人間性が不十分	–	4	–	2	2	–	1	–	1	–	–	2	1
8 その他の欠陥	4	2	7	4	2	–	–	–	–	12	–	3	3
改革要 計	34	30	34	32	15	3	13	11	10	24	–	20	21
9 ユダヤ人が多すぎる	–	–	–	–	–	–	–	–	–	2	12	–	1
10 無回答	12	23	15	18	6	2	8	–	4	31	12	38	17
計	100	100	100	100	100	100	100	100	100	100	100	100	100
回答者数	61	125	76	262	45	63	78	9	150	43	17	67	584

マール体制の機関であった。社会民主党は、改革が必要のカテゴリーにおいて、三二％で、その最大部分を占めた。これに次いだのは、ブルジョア政党支持者の二四％であった。この見解を表明したのは、全体の二一％にすぎないが、一方私たちの標本のナチスは、改革の可能性を根本的に否定した。これらの結果は各党の公式の評価と非常によく一致している。社会民主党が、裁判所を改革し、欠陥を取り除くことができるという考えから出発している一方、共産党もナチスもともに、改革の方策は重視していなかった。

最後に、職業の種類による分類において、ホワイトカラーと技術労働者の間の有意の違いが確かめられた。熟練労働者の方が回答の頻度が高く、不良、政治的に歪められているのカテゴリーの回答の率が高かった。すなわち、三一％に対する五五％であった。この結果は、技術労働者がホワイトカラー以上に政治的に批判的な姿勢を示しているという仮定の、いま一つの間接的証明である。

回答カテゴリー別の回答実例

(1)「他の国と比べて悪くはない」
「できるかぎり公正であろうとしている（少なくとも、アメリカよりはずっとよい）」

(2)「よくない」
「とにかく私は司法に敬意は持てない」
「片寄っており、偏見にとらわれている」

(3)「ブルジョア階級のために働くことを旨としている」

「プロレタリアは裁判官とはうまくいかないのが常である」
(4)「相当な改革が必要である」
(5)「裁判官の変革が必要である。彼らの教育が最も重要な意味を持つ」
(6)「カイザーの時代から何も変わっていないと考えている裁判官が、あまりにも多い」
(7)「彼らは真の人間的司法とは何か、まだわかっていない。官僚が多すぎる」
「死刑は廃止されなければならない」
(8)「だれでも時には失敗をする」
(9)「裁判官にユダヤ人が多すぎる」
「私たちが持っているのはドイツの法律ではなくて、ユダヤの法律だ」

質問第四二九
あなたの考えでは、どうすれば次の世界大戦を防ぐことができますか。

この質問の設定は、もともと一九一四年から一九一八年までの世界大戦の体験に関連したものであった。その戦争の結果は、私たちの調査の時期においても、なおドイツの生活に影を落としていた。しかし、回答者のほとんどは、この質問をもっと広い意味、すなわち、戦争防止の可能性一般の問題として理解した。したがって、戦争防止が基本的に可能であるという、私たちがはっきりとは言わなかった仮定を問題にした。ある人びとはこの仮定を退けた。またある人びとは、はっきりとこれに賛成した。その回答は、各党の綱領のそれぞれの文脈から生まれた、戦争の性質に関する異なった考えの影響を不可避的に受けていた。ごく一般的に言えば、これに関して三種の概念が区別される。すなわち、保守主義、自由主義、そして社会主義、あるいはマルクス主義である。保守主義者たちにとって、戦争は人間性に根ざした必然的鉄則であり、一国の強さの最大の証明であり、国際紛争解決の究極的手段である。戦争は避けられないものであるとする保守主義の命題は、ナチズムとファシズムによって、より強力に主張された。ただ、他の領域においては、保守主義との間に大きなイデオロギーの相違があった。

社会主義の理論は、戦争を、社会の資本主義機構の必然的帰結として、互いに競合する強力な経済集団の相容れない利害関係の結果として、把握する。この観点からすれば、戦争は、国際的計画経済に基づく社会秩序によってのみ防止される。ゼネストの形におけるような労働者の集団行動は、この目的への第一歩となる。自由主義の哲学は、マルクス主義者の主張する資本主義と戦争との必然的関連を否定する。そして戦争をむしろ先祖返りのできごととして、人類の先祖からの余計な遺物であると見る。この立場は、平和主義理念を拡大することによって、戦争を防ぐことができるという希望をいだいている。同時に、たとえば国際裁判所、国際条約、国際連盟などによって、国際紛争の理性的処理が可能であると考える。この立場の回答例は、「国際協定」、「兵役拒否」、「平和主義教育」、「人類の道徳向上」などである。

しかし、ここにあげた立場や、その中間に位置する何らかの立場によって、それぞれの回答が十分記述し盡くされるわけではない。回答の形は、むしろ質問がどの程度具体的に理解されたかによって決定された。質問第四二四（「あなたの考えでは、どうすれば世界はよくなりますか」）の時と同様に、回答は具体的で理性的な考えから、現実の行動の可能性とは何の関係もない、遠い未来へのぼんやりした希望にまで及んでいた。自由主義的態度として分類できるカテゴリーの中では、人類の道徳の向上が最も具体性を欠くものであった。それに対して、国際協定は現実味のある回答であった。そこに反映していたのは、国際連盟やハーグ国際裁判所やケロッグ＝ブリアン条約〔訳注。アメリカの国務長官F・B・ケロッグと、フランスの外相A・ブリアンの提唱で、一九二八年に結ばれた不戦条約。はじめ十五か国、のちに六十二か国が参加した〕のような協定で戦争を防ぐことができるという、当時広まっていた願望であった。最後に、兵役拒否は、究極の平和主義的態度であって、最も高い具体性を持っていた。この回答は、個人のとるべき態度への提案であるばかりでなく、戦争回避がまったく政府の問題であるという見解に、対立するものである。

表3.4　政治的志向別の回答欠如　(%)

	無回答
支持政党なし	38
ブルジョア政党	14
社会民主党	14
社会主義左派	7
共産党	6
ナチス	—

社会主義者の回答では、ゼネストのカテゴリーが、「兵役拒否」の陳述と同じ、個人的で具体的な性質のものであった。それに対して、現在の経済体制の改革とか、労働者階級の国際主義のような回答は、具体性が少なかった。それでも、自由主義のカテゴリーのいくつかに比べると、より明確な証言力を持つものであった。それらは、詳細な社会理論と綱領に組み入れられるものであるが、一方、たとえば人間の道徳向上は、何らかの具体的な行動戦略に結びつくとは言いがたいものなのである。回答者の一四%が回答拒否であった。その政治的類型別の分類は表3・4のようになる。

この質問に関心を持たない政党支持者の数は、有意に多かった。左右両極のグループは、中間の政党よりも無回答の率が小さかった。さらに左翼の場合、政党役員は基本的に単なる支持者より関心が強かった。すなわち、社会民主党では役員の九％が回答を拒否したが、支持者ではそれが二〇％であった。また共産党では、それぞれ三％と八％であった。したがって、回答に対する積極性は、政治観のラディカルさにも、政治活動の程度にもかかっているように思われた。

戦争は避けられないという回答は、ナチスによって、他政党より有意に多く与えられた。他の右翼グループ、すなわちブルジョア政党支持者も、左翼の三政党に比べると、有意に多くこの意見を述べた（表3・5参照）。

予期されたように、社会主義の立場に合致した回答は、主として左翼の政治的類型に見られた。労働者階級の国際主義。この回答は、三政党全部で同じ程度にあった。これに対して、戦争防止の手段としての「現在の経済体系の変革――社会主義、共産主義」、「ゼネスト」は、共産党が社会民主党に比べて、はるかに多くあげていた。社会民主党は五％と四％で、これらの回答が驚くほど少なかった。共産党では、「ゼネスト」が三七％で、他のいかなる可能性よりも、はっきりと優先していた。そして、役員（五一％）は、支持者（二五％）よりも、有意にその程度が大きかった。戦争原因に関する社会主義理論も、それに伴う行動戦略も、社会民主党の間には支持者が少なかったという事実は、質問第四二四（「あなたの考えでは、どうすれば世界はよくなりますか」）の結果と一致している。この質問に、「社会主義」という回答をした者は、驚くほどわずかでしかなかったのである。回答者のうちのほとんどの社会民主党支持者は、典型的な自由主義的態度を示した。それは明らかに、党の外交政策が国際連盟を支持していることに起因していた。共産党に比べて、そしてブルジョア政党支持者に比べてさえ、有意に多かった

表3.5 質問429：あなたの考えでは、どうすれば次の世界大戦を防ぐことができますか。
政治的志向別による回答 （%）

回答カテゴリー	政治的志向												計
	社会民主党				社会主義左派	共産党				ブルジョア政党	ナチス	支持政党なし	
	1	2	3	計		1	2	3	計				
下記によって防ぐことが可能													
1 国際協定	17	25	33	25	11	3	14	–	9	15	23	12	17
2 労働者階級の国際協力	22	8	10	12	11	13	13	–	11	–	–	3	10
3 現在の経済体系を変える	6	4	6	5	9	16	15	11	15	9	–	3	8
4 ゼネスト	9	4	1	4	31	51	25	45	37	2	6	3	15
5 兵役拒否	10	2	11	7	17	2	8	–	5	7	–	–	6
6 平和主義教育	18	20	8	16	4	3	8	22	7	7	6	6	11
7 人類の道徳向上	5	10	15	10	6	3	5	11	5	14	12	13	9
8 その他の理由	1	3	2	3	2	1	1	–	2	12	6	5	3
計	88	76	86	82	91	92	89	89	91	66	53	45	79
9 戦争は防ぐことができない	3	2	4	3	2	5	3	–	3	15	47	12	6
10 分からない	–	2	–	1	–	–	–	–	–	5	–	5	1
11 無回答	9	20	10	14	7	3	8	11	6	14	–	38	14
計	100	100	100	100	100	100	100	100	100	100	100	100	100
回答者数	61	125	76	262	45	63	78	9	150	43	17	67	584

のは、「政府間の国際協定」と「平和主義教育」の回答であった。同じく、「道徳向上」のカテゴリーは、「社会主義」や「ゼネスト」の回答より優位であった。社会主義左派は、はっきりとゼネストを支持することによって（三一％）、共産党の立場と接近しているが、ラディカルな平和主義の態度である「兵役拒否」の率がかなり高いことによって（一七％）、他のすべての政治的類型に対すると同じように、共産党に対しても一線を画している。最後に、ブルジョア政党支持者は、ほとんどすべての回答カテゴリーに分散していて、特別の傾向を示してはいない。

カテゴリー別の回答例

(1)「統一ヨーロッパ。軍備縮少。理性的植民地政策」
(2)「世界の労働者政党の強化によって」
「基幹産業と労働組合と政党全体の労働者の組織化によって」
「プロレタリアの助け合いによって」
(3)「資本家が戦争で利益を得られなければ」
「すべての国での革命によって」
(4)「できるだけ多くの人間の断固とした抵抗（兵役拒否、サボタージュ）によってのみ」
(5)「すべての労働者政党と教会が、党員や信者に、決して武器を取らないという誓いをさせるならば」
(6)「女子供に民主主義の態度を教育することによって」
「相互理解」

(7)「人間を高めることによって、真のキリスト教精神によって、土地再分配によって」
(8)「責任者を最前線の塹壕に放り込むことによって」
「婦人を政府に参加させることによって」
(9)「不可能。なぜなら社会解放には国家解放が先行しなければならない」
「時には戦争は必ずしも悪ではない」

質問第四三一
あなたの考えでは、インフレーションはだれの責任ですか。

一九二一年から一九二三年の間のインフレーションは、ほとんど全国民を巻き込んだ破局であった。二〇年代の終わりになってもまだ、それは現実の政治的問題であった。そして、それぞれの政治観に従って、実にさまざまの要因がインフレーションの原因とされた。その原因のどれかを選ぶことによって、回答者はより全般的な政治的立場を明らかにし、彼らがどの程度反民主主義的か、反資本主義的か、反ユダヤ的かなどを表明したのであった（表3・6参照）。

共産党の四二%は、資本主義の責任であるとした。一方社会民主党ではそれよりずっと低い割合（二一%）がこの意見であった。共産党においても、内部では、役員と一般支持者との間には有意の相違があった。すなわち五六%対二八%であった。「大企業」、「大土地所有者」、「銀行と証券取引所」などの、いくつかの資本主義グループをあげた回答でも、とくに共産党と社会主義左派の間には、有意の相違があった。前者の一三%とは対照的に後者はわずか二%であった。

表3．6 質問431：あなたの考えでは、インフレーションはだれの責任ですか。
政治的志向別による回答 （%）

回答カテゴリー	政治的志向												計
	社会民主党				社会主義左派	共産党				ブルジョア政党	ナチス	支持政党なし	
	1	2	3	計		1	2	3	計				
1 資本主義	31	15	24	21	36	56	28	45	42	14	6	15	26
2 大企業または大土地所有者	2	4	6	4	–	3	13	–	8	2	–	–	4
3 銀行、証券取引所	2	5	3	3	2	8	3	11	5	11	6	2	4
4 政治	11	9	10	10	12	7	13	11	10	2	6	15	10
5 外国	15	22	20	20	28	8	8	11	8	7	6	16	16
6 個人（シャハト、ヘルフェリッヒ）	10	6	14	9	4	2	5	–	3	10	32	4	7
7 ユダヤ人	–	1	1	1	–	–	–	–	–	8	25	3	2
8 その他	6	12	2	8	11	–	9	–	5	28	6	8	9
9 無回答	23	26	20	24	7	16	21	22	19	18	13	37	22
計	100	100	100	100	100	100	100	100	100	100	100	100	100
回答者数	61	125	76	262	45	63	78	9	150	43	17	67	584

それぞれわずかな回答によってのみ成り立つ一連のカテゴリーは、量的分析においては「その他」の項目で、ひとまとめにしなければならなかった。この中で最も興味深いものは、「君主制」という発言であった。ドイツの革命前の政権に責任があるとするこの回答は、ある特殊な観点を示す典型的なものである。それは、一方では問題を純粋に政治の問題と見て、避けて通ろうとするとともに、他方では現在はまったく存在しない組織に罪を押しつけているのである。

共産党を除いて、回答者の大半は、インフレーションの原因を経済体制や強力な資本家グループや政治グループなどには見ずに、外国、戦争、ユダヤ人、そしてさまざまの個人に見ていた。ここで特筆すべきことは、他の国を名ざしている社会民主党の回答が、比較的高い割合（二〇％）を占めていたことである。そのような回答は、共産党では八％で、有意に低かった。これに対してナチスでは、三二％〔訳注。表とは一致しない〕の割合を示した。最後に、ユダヤ人をインフレーションの責任を負うものとして名ざしたのは、共産党にはなく、社会民主党の一％、そしてナチスの二五％であった。

質問第一三四／三五
あなたの職場では合理化が行なわれましたか。——それをあなたはどう思いますか。

〔二〇年代には、合理化策は直接の生産ばかりでなく、事務労働にも及ぶ、広範囲な現象になっていた。このことを背景に〕私たちの質問は、近代の産業生産方式と、その労働生産性への影響に対する労働者の態度を知ることを目ざしていた。〔もちろん、資料をいちべつしただけで、その分析が当初考えた以上に厄介であることがわかった。〕それは、合理化という概念が、アンケートに答えた人たちによって、実にさまざまに解釈されたからである。（……）まず純粋に技術的な解釈が成り立つ。すなわち合理化問題は、労働生産性を高めるという観点からのみ論じられた。これに対して、合理化の質問が従業員の生活への具体的な影響についての質問と理解された時、別な観点が明らかになった。最後に重要なことは、回答が、合理化と社会秩序の関係について述べられていることもあったことである。つまりこの場合には、質問がはっきりと政治問題として理解されたのである。これらの異なったレベルの回答に、政治的、経済的思想の、それぞれの特定の形〔これについては、後に詳述する〕が対応した。これまで扱った、直接に政治的なテーマとは違って、合理化の質問に対する回答においては、基本的に政党政策によってあらかじめ決定される程度が少ないと考えてよい。合理化の問題は、一九二九／三〇年の政治、経済論争において、突出した役割を果したが、各党のうちどれも、いかなる意味においても終始一貫した態度を発展させたところはなかった。例外は、資本主義の条件下での合理化を断固として拒否した、共産党のみであった。これに対して他の党は、揺れ動く立場をとるか、責任ある発言をまったくしないかのいずれかであった。

　回答者の一部は、私たちの質問をただ実際の彼らの職場の変革に当てはめただけで、合理化問題一般について考えることには結びつけなかった。同時に、一つの傾向がはっきりした。それは、それまでの仕事の特殊性のみを見るか、それとも終始、一般的な経済的、政治的カテゴリーで考えるかのどちらかだということであった。個人的な内容の回答を寄せた人びとは、おそらく前半の質問第一三四（「あなたの職場では合理化が行なわれましたか」）に注意を集中したのだろう。なぜなら質問第一三五は言っている（「それをあなたはどう思いますか」）。この質問のあいまいな表現にもかかわらず、大部分の回答者は、与えられた問題に対する一般的な経済的、政治的観点からの意見をも述べた。

まず、回答拒否者を見てみると、基本的に二つの型に分かれる。第一は、質問第一三四に対して、自分の職場では何の合理化も行なわれなかったと述べた人びとである。第二は、質問第一三四／三五の両方に答えなかったか、一三四には「はい」と答えながら、それについて自分の意見を明らかにしようとしなかった人びとである。第一のグループの態度は、必ずしも、不安や関心のなさを示しているのではなく、質問の表現のみが、回答欠如の原因となっていたのにちがいない。質問を言葉どおりに読めば、この場合答えようがなかったのである。しかし、この理由づけは第二のグループには当てはまらない。このグループは関心の薄さ、あるいは、他の何らかの理由で回答をしなかったのである。

回答自体は、質問がどう理解されたかによって分類された。〔まず企業家寄りの立場と、労働者寄りの立場に分けてみると、その結果は〕回答者の三四%が、合理化一般を労働者の観点から判断していた。もちろんこのグループは均質ではなく、さらにそれぞれちがったカテゴリーに分かれた。大半、すなわち二三%は、経営者だけに役立ち、労働者には不利の項目に分類された。この場合、合理化方策は、個々の労働者に対する直接の影響によってのみ判断され、経済体制に対する構造上の意味は考えられていない。資本主義の条件下では悪のカテゴリーは、合理化の技術上の利点は基本的に認めるが、資本主義社会では、生産手段を所有し、支配する者にのみ有益であるとする回答を包含している。この観点からは、能率的なテクノロジーはしりぞけられた。それは、社会主義の条件下でならば、受け入れられるものであった。

合理化のやり方を改善しなければならないのカテゴリーに分類されるべき回答者も、同様に、資本主義の中では、合理化の利点は一般的に労働者の負担によって成り立つと見ている。しかし、一方では、適当な改革をすることによって、労働者階級もこの利点を享受するようになれるし、テクノロジーに起因する失業も避けることができると考えている。この意見は、ドイツの多くの労働組合の観点と合致する。彼らは、技術的、組織的に効率のよい合理化方策自体は、社会主義への一般的な進化の道の一段階であるという前提に立っている。有害のカテゴリーの根底にある見解は、合理化を、労働の「非人間化」として批判している。この主張の中心は、機械化の欠点も、テクノロジーに起因する失業も、技術上の利点をはるかに上廻るとする指摘である。――十九世紀初めの機械破壊者たちと一致する考え方である。

経営者的立場の見出し語の下に入れられる回答は、大部分が合理化に対して好意的な姿勢を示している。客観的、あるいは中立的と見える議論が、その共通の特徴としてとらえられる。その回答はつねに、回答者が主として、あるいは全面的に、ある特定の企業の必要を念頭に置き、みずからの労働者としての利害を顧みていないという印象を与える。このグループは、ナチスの一部や〈労使協調〉を支持する労働者グループの唱える、〈企業共同体〉のイデオロギーを代表していると言えるだろう。ここでそのイデオロギーの原点を形作っているのは、全体としての会社の利益であって、経営者の必要も従業員の必要もひとしくそれに従属し、そのような共同組織のだれが実際の利益を得るのかが問われることはない。

技術的な立場のカテゴリーは、回答者それぞれの職場、すなわち、企業において彼が働く特定の部署での合理化が可能かどうかを、判断の基準とする回答を包括している。予期されたとおり、この場合につねに論点となったのは、仕事の技術的な特殊性が合理化の実行を許さないであろう、ということであった。

最後に、合理化を必要、有益と記述した回答者たちが、特別なグループを作っている。この回答はあまりにも一般的なので、これまでにあげたどの立場にもぴったりとあてはまらない。しかし、全体としては、技術上の観点もしくは、個人企業の経営者の視角からの回答のように思われる。

回答カテゴリーと回答者の経済的地位との相関関係を見ると、私たちの質問に対する無回答の割合が失業者に高率（六六％）であることがわかる。この無回答は、第一にあいまいな質問の表現に基づいているにちがいない。多くの失業者は、質問を個々の職場での合理化のことと考えたので、自分たちには問われていないと感じたのである。全体として、熟練労働者が最も回答頻度が高く、そのことはまた、他の質問の場合のように、この職業グループが政治上、経済上の問題に最も関心が強く、最も精通していることを示唆しているように思われる（表3・7参照）。

ホワイトカラーにおける「経営者的立場」は、労働者の場合よりはるかに多く見られる。そのことは、小企業との現実の、あるいは想像上の近さによって説明しうるだろう。その傾向はまた、ホワイトカラーが合理化措置を労働者の観点から判断することは、直接生産に従事している人びとより少ないというふうにも言うことができる。労働者の立場の二つの広範囲なカテゴリー（「経営者だけに役立つ」、「改善されなければならない」）には、熟練労働者の数がホワイトカラーの数より有意に多かった。

政治的あるいは一般的な関心にかかわる、すべての質問においてそうであったのだが、共産党は社会民主党より回答頻度が高く、それゆえ、より大きな関心を持っているように思われた。このことは、自分の職場で合理化措置が取られていないので質問第一三五に答えなかった回答者の詳しい分析によって、とくに明瞭になった。ここにおける共産党は一三％で、社会民主党（二二％）よりも有意に低い割合で

表 3．7 質問 134／35：あなたの職場では合理化が行なわれましたか。それをあなたはどう思いますか。
経済的地位別による回答 （%）

回答カテゴリー	経済的地位					計
	非熟練労働者	熟練労働者	ホワイトカラー	失業者	その他	
労働者の立場						
1 経営者のためにのみよい、労働者には不利	15	32	21	10	5	23
2 資本主義の条件によるものは悪	3	3	1	6	5	3
3 改善が必要	3	8	3	5	–	5
4 有害	–	1	2	2	3	2
5 もっと労働者のことを考えるべき	3	1	1	1	–	1
労働者の立場　計	24	45	28	24	13	34
6 経営者の立場	–	9	13	5	5	9
7 技術的な立場	3	1	1	1	3	1
8 必要、有益	3	3	7	1	8	4
9 その他	2	5	4	3	3	4
無回答						
10 質問 134 否定回答	33	23	19	7	5	19
11 質問 134 肯定回答／135 無回答	35	14	28	59	63	29
無回答　計	68	37	47	66	68	48
計	100	100	100	100	100	100
回答者数	34	264	154	90	42	584

あった。(……)

社会民主党にも、共産党に比べて、有意に高い率を示す回答がある。それは「経営者的立場」のカテゴリーに入るものである。「資本主義の条件下では悪」の回答は、共産党の公式の基本綱領にも一致しているが、ほとんどすべてが共産党によるものであった。合理化に対する抵抗の一つの表われは、「経営者のためにのみ役立ち、労働者には不利」のカテゴリーである。政治的志向との関係で見ると、この回答はナチスによって最も多く与えられた。それに次ぐのが社会主義左派と共産党であり(各三四%)、社会民主党の回答は有意に低く(一九%)、最後がブルジョア政党(一六%)であった。意外な結果として記しておくべきことは、社会民主党のかなりの多数が、彼らの組合の肯定的な姿勢にもかかわらず、合理化に反対を表明したことである。

ナチスの回答傾向を見ると、合理化方策はほぼ完全に拒絶している。四七%はどのような合理化にも反対であった。三五%は、合理化をほとんど例外なく経営者の利益であるとした。私たちの標本では、ナチスの数はごく少ないものであったから、当然この数値の持つ統計上の意味は小さいものにすぎない。それでもなお、労働者とホワイトカラーに対するナチズムの宣伝を背景にして見れば、それは注目すべき数値である。ナチスは、企業側からの資金援助も、労働者たちの強い服従も、ひとしく必要としたから、合理化問題はおよそ適切な宣伝テーマではなかった——企業組織内のこの具体的な問題点に関連して、労働と資本の対立があまりにもあらわになってしまうおそれがあったからである。ナチスに所属し、あるいはそれを支持する労働者およびホワイトカラーは、合理化方策への拒絶的な態度によって、資本家に対する根本的な敵意を明らかにした。ところがもっと政治的な分野では、この憎しみはナチスの宣伝によってそらされ、「搾取資本」や、百貨店のオーナーや、ユダヤ人などの特定グループに転嫁された。しかし、私たちの質問におけるように、明白なイデオロギーがあらかじめ与えられていない時には、社会的関係の矛盾に対する意識が比較的あからさまに表現されえたのである。

回答カテゴリー別の回答例

(1)「大資本の陰険な政策の結果である」

(2)「私は資本主義的合理化には反対である。それはプロレタリアートを失業させるから」

「合理化には反対である。それが全国民のためにならないかぎりは」

(3)「労働時間の合理化がそれとともに進められなければならない」

「技術の進歩は無条件に歓迎すべきものである。技術の進歩の唯一の目的であるべき、社会の進歩と個人にとってのよりよき社会的条件とは、すべての領域において労働者階級の力が着実に強くなることによってかちとられなければならない。――すなわち、党と労働組合と文化組織とである」

(4)「人間は魂を失った機械に還元される」

「奴隷制への回帰である」

(5)「七時間から八時間の労働で十分だろう」

「合理化は進めるべし。ただし、家族を養うのに十分なものがかせげる形で」

「私は合理化に賛成である。しかし現在行なわれている形は、厳しく、また一方的であると思う」

(6)「労働者にとって重荷にすぎる。いつも急いでいなければならない。人びとはいらいらし、不機嫌

表 3.8 政治的志向別による回答欠如 (%)

	無回答
ナチス	30
社会主義左派	35
共産党	48
社会民主党	53
ブルジョア政党	64

(質問第 444 参照)

になり、自分の仕事に反感を持つようになる」

「合理化は、一定の目標を追求するならばよい。不幸なことにドイツの企業経営者はばかである。だれもかれも」

「部分的には正当化される。しかし合理化の専門家たちは、かなりの害を与えている」

(7)「私の職種では、まだ実行不可能である」

「私の職場では不可能である」

(8)「有益であった」

「労資協議会との共同作業と管理に、多大の効果があった」

「だれもが自分の仕事を持つ。報酬は少なくなることがあるにしても」

(9)「まだ完了してはいない。しかし、すでに完全な誤まりであると思われる」

「時代の流れである」

質問第四四四

あなたの党をどう評価しますか(政策、指導者、組織)。

一つの党とその党員との関係は、政治的態度の調査に際して、つねに考慮しなければならない重要問題である。ほとんどすべての政治上の質問に対する回答において、私たちは、一方における党綱領と、他方における党員の立場との間に、相異があるのを見いだした。それゆえ、党そのものに対する注目すべき批判すらも、期待された。しかし、この仮定は立証できなかった——他のどの政治的質問の場合よりも多くの回答拒否にぶつかったのである。質問の三点についての無回答の割合は、平均して四九％であった。

この場合の無回答を解釈することは、他の大部分の質問の場合より難しい。それでも、異なった党の党員にとって、異なった意味があることは、確かである。無批判の服従が、ナチスのイデオロギーの本質的特徴であるゆえに、この党の支持者の場合には、比較的高い回答率が期待された。なぜなら、質問に答えないこと自体が、指導者に反対しているという疑惑を引き起こしかねなかったからである。それゆえ、ナチスの回答頻度がもっとも高かったことは、驚くに当たらない。同じように社会主義左派の回答も多かったが、その回答の動機づけには別の理由があった。すなわち社会主義左派は独立の党ではなく、社会民主党内の反対派閥であったので、進んで批判を行なったのである。それも、意見表明の自由が社会主義政党の基本原則であったから、なおさらであった。社会民主党、共産党、ブルジョア政党支持者たちの無回答の非常に高い数値は、心の底に党内批判を避ける気持ちのあることを示している。これが、どこまで党への忠誠心のためなのか、また、どこまで党やその指導者に対するいかなる批判も許さない権威固着のためなのか、決定することは難しい。理由が何であるにせよ、その後の左翼政党の敗北を考え合わす時、回答者のほぼ半数が、賛意も批判も記すことを避け、質問に答えないことを選んだということは、興味深い事実である。

回答した人びとのうち、半数は自分の党に賛意を表明し、それに対してあとの半数は批判的であった。

表3.9 質問444（a）：あなたの党をどう評価しますか。（政策、指導者、組織）
政治的志向別による回答 （%）

回答カテゴリー	政治的志向												計
	社会民主党				社会主義左派	共産党				ブルジョア政党	ナチス	支持政党なし	
	1	2	3	計		1	2	3	計				
よい													
1 欠陥容認できる	36	19	26	25	11	60	28	22	41	28	53	–	29
悪い													
2 注釈なし	8	7	14	9	16	6	7	–	6	5	6	–	8
3 傾向と能率に関する注釈	29	23	16	22	42	13	9	11	11	12	12	–	20
4 無回答	27	51	44	44	31	21	56	67	42	55	29	–	43
計	100	100	100	100	100	100	100	100	100	100	100	–	100
回答者数	61	125	76	262	45	63	78	9	150	43	17	–	517

批判の要点は、主として、指導者の人格に関してであり、同時に政治的、組織的能力についてであった。批判的立場のほぼ四分の一には詳細な理由説明がなかったが、これはおそらく、アンケートの紙面に、詳細な回答を書く余地がなかったからと解釈すべきであろう。個々の政治的グループにおいて、賛意の回答を一〇とした場合、それに対して表3・10の数の批判的態度表明があった。

これによると、批判的態度は社会主義左派に最も多く見られ、一方ナチスでは存在しないに等しい。さらに、左翼政党は基本的に右翼政党よりも強い批判指向を示している。

批判が個々の党の内部に向けられた場合、それはしばしば異なったテーマを対象にした。社会民主党で非難されたのは、何よりも指導者たちであり、なかんずくその〈ブルジョア的〉行動様式であった。党の政策もまた、ブルジョア的と考えられた、また、組織の非能率に対する批判もあった。このことは、社会民主党においては下部の方がしばしば上層部よりラディカルであったという事実に対応している。それは共産党ではほとんど見られない現象であった。

表 3. 10

ナチス	2.4
ブルジョア政党	7.8
共産党	10.9
社会民主党	12.0
社会主義左派	28.2

左翼政党のすべてにおいて、役員の態度と、単なる支持者の態度との間に、目立った相異が基本的に存在した。共産党においても、社会民主党においても、一般の支持者は役員以上に批判的な意見を述べた。もちろん、それ以外のことが期待されるはずもなかった。政策と組織の責任は、多かれ少なかれ役員にあったからである。彼らが支持者たちほどの批判を自分たち自身に向けなかったのは、当然のことであった。

(b) 世界観と生活態度

〔さまざまな政治的態度の調査ののち、第二の段階として、回答者の世界観と、それに伴う全般的な生活態度の概観を得ようとした。この問題複合は、直接的ではなく、間接的にしか聞き出すことができないものであった。なかでも、三つの質問が有益であった。

質問第四二二／二三　個人は自分の運命に責任があると思いますか。
質問第四二四　あなたの考えでは、どうすれば世界はよくなりますか。
質問第四二六　あなたが歴史上最も偉大な人物と思うのはだれですか。現代ではどうですか。

前章と同じように、今回も私たちは各質問に対する回答を個別に分析した。この場合、最も強い関心は、職業上の立場と、政治的志向の及ぼす影響であった。この調査の結果をまとめたのが以下である。〕

質問第四二二／二三
個人は自分の運命に責任があると思いますか。はい――いいえ。

この質問によって、私たちは回答者の一般的な生活態度を、その中にひそむ理性的信条と個人的感情とともにとらえようとした。個人の運命は社会的・経済的状況によって決定されるという左翼政党の信条は、回答の多くに浸透していた。アンケートに参加した人びとの性格構造がきわめて多様であったとしても、多かれ少なかれこの原則の影響を受けていたと言える。この立場が、自己の経験に基づいて、政治的、社会的状況の判断に向けられたかぎりでは、場合によっては、性格形成の重要な要素となっていた。しかし他方では、それが自分自身や生活実践とは深いつながりを持つことなく、表面的なきまり文句として機能しただけという場合も考えられた。個人の運命が社会的、歴史的状況によって決定されるという考えは、必ずしも宿命論に陥ってしまうとはかぎらない。もっとも、いくつかの回答は、そのような無力感のしるしと判定することができた。しかし他の回答には、社会の力に直面した場合の個人の弱さの認識が、必ずしも絶望と受動性につながるものではなく、むしろ、精力的な努力によって、社会条件の変革をもたらすことができるということを、明らかに示しているものがあった。このような積極的な方向づけを持つ態度は、政治的不活動こそが永続的な人間の不幸の原因であると理解する一方で、個人の責任負担を積極的に評価するような力を開発することができるのである。

しかし、個人の責任を認める回答のほとんどは、まったく異なった態度に基づいていた。この態度を特徴づけていたものは、罪の意識と自責の念であり、さらには、すべての規範と禁忌《タブー》——人間の成長のある段階において、それを無視することは、たいてい罰や検閲や抑圧を生じることになる——の内面化であった。これと並行してよく見られたのは、だれもが自分の幸福を自分で築きあげるものであり、世界は最大の強者のものであるという自由主義的考えであった。この見解は、社会における成功者が表明しているのか、あるいは生活費を得る手段をすべて失った失業者が表明しているのかによって、まったく違った意味内容になる。前者には、神による選択が、経済的・社会的成功に現われるとするカルヴァン派の信仰が表現されている。これはまた、他人の貧困に対する平易かつ好都合な説明でもある。これに対して、失業者においては様相は異なっている。彼らの場合、その態度は、自己の能力に関する自責、あるいは絶望感と、密接に結びついていると考えられる。

それぞれの回答に典型的な態度複合は、しばしばその回答の述べ方にすでに表われていた。しかし、それらは、回答を抽象的にカテゴリー化するやいなや消失してしまった。条件によるというカテゴリーは、私たちの分析にとって、最も不毛なものであった。ここに分類される回答は、個人の運命に関する社会的原因と個人的原因が持つそれぞれの意味について、なんらはっきりした意見を含んでいないからである。いいえ、なぜなら彼の運命は社会の秩序にかかっているからのカテゴリーと、いいえ、なぜなら人間は環境と遺伝資質と外的条件の産物であるからのカテゴリーに分類される回答は、きわめてよく似ていて、表現方法のみが違っていることもあった。しかしながら、多くの場合に明らかとなったのは、あとからあげたカテゴリーに分類された表現は、ありきたりの型にはまった性格を持ち、陳腐な決まり文句を繰り返す傾向があることであった。これに対して、さきのグループの回答は、社会の変革に積極的にかかわる可能性を見ていないとしても、史的唯物論の世界観に基づいていることが多かった。しかし、史的唯物論の教義のこの中心的な視点が強調されていたのは、いいえ、なぜなら、人間の運命は彼の階級によって決定されていて、その階級の運命を変えることによってのみ変えられるのだからのカテゴリーに分類される回答においてであった。

全体で、この質問にはアンケート回答者の九二％が回答した。四九％が、個人は自分の運命に責任がないという論を代表していた。二八％がその逆の立場であった。一五％が、条件によるという意見であった。これらの結果は、個人の自己実現の可能性を信じる自由主義的考えがますます衰えつつあることを、明瞭に示している。ここで興味深いことは、同じような傾向が、経済の破局と高い失業率という苦い経験を免れた国々においても見られるかどうか、ということであろう。〔ここで、回答分布を経済的地位との関係で見ると、表3・11のようになる。〕

表 3.11　経済的地位別による回答　(%)

回答カテゴリー	非熟練労働者	熟練労働者	ホワイトカラー	自営	失業者	計
はい	38	25	25	32	32	28
条件による	3	15	21	18	7	15
いいえ	50	50	47	43	55	49
無記入	9	10	7	7	6	8
計	100	100	100	100	100	100

大半の熟練労働者とホワイトカラーの間には、回答態度の違いはほとんど認められなかった。それに対して、非熟練労働者と失業者には、それぞれ独自の分布が見られた。条件によるの回答を、このグループが与えることは、有意に少なかった。このカテゴリーは、操作可能な社会的、あるいは個人的要因が、個人の運命に影響を及ぼす、という考えの表現と解釈することができる。したがって、非熟練労働者と失業者は、経済的貧窮のためにしばしば、その立場よりもラディカルな視点を選んだのである。しかし、非熟練労働者と失業者とは、全体として一貫した態度を示していたわけではない。ここでは、否定的な回答も、肯定的回答も同じように、高い率を示していたからである。したがって、失業者においては、二つのグループがあるように思われる。ある人びとは、失業と社会的な貧窮が変革しうるものであると考え、ただ現在の経済体制を克服することによってのみその改善を期待することができると信じた。他の人びとは、これに反して、自分たちが無力で無価値であり、みずからの窮境はみずからに責任があると信じるようになっていた。ここにおける違いは、失業の性質に求めることができる。長期間の失業は、より多

く意気を沮喪させ、自責の念と無力感を呼び起こすものだからである〔表3・12参照〕。

〔政治的志向との関連で回答を分類すると、異なったグループの間に有意の違いが見られる。〕すなわち、ナチスは、左翼政党支持者とは有意に対照的に、多数が個人の責任説をとった（五九％）。その場合、社会で成功しなかった者は、生まれつき備わった能力を用いずに、自分の性格を発達させなかったからだという考えから出発しているのがふつうであった（四七％）。この態度には、ナチスのイデオロギーの影響がはっきりと認められる。それは、〈生存競争〉においては最強者が勝利を占め、敗者は弱すぎたがゆえに敗者となるのだという立場を代表するものであった。ブルジョア政党支持者もまた、比較的高率の肯定的回答を示し、ナチスと――見たところでは――まったく類似している。しかし彼らの場合には、この態度は、部分的にはまた別の理由から説明できるだろう。つまり、一つには彼らの社会的地位であり、いま一つには、だれもが経済競争において同じ機会を与えられているという自由主義の教条である。左翼政党支持者たちは、その理論的背景に従って、有意に少ない「はい」の回答をした。〔この態度を表明した場合、彼らはまったく異なった理由を主張した。というのは〕彼らの観点では、個人は政治的活動によって改善することができるかぎりにおいてのみ、自分の運命に責任を負うのである。

〔否定の回答では、逆の分布が見られる。〕個人の責任に対する異議は、ナチスと、ブルジョア政党の支持者において最も少なかった。社会民主党になると、その意味の主張が多く、最も高い率を示したのは、共産党と社会主義左派であった。〔ここにおいてもまた、それぞれの意見の根拠には、かなりの相違が見られた。つまり、左翼政党の支持者が、通常、社会的・経済的圧迫をあげたのに対して〕否定的な主張をするナチスはつねに、「人間はより高い力に依存している」と述べた。この態度は、〈神意〉を信

表 3.12 質問 422／23：個人は自分の運命に責任があると思いますか。どうしてですか。
政治的志向別による回答 (%)

＊（＋＝＜0.5％）

回答カテゴリー	政治的志向												計
	社会民主党				社会主義左派	共産党				ブルジョア政党	ナチス	支持政党なし	
	1	2	3	計		1	2	3	計				
はい													
1 無注釈もしくは反復的注釈	8	14	14	13	7	5	7	–	5	23	12	17	12
2 能力を使わず性格を伸ばしていない	7	4	4	5	5	2	8	10	6	9	47	15	8
3 無自覚に生活している	5	4	3	4	2	3	3	–	3	–	–	4	3
4 政治に無関心か怠惰である	2	–	–	+*	–	6	3	10	5	–	–	–	1
5 その他の注釈	3	5	4	5	–	2	4	10	3	2	–	7	4
はい 計	25	27	25	27	14	18	25	30	22	34	59	43	28
6 条件付き回答	19	24	18	20	9	6	7	10	7	24	–	10	15
いいえ													
7 無注釈もしくは反復的注釈	7	7	4	6	2	3	5	–	4	5	–	19	7
8 個人の運命は彼の階級によって決定されていて階級とともにのみ変わる	3	–	1	1	–	5	1	–	3	–	–	–	1
9 社会に依存（変革に無言及）	18	2	14	10	24	31	21	20	25	–	–	2	13
10 環境と外からの影響の産物	15	12	10	12	33	21	16	30	19	2	–	4	14
11 個人はちっぽけで無力	3	7	7	6	9	5	8	10	7	5	–	4	6
12 高い力次第	–	7	9	6	2	–	5	–	3	16	35	7	6
13 その他の注釈	–	2	–	1	–	5	8	–	6	7	–	2	2
いいえ 計	46	37	45	42	70	70	64	60	67	35	35	38	49
14 無回答	10	12	12	11	7	6	4	–	4	7	6	9	8
計	100	100	100	100	100	100	100	100	100	100	100	100	100
回答者数	61	125	76	262	45	63	78	9	150	43	17	67	584

じる心の表われと解釈することができる。それはナチスのイデオロギーの中でよく宣伝されたものである。

政治的な意味を持つすべての質問の場合と同じように、共産党は、社会民主党より有意に頻度の高い回答を与えた。左翼の政治類型間の回答の相違は、役員と一般支持者の間の回答の相違と同様に、回答を二つのグループに分けると、明らかになる。第一は「マルクス主義グループ」であり、これは三つのカテゴリーを包含する。すなわち「はい、それは彼が政治に無関心で、無気力だから」「いいえ、彼の運命は階級によって決定されており、その階級の運命を変えることによってのみ変えることができるのだから」「いいえ、彼の運命は社会の秩序に依存しているから」(変革に言及なし)。これらの回答は、個人の運命に対する社会的制約への理解を示しているか、または、よりよい社会のみが個人の運命を改善できるという信条を表わしているか、のどちらかであった。これに対して、「権威主義的」グループに分類されるものには、以下の回答があった。「はい、というのは彼が自分の能力を用いていないか、性格を発展させていないかだから」「はい、彼は自覚をもって生活していないから」「いいえ、彼はより高い力に左右されているから」これらの回答は、個人の運命のすべての社会的要素を無視しているのである。

共産党と社会民主党の有意の相違を示すものは、前者の、マルクス主義に強く影響された立場である。同じような有意の相違は、それぞれの役員と支持者の間にも認められた。権威主義的回答では、これと逆の傾向が見られたが、有意とすることはできないほどのものであった(表3・13参照)。

カテゴリーごとの回答例

表 3.13 「マルクス主義」回答グループと「権威主義」回答グループの分布 (%)

政党／グループ	社会民主党			社会主義左派	共産党			ブルジョア政党	ナチス	計
	1	2	3		1	2	3			
マルクス主義的	23	2	11	24	44	25	33	—	—	15
権威主義的	12	15	14	9	5	16	11	26	82	17

(2)
「はい、人は環境に適合することによって自分の運命を改善することができる」

「はい、人生はチェスである。一つの悪手は十の好手の結果を台なしにする」

「はい、人はもっとよく考え、観察しなければならない」

「内面的な価値なくしては、人生をわがものとすることができない」

「はい、人はあまりにも無気力すぎる」

「はい、多くの人はなぜ自分が生きているのかを知らない。人生は闘争なのである」

「はい、ひとりひとりがもっと注意し、将来に備えるならば、さまざまの苦労を免れることができるだろう」

(3)
「はい、放縦な生活によって」

「はい、不注意によって」

「はい、無思慮によって（早期結婚など）」

「はい、私は数年前、速記の練習に打ち込んで、余暇を全部それに費した。今神経障害を起こしているのは、その結果だと思う」

(4)
「はい、政治的な知識を身につけ、選挙では自分のために闘ってくれるものに投票することが必要だと、各個人が思っていないから」

(5)
「はい、人びとはしばしば自分の生活を地獄にする」

「はい、または、いいえ。人が、法と正義と道徳とに従って身を処し、国家を最大の関心事とするならば、経済的にめぐまれるようになるだろう」

「はい、多くの人びとは己自身が己の最悪の敵である。ところが、あやまちを犯すのは他人であるかのように思っているのである」

「はい、私たちは自然のおきてに従わなければならない。何であれ、そのおきてを破ることは、罰をもたらすものである」

(6)「部分的に、はい、ちなみに、新しい世界秩序においては、人が運命に支配されることが、少なくなるだろう」
「部分的に、はい、たとえば、両親の言うことを聞くように心がければ、自分の経験ではじめて学ぶということが少なくなるだろう」

「いいえ、プロレタリアが自分の運命を左右できることはめったにない。彼は何も持たない。しかし、精神的には、人は自分の運命を支配することができる」

「はい、もし明日のことを何も考えずに暮らすならば。いいえ、もし定職を見つけることができなければ、たとえどんなに彼が勤勉であっても」

「はい、いいえ、自分からアルコール中毒になることもありうるし、あるいは上流社会の連中に押しつぶされるかもしれない。特効薬。プロレタリアート独裁」

「はい、および、いいえ、主体としての人間では、はい。しかし、客体としては、彼の運命は、その階級の運命と、あまりにも緊密にからみ合っている」

「部分的に。人間は自分の生まれた環境に責任はない。しかし、知識を獲得し、それによって運命の流れに影響を与えることはできる」

「それは次のことにかかっている。能力の不足（職業、技術など）、また性格の欠陥（粗暴、優柔不断、愛情不足、意志薄弱、時間観念のなさ、など）」
(8)「いいえ、ひとりでは、私たちは何もできない。団結すればあらゆることができる」
「いいえ、個人の運命というものはない。あるのは階級全体の運命のみであり、階級のみがそれを変えることができる」
(9)「いいえ、現在の、個人主義的・資本主義的制約の下では、冷酷な人間のみが成功できる」
「いいえ、合理化のために、人びとはますます職を失っていくから」

「いいえ、自分ひとりでは今の社会秩序から身を守ることができないから」

「いいえ、ブルジョア階級だけが、個人の運命に責任を負っている」

「いいえ、社会的存在が個人の運命を決めるのである」
(10)「人はこの世に生まれ出たことに、責任はない。それは親の責任である。病気の者は子供を作るべきではない」
「いいえ、人間は過去によって作られたものである」

「いいえ、身体は人それぞれに違う。人は、何が自分に一番よいのか、ほとんどわかっていない」
(11)「いいえ、個人は、他人のことになどかかわっていられない」
「いいえ、ひとりの人間が一つの体制を克服できることは決してないし、大衆はそのためには愚かすぎる」

「いいえ、自分を恥じるべき者も多いが、大多数は物事をそのまま受け入れざるをえない」

(12)「いいえ、もし、したいようにすることができるのなら、私はつねに働いていただろう」

「いいえ、もし、人が自分の能力を何ら用いていないとすれば、恥じなければならない。さもなければ、人間は人生の波にもてあそばれるだけの、ボール以外の何ものでもない」

「いいえ、ひとりひとりの運命の型は、すべて以前から定まっている」

(13)「いいえ、自分の運命を作るのは、他人である。私ではなく、だれか他の人びとが、私の運命や他の人の運命を決めているのである」

「いいえ、大衆には、あまりにも多くの権利と義務がある」

「いいえ、人は正しいことをすることができない。人のすることは、みな誤っている」

「いいえ、個人に彼の運命の責任を負わせることはできない。もし、人の言う社会主義が現実に存在するようになれば、だれもが他人のことを思いやり、私たちはみな幸福になるのだろうが」

「いいえ、運命に従うのみである」

「いいえ、人は年老いれば他の人びとの荷物となる」

質問第四二四

あなたの考えでは、どうすれば世界はよくなりますか。

この質問は、それぞれの個人の世界観によって、政治的とも、宗教的とも、哲学的とも、あるいは倫理的とも理解される問題になる。基本的に私たちが望んだのは、回答者の答えの仕方によって、彼らがこの問題をいったいどれほど重要に考えているのかが、わかるだろうということであった。明らかになった態度の多様性は非常に幅広いもので、ぼんやりした白昼夢や諦観から、人間自身はどのようによりよい世界の実現に貢献できるかという、まったく具体的なイメージにまで及んでいた。

四一％の回答者が主張した、最も頻度の高い回答の類型は、新たな社会組織として何らかの形の社会主義をさしている。それでも、個別に見れば、回答の相違の程度は大きい。ある人びとにとっては、社会主義は現体制の排除を意味したが、他の人びとにとっては、それは新しい社会体制なのであった。独裁制も民主主義も同じようにこれに結びつけられていて、武器による戦闘も、段階的改革も、戦略としてあげられた。新しい体制の準備や達成についてさまざまの回答があったが、すべて「社会主義」の名称の下に包含された。

二番目に大きなカテゴリーである、道徳と教育は、回答の一八％を集めた。このカテゴリーも、多くのそれぞれ異なった考えを含んでいるが、それらの要請を列挙すれば、謙虚さ、正義、敬意、より少ない私欲であり、真実、義務感、融和、寛容、互助の精神であり、また、よりよい教育に対する漠然とした希望のようなものである。この態度は、社会主義的態度とは、方法の選択の点で異なっているだけではなく、多くの場合、個人を比較的重要視する点で、異なっている。この種の「理想主義的」視点を持った回答者たちは、彼らの世界改良の図式を、具体的な用語によって考えることができなかった。さもなければ、たとえば、人類の倫理水準を引き上げるのに必要な教育方策が、これほど漠然としたものにはならなかったはずである。つまり、この質問に対する彼らの関心は、真実の世界とは何の関係もない願望や夢であった。

この質問には全回答者の一五%が答えなかった。無回答は、おそらく世界をよりよくするという問題に対する関心の乏しさのためだろう。政治的な関心を持つグループから、関心を持たないグループに移行するにしたがって、無回答が多くなる有意の傾向があるので、この質問は主として政治的な意味で理解されたようであった。〔個々のグループについて、頻度別に並べると表3・14の数値になった。〕

共産党は、政治的な色合いを持つ質問に対する彼ら独特の身の入れ方を、ここであらためて証明した。他方社会民主党は、かなり低い関心を示した。そして、他の多くの場合と同じように、この点でブルジョア政党支持者に近い。これに対して、ナチスは、政治的関心の強さにおいて、社会主義左派と共産党に接近していた。この類似は驚くにはあたらない。私たちの調査の時には、この党は少数野党を形成していて、当時の社会を支配していた状況を快く思わない人々に主として訴えていたからである(表3・15参照)。

社会主義という不均質な回答カテゴリーの内部区分は、とくに興味深い。もし左翼のグループに属する人びとがみな、自分の党の社会主義的教義に合致した回答をしたら、このカテゴリーは、回答者の四一%ではなくて七八%を集めたはずである。ブルジョア政党支持者とナチスが社会主義に何の期待もいだいていないことは、容易に理解できる。しかし、社会民主党のわずか三六%が「社会主義」という答えをしたことは、公式の党の信条と党員の個人的思想との間の大きな相違を示している。共産党は七四%、社会主義左派は六八%で、このカテゴリーに顕著に高い回答分布を示した。最後に、党役員は、両社会民主党グループでも、共産党でも、一般支持者に比べて、「社会主義」の回答の頻度が有意に高かった。

表 3.14　政治的志向別による回答欠如　(%)

	回答欠如
支持政党なし	40
ブルジョア政党	20
社会民主党	16
ナチス	13
社会主義左派	8
共産党	6

道徳と教育のカテゴリーでは、上述の様相が逆転している。ブルジョア政党とナチスとが、それぞれ二五%という最大分布を示し、社会民主党が二二%ですぐあとに続いている。他方共産党は七%で、有意に低かった。党役員と支持者との比も、同じように「社会主義」の場合の反対である。したがって、党役員の「理想主義的」な回答の割合は、一般支持者よりも多少下にある。

知識と思考と大衆啓蒙のカテゴリーの回答は、二%という取るに足らぬ数値を示し、したがって統計上無意味である。ブルジョア政党支持者の三%は、理性の究極の勝利が、よりよい世界をもたらすであろうという立場を代表した。この結果を、啓蒙主義の時代――ブルジョア階級の台頭期――に理性が負わされた重要な役割と比べると、考え方の明確な移り変わりが印象深い。ナチスでは、だれも「知識……」を世界をよくするための公式としてあげなかったという事実は、もちろん何を証明するものでもないが、疑いもなく、ナチズムが知性と理性を忌避していたことを反映している。また、数量の上で大きい左翼グループにも、このカテゴリーに入る回答は、ほとんどない。左翼政党陣営で、「社会主義」と答えなかった回答者の場合は、有意に多数が「知識、思考、啓蒙」よりも「道徳、教育」を選んだ。

回答者の経済的地位との関連で回答を分析すると〔さまざまの職業グループの間に、ほとんど違いは見られない。労働者とホワイトカラー、熟練労働者と非熟練労働者について、各カテゴリーの分布は比較的均等

表 3．15　質問 424：あなたの考えでは、どうすれば世界はよくなりますか。
政治的志向別による回答　(%)

回答カテゴリー	政治的志向												計
	社会民主党				社会主義左派	共産党				ブルジョア政党	ナチス	支持政党なし	
	1	2	3	計		1	2	3	計				
下記によってよくできる													
1　社会主義	53	31	32	36	66	86	63	83	75	–	–	16	41
2　富裕税	3	2	6	3	–	–	–	–	–	5	–	–	2
3　道徳と教育	13	23	25	22	13	5	9	17	7	25	25	22	18
4　知識、啓蒙	5	4	5	4	3	–	2	–	1	3	–	–	2
5　宗教	2	4	2	3	–	–	–	–	–	23	19	9	2
6　国際協力	6	4	3	4	–	–	8	–	4	8	6	6	4
7　文化と社会の改革	3	10	6	8	10	2	4	–	2	8	12	9	7
8　よりよい指導、より多くの〈統率者〉	–	2	–	1	–	–	1	–	1	3	6	6	2
9　よくできない	–	2	2	1	–	–	–	–	–	5	19	2	2
10　その他（不明瞭、回避的）	–	3	2	2	–	2	5	–	4	–	–	–	2
11　無回答	15	15	17	16	8	5	8	–	6	20	13	30	15
計	100	100	100	100	100	100	100	100	100	100	100	100	100
回答者数	61	125	76	262	45	63	78	9	150	43	17	67	584

であるから〕職業事情が独立の影響要因として有効であったという前提は成り立たない。〔これに対して、より有益なのは〕性による分類である。この場合、世界観と政治に関する質問においては、女性はいつも男性より回答が少ないことが明らかになっている。女性の二三％のみが「社会主義」を選んだ。これは、男性の場合（四四％）よりも顕著に小さい割合である。他方、女性の三八％が「道徳と教育」と回答した。これに比べて男性は一六％であった。――これも有意の相違である。これらの違いを政治の影響のみに帰することはできないであろう。男性の七八％に対して、女性の六八％が左翼政党に属していた。他方三二％が、ブルジョア政党、ナチス、支持政党なしのグループに数えられた。男性では二一％であった。全般的に見て、女性の回答態度は、むしろ伝統的な中間階級の立場の表われであり、それが女性の回答全体に見られるのである。

質問第四二六
あなたが歴史上最も偉大な人物と思うのは、だれですか。現代ではどうですか。

この質問では、特定の歴史上の人物の人気を知ることが問題ではなかった。むしろ私たちの関心は、調査協力者がその特定の名前をあげた理由にあった。私たちが期待したのは、回答者が自分の英雄を選ぶ基準とした原理が、社会的偉人に対する態度の個人的相違や、グループ独自の相違を明らかにするであろう、ということであった。この相違は、いくつかのおもな類型に要約される。

第一には、中立的姿勢と名付けうるような態度がある。この場合の回答者は、あらゆる種類の社会的偉人に対して、平等な態度をとり、この質問を、自由主義教育のモデルによって解釈する。彼が思い起こす名前は、「偉大である」と考えるように学校で学んだとおり、詩人であり、作曲家、画家、聖人、政治家、将軍、教祖、雄弁家、役者、学者、などである。こういう姿勢には通常愛国心の要素が含まれているから、政治と軍事における名声が前面に出るのである。ここでは〈偉人〉の称号が、区別なく、人物の歴史的意味を考えることなく用いられている。つまり、それ自体の価値になっているのである。

もう一つの類型は、権力を賛美する。それは、とりわけ政治家、独裁者、国王、将軍などの、強力な成功者たちによって代表されるものである。第一と第二の類型の相違は、一見して感じられるよりも小さい。第二の類型も、個々の権力者の現実の行為には意味を認めていない。政治家も将軍も、権力と、強さと、鉄の意志と、英雄性を体現しているから賛美されるのであって、これらの資質による成果は顧慮されない。国家的英雄たちは、国家主義と軍国主義の密接な結びつきのために、中立的な自由主義的態度よりも、この類型において、重要な地位を占めるのである。

左翼グループに典型的な姿勢は、これまであげた二つの態度とは本質的に異なる。重要人物たちは、左翼の政党の理想に従って、特定の歴史的発展――資本主義社会から社会主義社会への変貌――への貢献度によって判断されなければならない。このグループは、〈偉人〉をそれ自体として認めることはなく、すべての人間的活動を、よりよき生活の創造を頂点とする価値尺度に、合わせて測定する。マルクス主義者は一つの理論によって思考するのであって、それは、さきの目的の実現が、個々の重要人物の行為とは、多かれ少なかれ無関係であると考え、社会構造の変革を決定的な要因と見なすのである。

社会的偉人に対する、異なった態度は、しばしば、権威固着の程度の差に対応する。成功した強力な厳しい指導者を賛美するものは、通常、自分自身と賛美する権威との間に、越えがたい隔たりを感じている。この権威は彼らにとって一種の超人であって、彼らは進んでその保護を受けたいと願うのである。これに反して、強い人間を賛美するのではなく、人類の社会的進歩に尽くした人物を社会的偉人と認める人びとは、主として目的感覚と、利害感覚とによって自分の理想像と結びついているのである。

調査協力者の回答の中には、重要人物像に対するこれらの態度が、さまざまな形で見られた。純粋な類型は、複合型や、ややあいまいな中間型ほど多くはなかった。時には、高い教育を人に誇りたい欲求が作用して、〈教養〉のあかしになると回答者が考える名前があげられることもあった。

回答には、全部で百六十人の異なった〈偉大な人物〉の名があげられた。その中に、学校や教科書でたたえられた歴史上の有名人は、比較的まれにしか姿を現わしていない。

古典的社会主義者と革命的社会主義者とを区別するためには、解釈による分類を行なった。この相異は重要である。多くの回答で一見して眼につくからである。回答者のうち何人かは、過去の社会主義指導者たちを、古典文学の作者たちと同じように扱った。すなわち、彼らのユートピア的理念を、現実の政治の世界、つまり直接的、具体的問題に結びつけることは、明らかに彼らの意識になかったのである。名前の選択にこの態度が認められた時は、いつもその回答は「古典的社会主義者」の項目に分類された。他方、ある回答者が社会主義の指導者たちの説とその意味するところに、実際の政治的、経済的問題にかかわる革命的内容があると信じるがゆえに彼らの名前をあげた場合は、その回答は「革命的社会主義者」のカテゴリーに入れられた。かくして、たとえばマルクスのように、同じ名前が一つの回答では「古典的」、他の回答では「革命的」、社会主義者として分類されることがある。彼の名をも含んだ名前の組み合わせが、回答者の態度を解釈する鍵を与えた。社会主義の指導者たちの名が、ビスマルクやヒンデンブルクとともに現われたなら、そのような組み合わせから得られる結論は、回答者が、名ざした指導者たちを「古典的」と見なしているということである。それに反して、過去の社会主義者たちの名が、現代のレーニン、リープクネヒト〔訳注。Karl Liebknecht. 1875-1919. ドイツ共産主義運動の指導者。ローザ・ルクセンブルクとともに捕えられ、殺された〕、ルクセンブルクらと結びつけられている時には、「革命的」と分類された。このようにして、たとえば、マルクス、エンゲルス、ラッサール〔訳注。Ferdinand Lassalle. 1825-64. ドイツの社会主義者。社会民主党の母胎をなす全ドイツ労働者同盟を設立した〕、ベーベル〔訳注。August Bebel. 1840-1913. ドイツの労働運動の指導者。社会民主党の創設者の一人〕などが、しばしば「古典的」として顔を並べている。マルクスとエンゲルスとは、別の文脈において「革命的」として現われることもしばしばあるが、ラッサールとベーベルとは、それが有意に少ない。マルクス、エンゲルス、ラッサール、ベーベルのような名前が、単独であげられた時は、この回答類型をやや恣意的ではあるが、「古典的社会主義者」のカテゴリーに入れた。それは、はっきりした革命的傾向を持っている回答者なら、たいてい、レーニンやリープクネヒトやその他の新しい指導者の名を付け加えるものだからである。そのほかに「革命的社会主義者」の項目に取り入れたいくつかの回答としては、社会主義指導者と並べて、学問上の革命をもたらしたり（たとえば、コペルニクス、ガリレイ、アインシュタイン、ダーウィン）、革命的傾向の作品を発表した（たとえば、ケーテ・コルヴィッツ〔訳注。Käthe Kollwitz, 1867-1945. ドイツの画家・版画家。しばしば貧しい人びとの生活を描いた〕やゲオルゲ・グロス〔訳注。George Grosz, 1893-1959. ドイツの表現主義派の画家。ナチスから〈頽廃的〉ときめつけられた〕）、学者や芸術家の名をあげたものがあった。

共和主義指導者あるいは共和主義政党の指導者の表示のもとには、ワイマール共和国を積極的にささえた政党の指導者をあげた回答をまとめた。それは、とくに社会民主党、民主党であり、また、中央党である。また、シュトレーゼマン〔訳注。Gustav Stresemann, 1878-1929. ワイマール共和国の首相、外相を勤め、後述のブリアンとともにノーベル平和賞を受けた〕と、ブリアン〔訳注。Aristide Briand. 1862-1932. フランスの首相、外相。前出のケロッグ＝ブリアン不戦条約の当事者〕はそれぞれ、四十八回と二十八回名をあげられたが、彼らも「共和主義指導者」に分類された。それは、彼らの人気が、ワイマール共和国と連合国と国際連盟の協力という政見に基づくものだったからである。九十四回顔を出したナポレオンは、多くの社会主義者や共産主義者が、ヨーロッパの自由主義的解放の代表者として、またドイツの民主主義理念の開拓者として名前をあげたのだが、有名な国家指導者の項目に格付けされた。他方、左翼政党、右翼政党の多くの回答者が、彼を、強い人物、英雄、将軍、独裁者として名ざした。より精密な分類ならば、この二つの態度に応じて、回答を分けるのが当然であったかもしれない（表3・16参照）。

　政治的類型による回答の分類において、興味深い関係が明らかになった。回答者の七五％が何らかの態度を示したが、異なった政治グループは回答の程度において、典型的な相違を見せた。ナチスは、例外なく回答した。このことは、おそらく、ナチスの宣伝の中核テーゼの一つが、歴史は偉大な人物によって作られ、その中でも、独裁者や、軍事的、あるいは政治的指導者が最も重要である、としていることによる。この信条に対応して、ナチスの回答の大半（七六％）は、有名な国家指導者のカテゴリーに入れられた。これは、単独のカテゴリーとしては最高の率を示すものでもある。共産党と社会民主党のそれぞれの無回答（一五％と三〇％）の間には、有意の相違があった。それは、一つには政治的問題に対する、共産党特有のより大きな関心のためである。彼らにとっては、この質問は、明白に政治的性格を持つものであった。これによって、彼らは政治的内容をそれほど重要と思わないブルジョア政党支持者と対立した。また、幹部のイデオロギーも、共産党の回答意欲が高かった原因の一つと考えられる。

　革命的社会主義者のカテゴリーには、共産党の回答が、他のどのグループよりも多かった（四八％）。

表3.16 質問426：あなたが歴史上最も偉大な人物と思うのは、だれですか。現代ではどうですか。
政治的志向別による回答 (%)

回答カテゴリー	政治的志向												計
	社会民主党				社会主義左派	共産党				ブルジョア政党	ナチス	支持政党なし	
	1	2	3	計		1	2	3	計				
1 革命的社会主義者	12	4	1	5	20	65	37	38	48	2	–	3	17
2 古典的社会主義者、単独でまたは教祖や学者と	23	11	25	18	20	5	7	–	6	–	–	3	12
3 革命的社会主義者、教祖や学者と	–	2	–	1	4	–	9	–	5	–	–	1	2
4 革命的社会主義者、有名な国家指導者と	5	2	4	3	9	13	9	25	12	–	–	9	6
5 共和主義政党指導者	–	5	8	5	2	–	–	–	–	2	–	–	2
6 有名な国家指導者、単独でまたは古典的学者／作家と	–	7	5	5	2	–	1	–	1	32	76	13	9
7 6に同じだがレーニンと	2	2	3	2	2	–	4	12	3	–	6	1	2
8 有名な共和主義指導者とレーニン	5	10	3	7	–	–	3	–	1	10	6	8	5
9 教祖と聖者	2	2	1	2	2	–	4	–	2	19	6	6	4
10 芸術家、学者、発見者、発明家	3	5	1	3	2	2	1	–	1	2	6	5	3
11 あらゆる種類の有名人	18	12	14	14	2	–	3	13	2	7	–	6	8
12 その他	2	6	8	5	7	8	–	–	4	–	–	8	5
13 無回答	28	32	27	30	28	7	22	12	15	26	–	37	25
計	100	100	100	100	100	100	100	100	100	100	100	100	100
回答者数	61	125	76	262	45	63	78	9	150	43	17	67	584

その際、共産党の役員と一般支持者との間には、六五％対三七％という著しい違いが現われた。驚くべきことに、社会民主党では、真の革命的社会主義者を歴史上最大の人物としてあげたのは、五％のみであった。彼らは共産党（六％）に比して有意に多く、古典的社会主義者のカテゴリーに見いだされた（一八％）。時には、ビスマルクとヒンデンブルクの名も付け加えられていた。ヒンデンブルクの名があがったのはたいていの場合、大統領選挙のキャンペーンの反響であったにちがいない。社会民主党は彼の立候補を支持したのである。ビスマルクの名は、学校で教えられた歴史意識が、社会民主党の伝統より強力であることを示唆している。党は、社会主義鎮圧法の生みの親であるビスマルクを、労働運動に対する最もラディカルな敵であると、つねに見なしてきたのである。

革命的社会主義者と有名な国家指導者のカテゴリーには、マルクスやレーニンのような名に、ムッソリーニやナポレオンの名を結びつけた回答が入れられた。ここでは、共産党が一八％で、八％にすぎない社会民主党より有意に多かった。ナチスと同じように、彼らの多くが「強力な」人物、「指導者」に魅せられて、たとえばムッソリーニをスターリンと一緒にあげたのである。

革命的社会主義者と教祖のカテゴリーの回答は、数の上では取るに足らない。しかしその分布は重要である。この回答は、全部と言えるほど、共産党と社会主義左派のものであった。革命家たちと宗教団体の創始者たち（ふつうはキリスト）とのこの組み合わせは、トルストイ的理想主義と狂信の要素を持っている。それはこれら両グループのメンバーの何人かに典型的なものである。すでに概略したように、有名な国家指導者、単独で、または古典的作家や学者とのカテゴリーには、ナチスの回答の七六％が含まれたが、ブルジョア政党支持者も三二％という相当な割合の態度表明であった。ナチスは、大部分が

表 3.17 質問 426：あなたが歴史上最も偉大な人物と思うのは、だれですか。現代ではどうですか。*
政治的志向別による歴史的人物の順位 (%)

	社会民主党	社会主義左派	共産党	ナチス	ブルジョア政党	支持政党なし	計 人数	%
マルクス	29	46	46	–	2	10	173	30
レーニン	17	33	64	6	–	10	159	28
ナポレオン	20	11	14	12	12	12	94	16
ビスマルク	12	2	4	59	29	18	72	12
ムッソリーニ	9	4	6	53	10	10	55	10
シュトレーゼマン	13	–	–	–	7	6	42	7
スターリン	2	4	21	–	2	1	40	7
ヒンデンブルク	5	2	1	12	36	12	40	7
イエス・キリスト	7	2	8	–	12	7	40	7
ベーベル	13	9	6	–	–	1	38	7
カール・リープクネヒト	2	9	17	–	12	4	27	6
エンゲルス	6	4	12	–	–	1	37	6
ゲーテ	7	4	4	6	10	4	34	6
アインシュタイン	7	2	7	–	–	6	33	6
フリードリッヒ大王	4	2	2	35	12	9	31	5
エーベルト	10	4	3	–	2	3	30	5
ルター	4	–	1	12	17	6	28	5
ブリアン	9	4	–	–	2	–	28	5

* ほとんどの回答に、上の名前の1個以上があげられたから、必然的に百分比の合計は100を超える。指名が28回未満の名前は次のとおり。マクドナルド (22)、ローザ・ルクセンブルク (16)、オットー・ブラウン (14)、ガンジー (14)、ゼーヴェリング (13)、カント (13)、フォン・シュタイン男爵 (11)、ラーテナウ (11)、ヒトラー (11)、ダーウィン (11)、アレキサンダー大王 (10)、シーザー (9)、シラー (9)、仏陀 (7)、エジソン (7)、コロンブス (7)、ヘルマン・ミュラー (6)、ソクラテス (6)、プラトン (6)、コペルニクス (6)、カール大帝 (5)、モーセ (5)、グーテンベルク (5)、ベートーヴェン (5)、トーマス・マン (5)、シンクレア (5)、ウィルヘルム1世 (4)、フーヴァー (4)、アリストテレス (4)、フィヒテ (4)、エッケナー (4)。以下の名前は、3回あげられた。ブリューニング、ブライトシャイト、ポアンカレ、ウィルソン、ドーズ、ヤング、パウロ、アッシジのフランシス、ヘーゲル、ナンセン、フォン・ツェッペリン伯、フォード、ワグナー、ルソー、ショー。2回の指名は次のとおり。カウツキー、テールマン、オットー・リューレ、ハンニバル、モルトケ、レーベ、ローベルト・ブルーム、エルツバーガー、ヴァンダーヴェルデ、孔子、マホメット、ロベスピエール、ガリレイ、ケプラー、ニュートン、スヴェン・ヘディーン、アムンゼン、アルコ、ワット、リヒアルト・シュトラウス、ペスタロッチ、トーマス・ミュンツァー、ダンテ、フンボルト、ハウプトマン、バルビュス、ヘッケル、ヴォルテール。以下の名前はそれぞれ1回現われた。ウィルヘルム・リープクネヒト、リーコフ、マックス・ヘルツ、ミュンツェンベルガー、アリス・リューレ、ジョレス、孫　逸仙、アルミン、ネロ、大選帝侯、ペーター1世、ビューロ、ブリュッヒャー、ルーデンドルフ、シャイデマン、ウィッスル、ウィルト、ダマシュケ、ウェルス、シルヴィオ・ゲゼル、クレマンソー、ヘンダーソン、ロイド・ジョージ、ラヴァル、ワシントン、教皇レオXIII世、教皇ピオXI世、ヘルツル、ワイツマン、ケマール・パシャ、ダントン、マラー、ヘラクレイトス、ホーマー、ライプニッツ、ニーチェ、スピノザ、ソロン、キルケゴール、マルコ・ポーロ、クルップ、エールリッヒ、フィルヒョ、シュタイナッハ、フロイト、シュメリング、バッハ、モーツァルト、ヘレーネ・ランゲ、ヴァージル、レッシング、ハイネ、ビューヒナー、L.フォイエルバッハ、トラー、カーライル、ゴーリキー、タゴール、ニクソー、老子、ベルタ・フォン・ズットナー、クーデンホーフ、レオナルド・ダ・ヴィンチ、ミケランジェロ、ケーテ・コルヴィッツ。(この当時にトロツキーの名が一度もあがらないことは注目に値する。)

有名な国家英雄のみをあげたが、これに対してブルジョア政党は文学と科学の古典的人物を付け加えた。両グループは全体として、左翼の支持者より、この回答の頻度が有意に高かった。

あらゆる種類の有名人という項目には、〈偉大な〉人間に対する、無批判で〈客観的〉な賛美を表わしている回答が全部まとめられた。この種の回答が、有意に頻度の高かったのは社会民主党であった（一四％）。ブルジョア政党支持者は、社会主義左派と共産党よりわずかに高い率を示したが、一方ナチスは、だれもここに入らなかった。この回答態度には、偉大な人物たちの行動目的に対しても、また彼らの仕事の分野に対しても、政治的、芸術的、宗教的、科学的、軍事的分野のいずれの性質をも問わないという民主主義的な寛容が見られる。

個々の回答の分類には、他のいずれの場合よりも、主観的判断の強い基準が必要であった。何百の異なった組み合わせを、比較的少ないカテゴリーに区分けし、さらにそれぞれの組み合わせの〈形態〉

表 3. 18　それぞれの政治類型別に指名が 10％を超えた名前の頻度分布。

社会民主党	マルクス，ナポレオン，レーニン，シュトレーゼマン，ベーベル，ビスマルク，エーベルト
社会主義左派	マルクス，レーニン，ナポレオン
共産党	レーニン，マルクス，スターリン，リープクネヒト，ナポレオン，エンゲルス
ナチス	ビスマルク，ヒトラー*，ムッソリーニ，フリードリッヒ大王，ヒンデンブルク，ナポレオン，ルター
ブルジョア政党	ヒンデンブルク，ビスマルク，ルター，キリスト，ナポレオン，フリードリッヒ大王，ムッソリーニ，ゲーテ

＊ヒトラーは表 3. 17 には現われない。彼の名前は 11 回あげられただけだったからである。

を、カテゴリーの構成原理に従って評価しなければならなかったからである。そこで、結果をまとめて、個々の〈偉大な人物〉を、異なった政治グループが名をあげた頻度に従って表の形にしたものが、最も適切だと思われた（表3・17参照）。

人物名のこの頻度分布によって、異なった政治グループごとの傾向を知ることができる。それぞれの政治類型について、少なくとも回答の一〇%を占める名を集めてみると、政党特有の組み合わせが得られるが、それは私たちの回答カテゴリー分析を裏付けるものである（表3・18参照）。

社会民主党に見られる組み合わせは、これまでの分析の結果に一致している。社会民主党の回答の最も大きな部分（一八%）は、「古典的社会主義者、単独もしくは、共和主義指導者と。そして／または、ビスマルク／ヒンデンブルク」のカテゴリーに入った。社会民主党は、カテゴリー第八でも七%で、比較的高い割合を示した。ここには、レーニンと同じく、有名な国家指導者（ナポレオン）や共和主義指導者（エーベルト〔訳注。Friedrich Ebert, 1871-1925. 社会民主党の党首、ワイマール共和国の初代大統領となった〕）たちも含まれている。政党間に特有の相違は、最も好きな〈偉人〉像にもあった。社会民主党では、マルクスとナポレオンが二九%と二〇%で最も頻度が高い。レーニンは共産党の六四%が名ざし、それに次ぐのがマルクスの四六%とスターリンの二一%であった。ナチスでは、ビスマルクとヒトラーが、いずれも五九%を占め、ムッソリーニが五三%、フリードリッヒ大王が三五%、ナポレオン、ヒンデンブルク、ルターがいずれも一二%ずつであった。共産党とナチスとにきわだっていたのは、たいていの場合ごくわずかの名前をあげるのみで、二、三名を超えない場合が多かったことである。社会民主党とブルジョア政党支持者では、だれ一人それほど多数の票をまとめえた者はなかった。その代わりに彼らの回答は、多かれ少なかればらばらに、長い名簿に分散した。この相異をとりわけはっきりと説明するのは、ナチスにおいて見られ、またより弱い形ではありながら、共産党においても見られる、指導者理念の重要性である。そしてもう一つの理由として最後にあるのは、ナチスにおいて、またより強く共産党において、精神的、個人的生活が、ほとんど完全に政治的理念によって決定されていたということである。他のグループにおいては、これに反して、民主主義的姿勢と、学校で得た常識的な理想とが、中立的で幅広い態度をもたらし、その基盤の上にきわめて多様な人格が〈偉大〉として成立しえた。ナチスと共産党にとっては、それに対して比較的少ない名前のみが問題となったが、それは彼らの好む人物たちが、一連の非常に限られた要求を満足させなければならなかったからである。ナチスは、何よりも権威と成功と強さと、また独特の指導者性を賛美する。他方共産党は、輪郭の明瞭な政治的展望と、さらには独特の生活態度を志向し、それらの根底にある理論の実現に向けた活動に努めるのである。

共産党は、四八％をもって、「革命的社会主義者」の回答カテゴリーの最大部分を占めた。この分類は、頻度分布によって裏付けられた。それによると、マルクスとレーニンの名前が社会民主党より有意に多くあげられている。ブルジョア政党支持者の三二％は「有名な国家指導者、単独もしくは古典的人物とともに」のカテゴリーに、一九％は「聖人、宗教創始者、宗教改革者」のカテゴリーに入った。頻度分布によっても、国家的指導者の優位が示されているが、ナチスの同じ場合と比べると、キリストとゲーテが加わり、ヒトラーはまったくあがっていない。最後に、すでに述べたナポレオンの特殊な役割が頻度分布に明らかに表われていた。すなわち、左翼、右翼を問わず、あらゆる政治集団において彼の名が見られたのである。

(c) 文化的、審美的基準

〔個々の質問の評価における三番目の重点は、回答者の文化的、審美的態度に関するものであった。すなわち、彼らがどのような嗜好上の規準を持っているかに関してであった。これについては、全部で十個の質問の結果をよりどころとすることができた。

質問第二四〇　あなたは住まいをどのように装飾していますか。
質問第二四一　どんな絵や写真を飾っていますか。
質問第二四四／四五　愛読書がありますか。それは何ですか。
質問第三〇八／〇九　好きな芝居／映画は何ですか。
質問第三三八　ジャズは好きですか。
質問第三二三／二四　このごろの女性のファッション／断髪は好ましいと思いますか。
質問第三二五　女性が、白粉、香水、口紅を使うのは、好ましいと思いますか。

これらの質問によって、私たちは、住まい、ファッション、文学、芝居、音楽の分野における文化的基準の多彩な広がりを主題とした。その際、すべての事例において、どのグループがどの態度を代表するかということと、回答分布が、職業的地位と政治的志向とによってどの程度に決定されるかということを明らかにしようとした。〕

質問第二四〇
あなたは住まいをどのように装飾していますか。
自分の住まいをどのように整えるかは、まず第一にその人物の収入、すなわち、家具その他の設備に費すことのできる金額にかかっている。しかし、つねにそれとは無関係に、個人的要因や社会的要因によって決定される、趣味の相違もある。

質問は、表現の選択という点では、まことに不適切であり、回答者によっては、あまりにもあいまいに思えたようである。多くは、自分の住まいを〈装飾〉しているという事実も、その方法もまったく意識していなかったと思われる。そしてまた、逼迫した貧困な生活状態のために、住居を整えるなどという些事に気を配る余裕がほとんどない人びとがいた。何人かは、質問が政治的に重要ではないと思えたために、答えなかったにちがいない。それぞれの場合に、どの理由が決定的であったにせよ、全体で回答者の三三%が何も答えなかったということを、心にとどめておかなければならない。

最も多く、同時に最も意味のない回答、すなわち花と絵は、回答者の四〇%があげた。何よりもこの答えは、どのような種類の花と絵なのかについて手がかりがないために、不毛なのである。下層中流階級の平均的趣味で選ばれているかもしれないし、きわめて洗練された選択の仕方であるかもしれない。しかし、一方、住まいの調度について、独自の具体的な考えを持っている人びとは、一般にそれに応じた正確な情報を提供しているので、あいまいな「花と絵」の回答は、やはり比較的類型的な趣味の表われであると仮定するのが、自然である。

表3.19 質問240：あなたは住まいをどのように装飾していますか。
経済的地位別による回答。 (%)

回答カテゴリー	経済的地位					計
	非熟練労働者	熟練労働者	ホワイトカラー	失業者	その他	
趣味不明確						
1 花と絵	38	37	40	47	48	40
明確な趣味						
2 小物類	6	6	10	1	9	7
3 新即物主義	–	4	5	1	2	3
4 無装飾	9	14	12	15	9	13
5 その他	6	2	4	4	9	4
6 無回答	41	37	29	32	23	33
計	100	100	100	100	100	100
回答者数	34	264	154	90	42	584

〔逆に、よりはっきりしているのは、小物類のカテゴリーである。〕この項目のもとにまとめられた回答は、「小物類」という言葉自体を含んでいるか、または、住まいに、絵や花以外に、手芸品、レリーフ、カレンダー、鏡、陶磁器人形、その他の装飾品などがあると述べているものであった。このカテゴリーは全回答の七％を占めた。これに対して回答者の三％は、住まいの作り方が、新即物主義〔訳注。一九二〇年代後半に始まったドイツの美術・文芸思潮。客観的実在に固執したリアリズムを提唱した〕の原理に則していると述べた。これらの人びとはインテリア装飾の、量的観点よりも質的観点を強調し、色、形、空間配分、不用の家具のないこと、を強調した。

最後に全資料の一三％は、特別の装飾はしないの項目に入った。これらの回答を与えた人びとは、住まいの装飾自体を何か余分なことと見なし、その代わりに、清潔、整理、素朴、秩序が、住まいの最大の装飾となると考えるのである（表3・19参照）。

回答を、それぞれの回答者の職業的地位との関連で調べてみると、ホワイトカラーとその他は、熟練、非熟練の労働者より、有意に回答頻度が高いことが明らかになる。このことは、中流階級の間では、住まいが基本的により大きな意味を与えられていることを示している。それは、財産として、また家庭生活のとりでとして考えられているのである。さらに、このグループにおける住まいの重要さを表わす、もう一つのしるしは、家計のデータにあった。それは、一般にホワイトカラーが労働者よりも高い家賃を払っていることを示していた。最後に目についたことは、ホワイトカラーとその他のグループが、労働者よりも、「小物類」の回答を与える傾向が多いことであった。ここにも、間接的にではあるが、この室内装飾のやり方と下層中流階級に特有な性格典型との結びつきが見られる――なにしろ、飾り物を蒐集するという性向は、その物の美しさ自体というより、むしろ単なる所有の喜びに基づいていることが

表 3．20　質問 240：あなたは住まいをどのように装飾していますか。
政治的志向別による回答　(%)

回答カテゴリー	政治的志向												計
	社会民主党				社会主義左派	共産党				ブルジョア政党	ナチス	支持政党なし	
	1	2	3	計		1	2	3	計				
趣味不明確													
1　花と絵	53	33	31	36	46	43	40	–	39	46	72	40	40
明確な趣味													
2　小物類	3	13	9	10	–	–	7	11	4	5	11	3	7
3　新即物主義	5	2	3	3	12	3	1	–	2	2	6	3	3
4　無装飾	9	10	16	11	7	21	17	22	19	5	6	14	13
5　その他	6	8	1	6	5	–	4	–	2	2	5	3	4
6　無回答	24	34	40	34	30	33	31	67	34	40	–	37	33
計	100	100	100	100	100	100	100	100	100	100	100	100	100
回答者数	61	125	76	262	45	63	78	9	150	43	17	67	584

多いのである（表3・20参照）。

回答の政治的志向による分類は、類型的のカテゴリー「花と絵」が、ほとんど一様に――平均四〇％――分布していることを示した。ここでのただ一つの例外となったのはナチスで、七二％、したがって有意に高い率が、このように回答した。一方、政治上のグループ間の相違は、「即物主義」、「小物類」のカテゴリーの分析においてはっきりしたものになった。有意の違いは、まず社会民主党と共産党の間にあった。前者の一〇％が「小物類」の回答をしたが、共産党では四％のみがこのカテゴリーに入った。社会主義左派では、この回答がまったく見当たらない。この党で他のどのグループより多かった回答は、「即物主義」であった。最後に、共産党の有意に大きな部分が「特別の装飾はしない」のカテゴリーに入った。この特異性は、一般的に、ラディカル政党間の世界観の違いに帰することができる。住まいを可能なかぎり簡素に整えるという態度は、共産党の持つある種の禁欲傾向と一致する。すなわち、もっと重大な問題が解決されないかぎり、かかる些事にはそれほど力を注がないという傾向である。それに対して社会主義左派は、むしろ、文化の領域でも教育が望ましいという考えに傾いている。

カテゴリー別の回答例

(1)「花、風景画、版画、切絵で」
「自分で描いて額に入れた絵で」

(2)「カレンダーとブロンズ・レリーフ」
「動物の焼き物、絵」

「自然画、クッション、テーブルクロス、手芸品」
「壁掛け」
(3)「即物主義」
「すべての家具は、その形のまぎれもない実用性と、調和のとれた色とによって、住まいの装飾となるべきである。時折の花を除いて、人工的な飾りは余分である」
(4)「清潔さで。花も好き」
「清潔さだけで」
「禁欲的に、まったく簡素に」

質問第二四一
どんな絵や写真を飾っていますか。

この質問は、質問第二四〇と類似性があるが、ずっと具体的である。ほとんどの場合、すぐに答えることができる。実際、ただちに思い出すことができなかったとしても、ちょっと周りを見廻すだけでいいのである。その上、今度は、単純な事実の記述のみが求められているのである。(……)一方、質問第二四〇に対する回答は、個別の趣味の原理に応じて抽象化して記述するために、個々の事実を一般化し、構造化することが要求された。したがって、質問第二四一が有意に多くの回答を得たことは驚くにあたらない。すなわち、質問第二四〇の六七%に対して、八一%であった。
私たちが、回答を分類するにあたって考えたことは、一つにはたとえば描かれている人物のような、絵画の対象物であり、いま一つには回答者と絵画との関係であった。この関係が個性的な性質のものであるか、類型的な性質のものであるかは、あげられた絵自体によってわかる。（……）。この点で、類型的の項目に入るものは、たとえば絵葉書、格言、「美しい落日」、感傷的な描写、よくある「寝室装飾」、百貨店で売っている「オリジナル油絵」など、――要するにすべて、〈俗悪《キッチュ》〉の概念で表現することのできるものである。一方、個性的とされる絵は、主として古今の巨匠の複製、版画、また同種のグラフィックアートのことである。

描かれた人物で分類できる回答の場合、回答者と絵との関係は、家族的結びつきか政治思想かの、いずれかに基づいている。この家族の絵（単独、または他のものとともに）のカテゴリーには、普通は父親のものだが、だれか家族の者の証書や賞状が含まれる。これに対して、社会主義指導者のカテゴリーは、マルクス、レーニン、カール・リープクネヒト、ローザ・ルクセンブルク、ラッサール、ベーベル、F・エーベルトの肖像が入る。しかし、現存の指導者は一人もない。ヒンデンブルク、ルーデンドルフ〔訳注。Erich Friedrich Wilhelm Ludendorff, 1865-1937. ドイツの軍人、政治家。第一次大戦で活躍した〕、フリードリッヒ大王、大選帝侯〔訳注。ブランデンブルク選帝侯フリードリッヒ・ヴィルヘルムのこと。三十年戦争後の経済的・軍事的復興に力があった。一六二〇―一六八八〕、ムッソリーニ、ヒトラーは、独裁者と将軍の名でまとめた。回答の多くの部分、四一％は「家族の絵」のカテゴリーに入れられたが、その含意は、質問第二四〇で四〇％を得た回答「花と絵」を思い起こさせる。漠然とした回答が、このように高い率を占めることは、ある文化的発育不全を示している。しかし、この要因は、好きな芝居と映画に関しても認められるが、これのみがこれらの回答の驚くべき多さの原因ではない。むしろ他の原因が、家族や親の家との強い結びつきとか、身にしみこんだ伝統とかの中にあるのである（表3・21参照）。

表3．21　質問241：どんな絵や写真を飾っていますか。
経済的地位別による回答　（%）

回答カテゴリー	経済的地位					計
	非熟練労働者	熟練労働者	ホワイトカラー	失業者	その他	
〈美術〉に関心						
1　個性的	5	12	26	13	25	15
2　類型的	–	4	1	–	3	2
人物に関心						
3　社会主義指導者	3	3	3	7	5	4
4　社会主義指導者と家族のもの	17	8	4	13	8	9
5　独裁者、将軍と家族のもの	–	2	1	3	6	2
6　人物と類型的な美術に関心	34	43	46	38	25	41
7　飾っていない	9	7	3	9	8	6
8　その他	3	2	3	1	–	2
9　無回答	29	19	13	16	20	19
計	100	100	100	100	100	100
回答者数	34	264	154	90	42	584

職業類型別による回答分類は、ホワイトカラーが、ただ労働者や失業者より傾向として回答頻度が高い、というだけではなく、絵に対する個性的・個人的つながりを答えることも多いことを示している。（……）この傾向は、好きな本や芝居を問う質問でも、観察することができる。住まいの場合と同じように、〈教養〉の分野に属する文化的事柄に対しても、ホワイトカラーは労働者より強い興味を持っている――質問第二四〇の結果と一致する結論である。別の調査においても、この現象はまた、ホワイトカラーの場合は、労働者に比べて、家賃と教養に関する出費がより大きい意味を持っている、ということによって証明されている。平均すれば、ホワイトカラーが労働者より給料を多く取っていることはないので、その一つの理由はおそらく、労働者は肉体的疲労の大きい仕事をするため、より多くの、より栄養価の高い食事を必要とするということにあるのだろう。他方、それは、イデオロギー的に中流階級に近いというホワイトカラーに多い感情にも基づいている。（……）ホワイトカラーの自己評価においては、より多い（現実にはそうでないが）収入よりも、上級学校への進学（中等学校、ギムナジウム）と、またそれによって身につけた〈教養〉の方が、〈よりよい〉人びとに伍するための基本的な基準となるのである。しかしまた一方では、このイデオロギーは、現実に、文学、芸術への理解を増し、この分野での純粋で自発的な関心を可能にする。ホワイトカラーの方が回答率が高いということには（……）、〈より高い〉野心の象徴としての〈教養〉に対するより大きな誇りとともに、文化の問題に対するより強い関心が、表われている。このグループが寄せた「個性的」回答の数が多かったことは、真の関心と、きわめて強い文化的欲求とを示していると見るべきである（表3・22参照）。

予測どおり、絵画の人物としてあげられた政治的指導者たちの名前は、回答者の政治的帰属と対応し

表 3．22 質問 241：どんな絵や写真を飾っていますか。
政治的志向別による回答 (%)

回答カテゴリー	政治的志向												計
	社会民主党				社会主義左派	共産党				ブルジョア政党	ナチス	支持政党なし	
	1	2	3	計		1	2	3	計				
〈美術〉に関心													
1 個性的	16	20	13	17	17	4	12	–	8	18	12	24	15
2 類型的	3	3	–	2	2	–	5	–	3	3	–	–	2
人物に関心													
3 社会主義指導者	2	2	1	2	8	10	10	11	10	–	–	–	4
4 社会主義指導者と家族のもの	13	5	–	6	17	30	8	–	17	5	–	2	9
5 独裁者、将軍と家族のもの	–	1	–	+*	–	–	1	–	1	–	47	3	2
6 人物と類型的な美術に関心	40	35	57	42	28	37	47	56	43	48	35	42	41
7 飾っていない	10	8	5	8	4	7	4	11	5	4	–	6	6
8 その他	5	4	4	4	–	2	–	–	1	2	–	2	2
9 無回答	11	22	20	19	24	10	13	22	12	20	6	21	19
計	100	100	100	100	100	100	100	100	100	100	100	100	100
回答者数	61	125	76	262	45	63	78	9	150	43	17	67	584

* (+ = < 0.5%)

ていた。社会主義指導者が名ざされた二つのカテゴリー――「社会主義指導者」と「社会主義指導者と家族像」――の組み合わせは、共産党と社会主義左派において、社会民主党に比べて有意に頻度が高かった。したがって、前二者の政党の場合は、政治観が社会民主党の場合より密接に日常生活に結びついていたのである。とりわけ政党役員の場合がそうであった。共産党においても、また、程度は少ないながら社会民主党においても、社会主義指導者の肖像は、一般支持者よりも有意に多かった。ナチスの回答は、彼らの政治的志向に一致して、「独裁者、将軍、家族像」のカテゴリーに入るものが有意に多かった（四七％）。社会民主党では、「個性的」な絵をあげる人びとが共産党より有意に多かった。すなわち八％に対する一七％であった。この結果は、部分的には、社会民主主義の組織活動と教育活動において、文化的問題がより大きな役割を果たしていることで説明される。一方、共産党は経済と政治の問題を重視していた。社会民主党のホワイトカラーの場合には、中流階級の野心と立場もまた、この相違の原因となったにちがいない。

質問第二四四／四五
愛読書がありますか。それは何ですか。

本は、美学の領域の他のいかなるものにもまさって、第一級の文化財と見なされている。本は確立された文化遺産であり、学校ではとくに重点的に、注意を払うようになっている。教師の中には、この文学知識を〈教養〉の決定的な指標と見なしているものも多い。この考えは、とりわけ、学校で学んだ類型的な基準を身につけた多くの下層中流階級の人びとに行き渡っている。

教養は、人間の威信に多くかかわるものなので、質問への回答を通じて、本に対する関心を誇示しようとする衝動が、かなり強く働いた。ここで注目すべきことは、多くの人びとが、自分が〈正しい〉種類の教養を持っていることを示そうとして、昔から良書と位置づけられているような本を、愛読書としてあげていることである。しかし文化的関心は、学校で学んだ規準の世界を超えて、文学的価値を独自に判断するところまで進むことができるものである。文学に対するそのような関係は、よくある威信願望を満足させることもあるかもしれないが、この場合の書物への関心は、やはり主として、その内容にかかわっている。この場合の書物は、文学的教養の象徴としてではなく、知識を広め、考察を深めるための手段として機能する。このような二分法は、もちろん極論にすぎる。専門知識も当然〈教養〉の中に数えられるからである。しかしそれでも、全体的に見れば、一方では文学志向の読者と、他方では特殊な専門的テーマに関心のある人びととが、二つの心理学的に異なったグループを代表していると言うことができる。その二つはまた、それぞれ独自の態度によってきわだっている。これらの考察から、回答を分類するにあたっての私たちの基準ができ上がった。そこで私たちが分類の基本的視点と考えたのは、愛読書を選ぶ場合の決め手となる関心の種類であった。それに従って、まず回答者を二つの主グループに分けた。その一は、主として〈文学的〉教養に関心を持つ人びとであり、もう一つは、書物の専門的内容の方に集中する人びとであった。第一のグループにはいわゆる類型的な回答が入った。それらは、もっぱら、学校的教養によって箔をつけたいという望みを根底に持っていた。それに対して、個性的と分類された回答は、独自の関心を窺わせるもので、もとをただせばこれまた箔を望むものに違いはないにしても、文学に対する、より強い個性的な好みによって相違が明瞭であった。「個性的」と「類型

表 3.23 質問 244／45：愛読書がありますか。それは何ですか。
経済的地位別による回答 (%)

回答カテゴリー	経済的地位					計
	非熟練労働者	熟練労働者	ホワイトカラー	失業者	その他	
〈教養〉に関心						
1 個性的	6	7	18	11	22	12
2 類型的	14	11	14	7	20	12
3 個性的で類型的	6	6	5	2	2	5
〈教養〉に関心 計	26	24	37	20	44	29
社会的／政治的問題に関心						
4 マルクス主義著作	9	8	5	12	7	8
5 改良主義著作	–	2	3	–	–	2
6 社会批判小説／労働詩	11	8	11	19	3	10
7 国家主義、君主制主義、軍国主義著作	–	2	2	–	–	1
社会的／政治的問題に関心 計	20	20	21	31	10	21
8 学術的、技術的著作	3	6	8	6	12	7
9 愛読書なし	14	21	8	12	12	15
10 無回答	37	29	26	31	22	28
計	100	100	100	100	100	100
回答者数	34	264	154	90	42	584

的」という項目は、質問第三〇八の評価においても用いているが、〔たしかにポスター並みである。しかし〕私たちは冗長な文を避けるために、とくにこれらの表現を使ったのである。基本的には、これらの用語は、本の質ではなく、それぞれの回答者の本に対する関係のあり方を表わしている。もっとも、この両者が一致する場合もある。しかし、一方、相互に無関係な例が少なくとも同じように多くある。すなわち、文学の古典を例に取れば、類型的な態度から生まれた作品は、およそないはずであるのに、回答に古典をあげた多くの人びとは、古典に対して、まったく類型的な態度をとっていたのである。

「個性的」と分類された回答は、さらに、科学・技術の本に関心のカテゴリーと、社会的、あるいは政治的問題に関心のカテゴリーに分けられた。後者はまたさらに区分された。すなわち「マルクス主義著作」、「改良主義著作」、「社会批判小説と労働詩」、「国家主義著作、君主制主義著作、軍国主義著作」である。このうち「社会批判小説……」のカテゴリーに入ったのは、主として、ゾラ、アプトン・シンクレア、ジャック・ロンドン、マクシム・ゴーリキなどの小説家であった。これらの作家が回答者によって選ばれたのは、おそらく、社会問題を扱うという傾向と、現代社会をとくに批判的に描いていることとが評価されたためである（表3・23参照）。

さまざまな回答を、まず回答者の職業状況によって分類すると、とりわけ労働者とホワイトカラーの間に、意味深い相違が見られる。後者は、回答頻度が高いだけでなく、「個性的」関心の回答の率が有意に高い。すなわち、労働者と比較して、ホワイトカラーの場合は、文化的価値は有意に高い箔付けの意味を持っている。このことはまた、文学のより繊細な識別力と、より深い理解とをもたらす。その他の特徴として、さらに認められることは、失業者が、他の職業グループに比べて、社会的あるいは政治的

表 3.24　質問 244／45：愛読書がありますか。それは何ですか。
政治的志向別による回答　(%)

回答カテゴリー	政治的志向												計
	社会民主党				社会主義左派	共産党				ブルジョア政党	ナチス	支持政党なし	
	1	2	3	計		1	2	3	計				
〈教養〉に関心													
1　個性的	11	12	8	11	16	13	14	–	13	9	12	12	12
2　類型的	7	10	15	10	11	8	11	–	9	27	6	13	12
3　個性的で類型的	7	6	4	5	4	5	7	12	7	7	–	–	5
〈教養〉に関心　計	25	28	27	26	31	26	32	12	29	43	18	25	29
社会的／政治的問題に関心													
4　マルクス主義著作	11	3	5	6	7	24	9	–	14	2	12	3	8
5　改良主義著作	5	2	1	2	–	2	1	13	2	–	6	–	2
6　社会批判小説／労働詩	16	6	8	9	22	15	10	–	11	2	12	11	10
7　国家主義、君主制主義、軍国主義著作	–	–	–	–	–	–	–	–	–	7	6	5	1
社会的／政治的問題に関心　計	32·	11	14	17	29	41	20	13	27	11	36	19	21
8　学術、技術的著作	7	10	5	8	2	2	7	12	5	11	12	6	7
9　愛読者なし	10	19	18	17	7	11	24	13	19	14	11	12	15
10　無回答	26	32	36	32	31	20	17	50	20	21	23	38	28
計	100	100	100	100	100	100	100	100	100	100	100	100	100
回答者数	61	125	76	262	45	63	78	9	150	43	17	67	584

表 3.25 質問 244／45：愛読書がありますか。それは何ですか。
年齢別による回答 （%）

回答カテゴリー	年齢					計
	21 未満	21-30	31-50	51 以上	年齢無記入	
〈教養〉に関心						
1 個性的	9	13	13	4	–	12
2 類型的	3	13	10	18	34	12
3 個性的で類型的	–	5	6	4	–	5
〈教養〉に関心 計	12	31	29	26	34	29
社会的／政治的問題に関心						
4 マルクス主義著作	10	8	8	2	–	8
5 改良主義著作	3	1	2	2	–	2
6 社会批判小説／労働詩	21	14	7	2	–	10
7 国家主義、君主制主義 軍国主義著作	3	–	2	–	–	1
社会的／政治的問題に関心 計	37	23	19	6	–	21
8 学術、技術的著作	12	6	7	6	22	7
9 愛読書なし	21	12	15	32	22	15
10 無回答	18	28	30	30	22	28
計	100	100	100	100	100	100
回答者数	34	238	258	49	5	584

問題に関心を持っている率が有意に高いことである――失業者の中に共産主義者が多いことに基づく相違であろう。

政治グループ別では――「支持政党なし」を除いて――社会民主党の回答が最も少なかった。共産党の高い回答率と比べると，これは有意の相違である。それぞれの政治グループは，いくつかの理由によって，読書に対して，強さにおいても異なったさまざまな関心を示した。ブルジョア政党支持者では，〈教養〉に対する関心が支配的であった。それも「類型的」なものであって，このカテゴリーの回答が有意に高かった。これに対して，共産党，社会主義左派，ナチスは，むしろ社会や政治の問題に関心を持ち，ここでは社会民主党とブルジョア政党より高い回答率を示した。この関連は，ナチスではただ傾向的に認められるのに対して，共産党と社会主義左派では有意のものである。単なる支持者に比べて，党員は基本的に社会政治の問題に強い関心を持っていた。このことは共産党にも社会民主党にもあてはまる。注目すべき特徴は，社会問題に強い関心を持っているナチスが，「国家主義……」のカテゴリーに入る本をほとんど読まずに，現体制を左翼の立場から批判するような本を読んでいたことである。（六％対三〇％）。このことは，またもや――少なくとも当時では――反資本主義的傾向が，ナチスの同調者をふやすのに役立っていたということを明らかにしている（表3・24参照。また質問第一三五と比較のこと）。

年齢別による回答分析では，意味深い相関関係が判明した。年齢が高くなるにつれて，基本的に本に接する度合が減少している。この結果は，年長の回答者がブルジョア政党に傾いていることによって，部分的には説明される。社会政治的著作に対する最も高い関心と，〈教養〉文学に対する最も低い関心とが，最も若い年齢グループに見られた。これは，主として，社会批判的，政治的著作を読むことを奨励した社会主義青年運動の影響に帰することができるだろう（表3・25参照）。

回答カテゴリー別の回答例

(1)「ドストエフスキー。トラーヴェン〔B. Traven, 1890?-1969. 出身、生活ともに謎とされた作家。資本主義、官僚主義を攻撃する小説を書いた〕。アナトール・フランス」

「ショーペンハウアー。クラブント〔訳注。Klabund, 1890-1928. 本名A・ヘンシュケ。ドイツの詩人、小説家。ヴィヨンの後裔と自称した〕」

「『ブッデンブローク家の人びと』、『キング・コール〔訳注。原著の綴りは違っているが、炭坑のストライキを扱ったアプトン・シンクレアの小説（一九一七）と思われる〕』」

「ニーチェ、ツァラトゥストラ。トーマス・マン、『ヴェニスに死す』『無秩序と幼い悩み』」

「ビューヒナー〔訳注。Georg Büchner, 1813-37. ドイツの劇作家〕、ダントン。マセリール〔訳注。Frans Masereel, 1889-1972. ベルギーの画家、平和主義的な雑誌を刊行した〕、『人の情熱』」

(2)「古典のすべて」

「ゲーテ。シラー。シュトルム」

「ベルシェ〔訳注。Wilhelm Bölsche, 1861-1939. ドイツの作家、自然科学者〕。ハウプトマン。レーンス〔訳注。Hermann Löns, 1866-1914. ドイツの詩人・小説家。郷土芸術文学の代表者〕。フライターク〔訳注。Gustav Freytag, 1816-95. ドイツの劇作家・小説家。自由主義・市民階級を代表した〕」

「アンツェングルーバー〔訳注。Ludwig Anzengruber, 1839-89. オーストリアの劇作家・小説家。自然主義的傾向を持つ〕。ガングホーファー〔訳注。Ludwig Ganghofer, 1855-1920. ドイツの劇作家・小説家〕。ツァーン〔訳注。Ernst Zahn, 1867-1952. スイスの小説家〕」

(3)「古典文学。ただ小説やそれに類するがらくたは除く」

「カール・マルクス。ベーベル。ラッサール。エンゲルス」

(4)
「史的唯物論。経済学」

「ドイツとロシアの革命史」

「小説、ゾラ、ジャック・ロンドン、シンクレア、バルビュス。ダーウィン、マルクス、レーニン」

「社会民主主義指導者の著作」

「労働組合文献」

「ジンツハイマー〔訳注。Hugo Sinzheimer, 1875-1945. ドイツの法律学者〕、労働法」

「トラーヴェン」

(5)
「ジャック・ロンドン」

「グラトコフ〔訳注。Fëdor Vasilievich Gladkov, 1883-1958. ソヴィエトの作家。革命運動に参加した〕」

「新プロレタリア文学」

(8)
「建築の本」

「法律書」

「飛行機製造の発達に関するもの」

「自然史。宇宙。天文」

質問第三〇八／〇九

好きな芝居は何ですか。好きな映画は何ですか。

世界大戦が終わったのち、労働者層でも、たいていのホワイトカラーの間でも、芝居と映画に対する

表 3. 26　年齢別による回答欠如　(%)

	21 未満	21-30	31-50	51 以上	計
芝居	43	46	52	73	51
映画	44	39	58	79	51

強い関心がわきあがった。映画の発明、とりわけその人気の高まりが新しい現象であった一方、観劇が戦争までは富裕な上層中流階級に限られた機会であったのは、昔オペラが宮廷人のみに開かれていたのに似ていた。さらに、二つの要素が芝居と映画の鑑賞を阻害していた。すなわち映画に対しては、それが芸術ではないとする偏見があって、それには中流階級の大部分が賛成していた。映画は〈安っぽい娯楽〉と見られ、〈教養〉の分野には数えられなかった。このために、この芸術のまじめな研究は、長い間阻まれた。他方、戯曲文学は、ブルジョアの伝統をあまりにも多く背負っていたために、選ばれた者の楽しみとなってしまい、中流階級の外にいる多くの者にとっては、芝居に自発的にかかわることは困難であった。このような状況のもとで、芝居に対する新たな態度を育てるためには、とらわれない、独立した判断力が求められた。そのうえ戯曲には、確立し、一般化した判断基準があったが、映画の制作にあたっては、それは何もなかった。これらの障害が二つの質問に対する回答を困難にし、問題の回避や、決まり文句への逃避が少なくなかった。これらの要因は、ある程度までは、左翼政党や労働組合、またその文化組織の積極的な働きかけによって中和された。というのは、これらは芝居に対する興味と、部分的であるにしても映画に対する興味を普及することに努めたからである。かくして、たとえば社会民主党と――より低い程度で――共産党とが、民衆劇場運動を支持し、それによって劇場は労働者やホワイトカラーに開かれたものになろうとしたし、また関心を呼び起こしていた。しかし、これらの組織――プロレタリアのみのものもあれば、階級の入りまじったものもあっ

表 3.27　職業別による回答欠如（%）

	非熟練労働者	熟練労働者	ホワイトカラー	失業者	その他	計
芝居	64	56	42	49	45	51
映画	64	50	54	46	56	51

た――は、比較的大きな都市でのみ成長した。

回答欠如の率はいずれも五一％で、前の愛読書の質問の場合（四三％）よりも、有意に高い。このことは、当時は文学に対する関心の方が、より豊かな伝統を持ち、一般に広まっていたことを示している。さらに注意すべきことは、芝居と映画への関心が、年齢が高くなるにつれて減少していることで、それは、高年齢層で回答拒否の数値が高いことによって証明されている事実である。

この結果の部分的な説明は、劇場と映画に対する関心の高まりが、比較的日の浅いものであり、年長の世代にはほとんど及んでいなかったというところにある。愛読書を問う質問のところですでに明らかになったように、ホワイトカラーは文化に関しては、伝統的なものを、他のどの職業グループよりも多く好んだ。したがって、彼らが戯曲に関する記述を含む回答で、最も高い率を示したことは偶然ではない。そして、彼らが同時に、映画を軽視するという昔ながらの姿勢を持っていたことも、この図式に合致している。

ホワイトカラーの回答態度には、いくつかの根拠がありうる。おそらく、映画に対する興味は彼らにとってはタブーであり、それゆえに隠されなければならなかった。あるいはまた、映画については確立した批評基準がないので、まちがったことを言うのを恐れたのである。同じような関心の傾向は、「その他」のグループでも見られた。それに対して、熟練労働者と失業者は、芝居より、映画に関する質問の方に多く回答した。

政治的志向別の回答欠如の分析によって、次の図式が浮かび上がる。すなわち、社会民主党とブルジョア政党支持者に比べて、共産党はいずれの場合にも高い回答率を示した。したがって、彼らの方が高い関心を持っていることも確かである。そしてまた共産党では、芝居について問う質問より、映画についての質問を選んで回答する傾向が、社会主義左派より強かった。一方で収入分布との相関関係を見れば、この結果は共産党の低い所得に帰しうるものではなく、明らかに政治的志向そのものに基づいていることがはっきりしている。これとは逆に、ブルジョア政党とナチスの支持者たちは、芝居に強い関心を示した。このことは、彼らが中流階級に属している場合が多く、したがって伝統的な価値への積極的な姿勢を持っていることで説明できるだろう。社会民主党の大部分の場合にも、この同じ要因が働いている。彼らは民衆劇場運動によって芝居と積極的に取り組むようになったのである。他方共産党は、はっきりと映画の方を、それもとりわけロシアの作品を好んだ。これらの映画は、彼らの党の信条の正しさを劇的に立証したし、大衆に語りかける力は、比較的孤立した革命劇の試みよりもはるかに強かったのである。

愛読書についての質問の時と同じように、「芝居」を主題とした回答は、関心のあり方、すなわち、回答者がどの芝居を選んだかということと、そこに、どのような質的関連が表明されているかということに従って分類された。多くの回答者にとって、劇の左翼的な政治傾向が、決定的な選択基準となった。この種の回答は、革命的傾向のカテゴリーにまとめられた。他の回答者たちは、むしろ演劇的、文学的な価値観によって判断した。この場合には、再び類型的態度と個性的態度に区分された。この「類型的」

表 3.28　質問 308：好きな芝居は何ですか。
年齢別による回答（%）

回答カテゴリー	年齢 21 未満	21-30	31-50	51 以上	無記入	計
1 類型的	18	17	23	23	16	20
2 個性的	9	16	10	2	–	11
3 革命的傾向	24	15	7	–	17	11
4 その他	–	2	2	–	–	2
5 好きな芝居なし	6	4	6	2	17	5
6 無回答	43	46	52	73	50	51
計	100	100	100	100	100	100
回答者数	34	238	258	49	5	584

に当てはまったのは、たとえばクラシック・オペラをあげた回答である。とりわけ、ワグナーの作品、シラー、ゲーテの戯曲、あるいはまた、人気俳優、よく名をあげられた『三銃士』のようなオペレッタなどである。すべて、これらの作品は、学校時代に知ったものか、あるいは昔ながらの趣味のなごりをとどめたものなのである。これに対して「個性的」のカテゴリーには、ゲオルク・カイザー〔訳注。Georg Kaiser, 1878-1945. ドイツの劇作家。表現主義の旗手として活躍した〕、クラブント、ゲルハルト・ハウプトマン、ジョージ・バーナード・ショー、ストリンドベリのような現代作家の名をあげた回答が入った――それは、単独の場合も、古典劇と一緒の場合もあった。

革命的傾向を持つ作品が登場する回答は、年齢が上になるにつれて減少し、五十歳以上のグループでは、ついに完全に姿を消した。伝統の影響によって、年長の世代層は、基本的に当世風の舞台に大した興味を示さない。さらに注目すべきは、五十歳以上の大半が、ブルジョア政党支持者だということであった。

職業類型別による分布でも再び明らかになったことは、ホワイトカラーが、とりわけ芝居によって代表されるような、伝統的文化の要素を、最も高く評価するグループであるということであった。「その他」のグループと同じように、彼らは「類型的」と「個性的」の回答の頻度が、傾向的に労働者と失業者より高かった。反対に「革命的傾向」のカテゴリーに入れられることは少なかった。

政治的志向と関連した回答分析は、左から右へ移行するにつれて、「類型的」の態度が増加することを示している。社会主義左派と共産党よりも、ナチス、ブルジョア政党支持者、そして社会民主党において、この態度は有意に多く見られる。さらに共産党の場合は、当然役員と支持者の間に著しい相違を認

表3・29 質問308：好きな芝居は何ですか。
経済的地位別による回答（%）

回答カテゴリー	経済的地位					計
	非熟練労働者	熟練労働者	ホワイトカラー	失業者	その他	
1 類型的	6	18	25	20	26	20
2 個性的	9	10	14	9	20	11
3 革命的傾向	12	12	8	16	3	11
4 その他	3	–	3	2	6	2
5 好きな芝居なし	6	4	8	4	–	5
6 無回答	64	56	42	49	45	51
計	100	100	100	100	100	100
回答者数	34	264	154	90	42	584

表 3．30 質問 308：好きな芝居は何ですか。
政治的志向別による回答 （%）

回答カテゴリー	政治的志向												計
	社会民主党				社会主義左派	共産党				ブルジョア政党	ナチス	支持政党なし	
	1	2	3	計		1	2	3	計				
1 類型的	20	20	24	21	7	3	18	33	13	32	41	27	20
2 個性的	15	13	8	13	11	13	13	–	12	5	18	9	11
3 革命的傾向	5	10	6	7	21	25	22	11	23	–	–	2	11
4 その他	3	2	–	2	7	–	3	–	1	–	–	–	2
5 好きな芝居なし	11	4	1	5	11	2	8	11	5	2	–	4	5
6 無回答	46	51	61	52	43	57	36	45	46	61	41	58	51
計	100	100	100	100	100	100	100	100	100	100	100	100	100
回答者数	61	125	76	262	45	63	78	9	150	43	17	67	584

めることができる。支持者は、役員より類型的な回答をすることが有意に多い。社会民主党は、芝居に対する伝統的評価を、ある程度までは広範囲に継承している。「類型的」のカテゴリーのナチスとブルジョア政党における率は、社会民主党よりわずかに高い。それに対して「革命的傾向」のカテゴリーには、左翼グループの回答のみが見られた。そして、共産党と社会主義左派は、社会民主党より有意に多く見られる。最後に「個性的」回答は、すべての集団にほぼ均等に分布している。

好きな映画についての質問に対する回答は、一部分、異なった基準によって分類された。ここには、伝統の要素が、実際問題としてまったくないに等しいからである。それでも、類似するものはあった。たとえば、ロシア映画は革命的傾向を持った戯曲と比べることができる。「類型的」のカテゴリーは、映画産業が大量生産した流行の作品を全部含む。これらの映画は短命であり、その人気は、たまたま売り出している評判の俳優とか、それに類似した要因に多く依存している。このカテゴリーには、ヘニー・ポーテンやダグラス・フェアバンクスなどのスターに言及し、『愛のワルツ』、『ジャズシンガー』、『サンスーシのフルート・コンサート』などの映画名をあげた回答が入っている。これらの回答の背後にあるのは、質問第三〇八における古典的文化に対する類型的な態度ではないとしても、これらは、芝居についての質問に対して、犯罪物やオペレッタをあげた型の回答に似ている。これに対して、「個性的」な態度と言えるのは、偉大な芸術的映画作品、中でもチャップリン、ルネ・クレールの作品を名指している場合である。しかし、私たちの資料ではこれらの作品は、ほとんど例外なく、ロシア映画と一緒になっている。一連の初期ロシア映画が、芸術的内容のゆえに選ばれた――しばしば現われる『戦艦ポチョムキン』など、とくにそうであるが――という可能性はあるものの、決定基準として決め手となったのが、革命的傾向なのか芸術的な質なのか、すべての場合にはっきりさせることはできなかった。このために、この回答は全部、「ロシア映画。単独でまたは他の良質映画と」という記述的カテゴリーにまとめられた。

今度は回答を政治的志向との関連で分析すると、左翼グループは予想どおり、ブルジョア政党、ナチスの両支持者より「ロシア映画……」を有意に多くあげた。さらに左翼の中でも、これらの映画は社会民主党よりも、ラディカルな党派、すなわち共産党と社会主義左派に有意に多く支持された。「類型的」な映画では、この順序が部分的に逆になる。ナチスと社会民主党は有意に、ブルジョア政党支持者は傾向的に、これらの名をあげる頻度が共産党より高かった。ここでも役員と支持者との間には相違が見られた。社会民主党においても、共産党においても、役員は支持者より、ロシア映画を好む程度がやや強く、「類型的」の映画の名をあげることがいくぶん少なかった。

カテゴリー別の回答例

質問第三〇八（芝居）

(1)「『ローエングリン』、『カルメン』、『ミニヨン』」

「『ペール・ギュント』、『低地』〔訳注。ダルベール（E. D'Albert, 1864-1932）作のオペラ〕などのオペラ」

「オペレッタ」

「喜劇」

「『エグモント』、『ドン・カルロス』、『魔弾の射手』、『ウンディーネ』、『カルメン』、ヴェルディの歌劇」

表3．31　質問309：好きな映画は何ですか。
政治的志向別による回答　(%)

回答カテゴリー	政治的志向												計
	社会民主党				社会主義左派	共産党				ブルジョア政党	ナチス	支持政党なし	
	1	2	3	計		1	2	3	計				
1　ロシア映画、単独でまたは他の良質映画と	28	18	14	19	37	62	49	56	55	5	6	14	28
2　類型的	10	25	16	19	16	6	14	–	10	23	41	24	18
3　好きな映画なし	7	3	4	4	5	2	1	–	1	5	6	–	3
4　無回答	55	54	66	58	42	30	36	44	34	67	47	62	51
計	100	100	100	100	100	100	100	100	100	100	100	100	100
回答者数	61	125	76	262	45	63	78	9	150	43	17	67	584

(2)「ハウプトマン。モルナール〔訳注。Ferenc Molnár, 1878-1952. ハンガリーの劇作家・小説家〕。ショー。ストリンドベリ」
「シュニッツラー、カイザー」
(3)「ブレヒト、『乞食オペラ』、トラー〔訳注。Ernst Toller, 1893-1939.ドイツの表現主義作家。『どっこいおいらは生きている』の作者〕『どっこいおいらは生きている』、『ラスプーチン』、『第二一八条』」
「『カッタロの水兵』」
「『第二一八条』、『サッコとヴァンゼッティ』、『マホガニー』（ブレヒト）。」

質問第三〇九（映画）
(1)「ロシア映画、チャップリン」
「『戦艦ポチョムキン』、『アジアの嵐』」
「エイゼンシュテインとチャップリン」
「ロシア映画、『パリの屋根の下』」
(2)「ダグラス・フェアバンクス」
「『ベン・ハー』」
「『ジャズシンガー』、『シンギング・フール』」

質問第三三八
ジャズは好きですか。

他の質問の場合と同じように、ジャズ音楽に対する反応も、個人的な趣味と芸術的基準とによってのみ決定されているのではなく、少なくとも、音楽的価値に対する態度と同じ程度には、思想的要因を反映していた。ジャズに対して、広く行き渡っている批判は、概して「魂がない」、「放縦」、「不道徳」、「異様」、「黒人音楽」、「デカダン」、「非ドイツ的」というような意見を含んでいた。厳しい性道徳の信奉者たちの場合には何よりもジャズの持つエロチックな刺激的要因が、最も激しい拒否反応を引き起こしたにちがいない。この拒否反応は、一つには、多くの人が表向きには嫌悪感を表明しながら、無意識的にはジャズに惹かれるのを自覚していたためにいっそう強められたのである。感傷的でロマンチックな音楽の愛好者は、ジャズの異国風な性格と鋭いシンコペーションが彼らの音楽感覚を傷つけるゆえに、それらを攻撃した。

ジャズ音楽の支持者は、おおむね下層中流階級に属し、流行に乗って〈時代とともにある〉ことを望む人びと、あるいは自分たちは特別だと思っている人びとであった。ジャズは、クルト・ワイルやハンス・アイスラーのような作曲家の仕事によって労働者層に人気を得、政治的な歌に応用された。反動的な人びとがジャズに与えた厳しい評価は、左翼の労働者集団の中に、ジャズ愛好者の数の増大をもたらしたが、それはまた、ジャズの中に音楽の表現能力の新しい次元を認めた人たちによっても、もたらされたのである（表3・32参照）。

回答者の四〇％はジャズに肯定的であった。五〇％は否定的で、一〇％は回答しなかった。明らかな相関関係が、とりわけ年齢との関連による回答分析に現われた。三十歳以上では有意に頻度の高い否定的回答と、有意に低い肯定的回答があった。その主たる原因は、従来のワルツ調やオペレッタの感傷的

表 3 . 32　質問 338：ジャズは好きですか。
年齢別による回答　(%)

回答カテゴリー	年齢					計
	21 未満	21-30	31-50	51 以上	年齢無記入	
1　はい	41	45	26	20	40	34
2　はい、留保付き	3	8	5	2	–	6
3　いいえ	35	38	59	66	40	50
4　無回答	21	9	10	12	20	10
計	100	100	100	100	100	100
回答者数	34	238	258	49	5	584

な歌で育った年代が、新しい様式をほとんど理解することができない点にあると思われる。
政治類型別の回答分布によれば、社会民主党とブルジョア政党に比べて、共産党は肯定的回答をすることが有意に多く、否定的に回答することが有意に少なかった。この場合、回答者の年齢をもう一度分析してみると、この相違は年齢の違いとの重なりはないことがわかった。党が公式に忌避したにもかかわらず、ナチスのジャズ賛成論者の率は共産党と同じくらい大きかったが、私たちの標本のナチスの数が少ないので、他政党に比してのこの違いを有効と見なすわけにはいかない。

質問第三二三／二四
このごろの女性ファッション（たとえば、ショートスカート、絹のストッキング）は好ましいと思いますか。断髪は好ましいと思いますか。

私たちの調査当時、ショートスカート、絹のストッキング、断髪が広まっていて、大多数の国民に受け入れられていた。ファッション面のこの現象は、一般的な女性解放運動と関連していた。ここで銘記すべきことは、社会的地位と性規範におけるより大きな自由であり、さらには、女性のスポーツへの参加の増加や徐々に増大しつつあった活動の自由である。二〇年代のファッションは、それ以前とそれ以後に比べて、その方向が多くの点で異なっていた。男と女の従来の違いは、年長の女性と若い女性との間の違いと同じように、しばしば消滅した。総じて、個人の役割の相違と、それに伴っていた旧来の考え方が、放棄されることになったのである。この態度が最も明らかに表われていたのが断髪であった。スカート丈はそれほどでもなく、絹のストッキングには、ほとんど表われていなかった。そのうえ、これは、多くの人にとって、手の届かないぜいたくを象徴するものであった。

全体として回答についての私たちの関心は、ある一つのファッションに対する審美的な態度よりも、それに結びついている価値観に対する回答者の態度にあった。形に表われたファッション自体は、一般価値観とは無関係に広く受け入れられ、ごくありきたりのものと見なされたから、単なる賛成だけでは、進歩的な態度のしるしとして評価することは無理であった。しかし他方、根本的に忌避する態度が、進歩的立場に対する拒否を意味し、上品ぶり、またはそれに類似の態度の表われと解釈しえたことは、否定できない。

両質問とも、回答率は高かった。女性ファッションについての質問では九三%、断髪では九五%であった。いずれの場合も、回答者の大半は賛成であった。すなわち、第一の質問では七八%、第二の質問では八一%であった。絹のストッキングのみが忌避される例がいくつかあったが、これらの回答もあわせて、肯定グループに数えた。これらの回答が、女性に対する進歩的あるいは保守的な態度を反映しているのではなく、むしろぜいたくに対する反撥であると考えられたからである。同じように賛成の回答に数えられた二つの事例では、ショートスカートにのみ異議が唱えられた（表3・33参照）。

職業グループとの関連における回答分析は、ファッションについての質問の場合、失業者の四六%が、当時の女性ファッションを容認していることを示した。この割合は、他のどのグループより小さく、ともに六一%に達した熟練労働者とホワイトカラーより有意に低いものであった。反対に、このグループの否定的回答はかなり高かった。熟練労働者が八%、ホワイトカラーが九%であるのに対して、失業者の一八%が女性ファッションに反対を表明した。

表 3．33 質問 323：このごろの女性ファッションは好ましいと思いますか。
年齢別による回答　(%)

回答カテゴリー	年齢					計
	21 未満	21-30	31-50	51 以上	年齢無記入	
はい						
1　限定なし	56	61	61	46	50	59
2　絹のストッキングに反対	3	8	8	13	8	8
3　ショートスカートに反対	–	–	–	1	–	+*
4　他の限定付き	3	13	15	6	11	11
はい　計	62	82	84	66	69	78
5　いいえ	15	8	9	18	20	11
6　その他（意味不明、質問に反発）	–	3	1	8	3	3
7　無回答	23	7	6	8	8	8
計	100	100	100	100	100	100
回答者数	34	264	154	90	42	584

* (+ = < 0.5%)

これとは対照的に、断髪についての質問に対しては、否定的回答の頻度が、他の職業集団より多くはなかった。したがって、質問第三二三に対する否定的態度は、調査の対象となった〈ファッション〉に対する抵抗と解釈される。失業者にとっては、ファッションとは、ほとんどがぜいたくであり、自分の経済状態を考えれば、根本的に拒絶すべきものであった。このような反対姿勢は、とりわけ絹のストッキングについての質問に表われた。これは失業者側からの批判を最も多く受けた。それぞれの政治的志向と回答との相関関係では、両方の質問で同じような相違があった（表3・34参照）。

右翼とは反対に、左翼政党の支持者は、いずれの質問でも、有意に多い「はい」と有意に少ない「いいえ」の回答をした。絹のストッキングがこのグループによって否定されたのは、おそらく、断髪とショートスカートが女性の地位に対する進歩的態度の象徴であるのに対して、それがぜいたく品とされたからである（表3・35、3・36参照）。

年齢の点では、全体として統計的に意味のある相違は認められなかった。一つの例外として注目すべきことは、断髪についての質問の場合である。ここでは、年齢に応じて減少する賛成と増加する反対という有意の傾向が示された。性別の相違によって回答を分析すると、女性の方が男性より現代のファッションを否定することが多いという結果になっている。このことは、最新のファッションで装いたいという女性的欲望が、この場合は、イデオロギーその他の考慮によって隠されていたことを示唆している。

カテゴリー別の回答例

質問第三二三

表 3．34　質問 324：断髪は好ましいと思いますか。
経済的地位別による回答　(%)

回答カテゴリー	経済的地位					計
	非熟練労働者	熟練労働者	ホワイトカラー	失業者	その他	
1　はい	79	84	78	82	72	81
2　いいえ	12	8	14	14	12	11
3　その他（意味不明、質問に反発）	–	2	3	4	13	3
4　無回答	9	6	5	–	3	5
計	100	100	100	100	100	100
回答者数	34	264	154	90	42	584

表 3.35 質問 323：このごろの女性ファッションは好ましいと思いますか。
政治的志向別による回答 (%)

回答カテゴリー	政治的志向												計
	社会民主党				社会主義左派	共産党				ブルジョア政党	ナチス	支持政党なし	
	1	2	3	計		1	2	3	計				
はい													
1 限定なし	61	57	62	58	63	76	59	56	67	42	53	42	59
2 絹のストッキングに反対	11	9	13	11	9	9	11	22	11	–	–	1	8
3 ショートスカートに反対	–	–	–	–	–	–	–	–	–	–	–	3	+*
4 他の限定付き	15	14	10	13	14	5	5	11	5	14	12	15	11
はい　計	87	80	85	82	86	90	75	89	83	56	65	51	78
5 いいえ	3	11	7	8	5	–	12	–	6	40	29	16	11
6 その他	2	2	–	2	2	5	5	11	5	2	–	4	3
7 無回答	8	7	8	8	7	5	8	–	6	2	6	19	8
計	100	100	100	100	100	100	100	100	100	100	100	100	100
回答者数	61	125	76	262	45	63	78	9	150	43	17	67	584

*(+ = ＜0.5%)

表 3.36 質問 324：断髪は好ましいと思いますか。
政治的志向別による回答 （%）

回答カテゴリー	政治的志向												計
	社会民主党				社会主義左派	共産党				ブルジョア政党	ナチス	支持政党なし	
	1	2	3	計		1	2	3	計				
1 はい	93	82	82	84	91	100	87	89	93	56	59	57	61
2 いいえ	2	11	9	8	2	–	5	11	3	37	29	22	11
3 その他	2	2	4	3	5	–	5	–	3	–	6	6	3
4 無回答	3	5	5	5	2	–	3	–	1	7	6	15	5
計	100	100	100	100	100	100	100	100	100	100	100	100	100
回答者数	61	125	76	262	45	63	78	9	150	43	17	67	584

このごろの女性ファッションは好ましいと思いますか。

(1)「よい。実用的である」
「もちろん」

「好みの問題ではない、実用的である」

「はい、しかし、色気があるからではなく、衛生的だから」

「私は上品ぶりではない」

「ショートスカート、よろしい。絹のストッキング、よろしい。ショートスカートは女性の体つきをはっきり見せる（足の形）。よき選択のためには必要である。よい足の形はすなわちよく発達した骨盤を意味する」

(4)「何ごともほどが大切」
「はい、ふくらはぎまでならば。動きが自由だし、ほこりを巻き上げることもない」

「ファッションとしての魅力はないが、実用的である」

「はい、健康をそこなわないかぎりは」

「夏、快適。冬、流感」

「もう少し長くてもいいのでは」

「度をすぎればだめ」

(5)「きらいだ」
「みっともない」

(6)「個人的な意見の問題である」
「だれでも自分の好きなように装うべきである」

「特定のファッションについて答えることはできるが，このように一般的な質問には答えられない」

「蓼喰う虫も……。いずれにせよ，今日のファッションは女性にとっていっそう快適であり，衛生的である」

「この問題に好ききらいを言うことはできない」

「趣味の問題」

「難しい。今日短くて明日は長く，来年は何も着ていないのかもしれないのだから」

「こういうことは気にしない」

質問第三二四　断髪は好ましいと思いますか。
(1)「断髪，きちんと手入れがしてあれば，とても格好がいい」
「はい，個人の趣味を生かす余地が多くなる」

「はい，〈断髪〉は〈古きよき時代〉からの進歩である」
(2)「いいえ，長い髪は女性の最も美しい飾りである。これがなくなれば，みな案山子のようになってしまう」
「いいえ，女性は自然の与えたもので，身を装わなければならない」

「いいえ，男性的な髪は，永遠の女性の頭にあっては，冗談にもならない」

「いいえ、この種の不自然さは、わが国の婦人や娘たちの素朴で美しいものを、あまりにも多く破壊する」

質問第三二五

女性が、白粉、香水、口紅を使うことは好ましいと思いますか。

白粉と口紅は、ショートスカート、断髪とおよそ同じ時期に、ドイツで一般的になったが、たとえばアメリカ合衆国でのように、広く受け入れられたことは一度もなかった。化粧品は、最初は都会の中、上流階級で用いられ、その後労働者層の一部も使うようになった。しかし、化粧をすることは、ショートスカートや断髪とは対照的に、女性解放の象徴とはならなかった。

化粧品の使用には、さまざまの理由で否定的な回答があった。その一つに、それが不道徳で非ドイツ的であり、さらにまた、ちゃんとした婦人にふさわしくないものであるという非難があった。そのような道徳的、愛国主義的主張は、時には——弱められた形ではあるが——ショートスカートと断髪にも向けられた。それは主として、反動的で国家主義的な人びとによってであった。また一方では、化粧品は、非衛生的で非スポーツ的である、あるいはブルジョア的退廃のしるしである、として否定された。この場合は、化粧の不道徳な面ではなく、その不自然な面が攻撃されているが、それぞれの〈自然のまま〉の定義には、無意識のうちにほとんどみな強い道徳的要素が入りこんでいた。理由は異なるにせよ、化粧品に対する拒絶的態度はすべての層を貫いていた。ここではブルジョアや国家主義者たちが階級意識の強い労働者の多くの部分と一つになっていたし、同じように、青年運動やスポーツ振興運動の関係者たちも、国家主義志向であるか、社会主義志向であるかとは無関係に、広範囲に一致した考えを述べた。この異常に強固な否定は、攻撃的なイデオロギーの表われとのみ評価されたわけではない。時にはののしりとも思える悪口の中には、深い個人的な嫌悪がひそんでいることがあるのである。全体的に激しかった反応は、化粧品のような一見周辺的な問題の背後に、いかに大きな情緒性が隠されうるかを示している。ここにはまた、政治的な宣伝家たちのための踏台がある。彼らはしばしばこういう要素をさらに挑発して、それによって引き起こされた反応を、自分たちの目的のために利用するのである。

回答者の意見を求めた三つの対象——白粉、香水、口紅——に対する攻撃の程度は、もちろん同じではなかった。口紅に対する非難が圧倒的に多く、二番目が白粉であった。これに対して、香水はほとんど同じカテゴリーに入らないほどであった。一つには、香水は白粉と口紅が登場するずっと以前から、長く使われていたし、そのうえ、化粧に反対して持ち出された議論が、そのままでは香水に当てはまりにくいということもあった。したがって、香水に対しては肯定的であったり、白粉と口紅を「たまに」使うという回答者も、「いいえグループ」に分類された。

とくに問題となったのは、化粧品の使用は顔の表情を仮面のようにするという、少なからずあげられた理由であった。この場合、その回答者が、仮面は本当の顔を隠してしまうと考えているのか、あるいは、無表情を批判しているのか、どちらかわからないことが多かった。最初の方なら、回答は、いいえ、非道徳的で人工的で欺瞞だに分類されるべきであろうし、二番目なら、そうではなくて、いいえ、気持ち悪く反感を覚える……になるであろう。あとの方の場合が圧倒的に多いと思えたので、すべての回答は第二のカテゴリーに入れられた。

表 3．37　質問 325：女性が、白粉、香水、口紅を使うことは好ましいと思いますか。
年齢別による回答　(%)

回答カテゴリー	年齢					計
	21 未満	21–30	31–50	51 以上	年齢無記入	
はい						
1　注釈付きもしくは注釈なし	–	1	5	2	11	3
2　限定付き	3	3	12	19	16	7
はい　計	3	4	17	11	27	10
いいえ						
3　注釈なし	11	19	20	14	13	18
4　不道徳、外面的、欺瞞的	11	10	14	12	16	12
5　不自然	32	36	26	38	27	33
6　非衛生的	11	5	5	11	3	6
7　不必要、余計、浪費	3	5	6	3	3	5
8　ブルジョア的過ぎる	6	3	–	1	3	2
9　醜い、不快、笑止	11	11	6	7	5	8
いいえ　計	85	89	77	86	70	84
10　その他（回避、質問に反発）	–	–	3	1	–	1
11　無回答	12	7	3	2	3	5
計	100	100	100	100	100	100
回答者数	34	264	154	90	42	584

表 3．38 質問 325：女性が、白粉、香水、口紅を使うことは好ましいと思いますか。
政治的志向別による回答 （%）

* (+ = ＜0.5%)

回答カテゴリー	政治的志向												計
	社会民主党				社会主義左派	共産党				ブルジョア政党	ナチス	支持政党なし	
	1	2	3	計		1	2	3	計				
はい													
1 注釈付きもしくは注釈なし	3	2	–	2	–	3	5	12	5	–	9	3	3
2 限定付き	5	9	3	6	16	8	5	–	6	12	5	10	7
はい　計	8	11	3	8	16	11	10	12	11	12	14	13	10
いいえ													
3 注釈なし	23	24	20	23	11	11	11	13	11	12	18	16	18
4 不道徳、外面的、欺瞞的	13	10	3	9	9	6	17	12	12	35	26	10	12
5 不自然	29	32	37	33	38	29	35	38	33	35	26	35	33
6 非衛生的	8	5	7	6	13	9	5	13	7	–	–	4	6
7 不必要、余計、浪費	7	3	8	5	2	1	7	–	4	–	9	3	5
8 ブルジョア的過ぎる	–	1	–	+*	2	9	4	–	6	–	–	–	2
9 醜い、不快、笑止	5	10	12	10	7	14	7	12	10	6	5	4	8
いいえ　計	85	85	87	86	82	79	86	88	83	88	84	72	84
10 その他	2	–	2	1	–	5	–	–	2	–	–	–	1
11 無回答	5	4	8	5	2	5	4	–	4	–	2	15	5
計	100	100	100	100	100	100	100	100	100	100	100	100	100
回答者数	61	125	76	262	45	63	78	9	150	17	43	67	584

調査協力者のうちごくわずかのみ、すなわち五％が、この質問に無回答であった。このような高い回答率は、単にこの質問に対する一般の関心によるものとすべきではない。多くの政治的、個人的質問とは正反対に、回答者に、この問題に対して自分の意見を表明する際の障壁が、ほとんどなかったからである。否定の回答の割合は、全部で八四％を占めた。それに対して賛成はわずか一〇％であった。全回答の三三％を集めた最大の下位カテゴリーは、化粧が〈不自然であること〉を論拠としていた。一二％を占めた二番目に大きいグループは、正面から道徳的な異議を根拠にしていた。

回答と性別の相関関係が示すところでは、化粧品の使用は男性よりも女性によって有意に多く肯定された。この結果を数字で言えば、九％対二七％になる——これは女性ファッションと断髪に対する態度とは、相反する結果であった。化粧とは違って、衣裳と髪型に対する判断は、それに結びついているイデオロギーによって決定された。男性は一般に女性より進歩的であって、断髪とショートスカートを肯定する傾向があった。それに対して女性の場合は、白粉や口紅の使用でもっと美しく、魅力的になることができるという希望が、たぶんイデオロギーの原理を大きく上回ったのである。最後に回答者の年齢を観察すると、これは質問第三二三（女性ファッション）の場合と同じように、回答にごく些細な影響しか与えていないようである。

カテゴリー別の回答例

(1)「はい、私は人生を愛している。醜い顔よりはメークアップした顔の方がよい（老婦人を除いて）」
「はい、当然」

(2)
「ほどを守っていれば」

「白粉は皮膚の荒れを防ぐ。香水は、控え目に用いるなら、体臭を隠し美容のためになくてはならぬものである。いつも風呂に入れるとはかぎらないから。口紅は汚れるから反対」

「はい、女性の多くは、欠点を隠すために必要とする」

「はい、それが必要な女性は使ってよいが、夫をいやがらせないように十分注意して使うべきである。妻はつねに夫に対してのみ魅力的でなければならない」

(3)
「香水その他、ごみ箱行き」

「いいえ、説明不要」

「いいえ、私は決してピューリタンではないが、今の女性はやりすぎだと確信する」

「いいえ、個人的偏見から」

(4)
「売笑婦のようだ」

「いいえ、しっかりと精神力を持っていれば、だれでもそんな不自然でうしろぐらい行為は嫌悪せざるをえない。ともあれ私たちは役者ではない」

「いいえ、ここにあがっている品物は、うわべだけのもので、情欲に訴えるのみである。およそ女性は精神によって男性をひきつけなければならない」

「いいえ、それは、職業上必要としている女性だけのものにしておくべきである」

「いいえ、それらはいつわりである。欠点をおおい隠し、そのことが結婚生活を傷つけることになるからである。第二に、不健康である」

「私は真実のみを好む」

「顔はショーウィンドーではない」

「いいえ、美的でなく、有害で、誘惑的で、いつわりである」

「自然に代わる手だてはない」

「いいえ、人工的な化粧品の使用はどれも欺瞞である。理性的な生き方と健全な食事の方が、女性の美しさのためによい」

「いいえ、これらはもちろんドイツ的ではない。フランス、イタリア、スペイン、そしてとりわけユダヤの女性たちにとっては、不快な体臭を隠すために、よいものだろう」

「いいえ、妻や母親にふさわしくない」

「いいえ、ドイツ女性の価値は彼女自身に存する。未開部族の顔化粧は必要としない」
(5)
「それは人の姿をそこなうから、人間は自分のあるがままを示すべきである。魅力的になろうとして漫画になってはならない」

「いいえ、女性はみな、自然を基にして自分の美しさを作ろうと努めなければならない」

「いいえ、娘であっても結婚していても、自然の美しさにゆだねるべきであって、顔を塗りたてるべきではない」

「いいえ、美しさは付け加えることも描くこともできない。心の奥にひそんでいるものである。それに、このような方法は資本主義が発明したものである」

「いいえ、不自然で胸が悪くなる。おそらくこれは、原始時代のなごりか、その当時の虚栄への逆戻りかであろう」

「いいえ、白粉や香水や口紅を用いる女性は、男性の妻となる資格はない。自然に反し、人を不快にするものである」

「そのようなものは軽蔑する。妻は自然を改良する必要はない。夫を持つという目的は達せられているのだから」

「いいえ、それは性にのみ訴え、人間的で精神的な関係の自然性を破壊する。なぜ自然のままでいけないのか」

(6)「不必要で有害。皮膚を毒し、塗りつぶすだけである」

「いいえ、洗いたての顔は、白粉やメークアップでおおった顔より衛生的である」

(7)「女の子は清潔できちんとした身なりをしていれば十分であると思う。白粉その他は時間と金の浪費であり、かつ非衛生的である」

「いいえ、女性が理性的な生活をし、何かスポーツをたしなみ、小ざっぱりした身なりでよく身体に気をつけていれば、そのようなものは必要としない」

「いいえ、身体をきれいに洗っている娘には、そんなばかげたものはいらない。香水はたいてい、体臭を隠すために用いるだけである」

「いいえ、美しい女性は、魅力的になるために小手先の助けを借りない」

「いいえ、わが国民的健康の無益な浪費である」

(8)「労働者階級の女性はそれを必要としないし、ブルジョアジーの習慣をまねる必要もない。女性は人工的なものを身につけていない時にのみ魅力的である」

「いいえ、それは上流階級がするものである。労働者はそんなものがなくても十分美しい」

「いいえ、私はこの種の顔塗りに激しい嫌悪感を持っている。労働者階級の女性にはそのような余裕はない。これは事実上、階級対立の象徴なのである」

「いいえ、女性は自分に必要な美しさをすべて持っている。それにこれは、女性を仕事から引き離そうとする、ブルジョア的愚行である。プロレタリアがプロレタリアであることを誇りとしたいならば、これは恥ずべきことである」
(9)「いいえ、身ぶるいがする」
「いいえ、そのようなわざとらしいメークアップをした女性たちには不快感を覚える。ただ男たちを刺激するためにやっているのだ」
(10)「妻と同志の女性たち（左翼グループ）の好みにまかせている」
「女性の大多数は、繊細さと正しい感覚とを十分に持っている。このことで男たちは彼女たちに学ぶだけである」

(d)妻と子供に対する態度

〔それぞれの質問を分析するに当たって、私たちがとくに関心を持った第四番目の点は、権威と家庭と性の問題領域であった。これについては、たとえば次の質問に対する回答が対象になった。

質問第三二六／二七／二八　女性が職に就くのは正しいことだと思いますか。結婚していてもですか。どうしてですか（どうしていけませんか）。
質問第六二一／二二　まったく体罰なしに子供を教育できると思いますか。その理由は。
質問第六二四　あなたと奥さんは性生活（出産、生殖、性病）について子供を早くから教育することをどう思いますか。
質問第四二五　中絶罪をどう思いますか。

私たちの理論的推測によれば、現代の社会において、家庭こそ権威主義の傾向が最も早く、かつ最も直接的に見られる社会的場所を代表している。そこから出発して、最初の二つの質問に対する回答は家父長制的関係と非家父長制的関係の広がりを解明するために用いられた。あとの二つの質問では、それに付随する観点、すなわち性に対する態度が主題となった。いずれの場合においても、やはり態度と政治的志向とのかかわりをとくに調べるはずであるが、これまでの章と同じように、今回も、第一の目的は統計的に明確な立証ではなく、相関関係と傾向についての可能性を探り出すことである。」

質問第三二六／二七／二八
女性が職に就くのは正しいことだと思いますか。結婚していてもですか。どうしてですか（どうしていけませんか）。

マルクス、エンゲルス以来、男女同権の問題は、社会主義思想においてつねに特別の役割をになってきた。すなわちエンゲルスは、早くからモーガンとバッハオーフェンの母権社会研究の最も重要な点を指摘し、家族と所有の起源に関する著作の中で、何度もその重要性を強調した（E・フロム、一九三四a参照）。男女同権に対する肯定的姿勢のもう一つの例は、アウグスト・ベーベルの論文『女性と社会主義』（一八七八）である。ドイツの社会主義文献の中で、最もよく読まれたものの一つである本書においては、女性の完全な解放が社会主義の最も重要な目的の一つであると宣言されている。

女性の同権と自由を要求することは、社会主義哲学の反権威主義志向と完全に一致する。それは、政治的にも経済的にも、なんぴとも他人の権力に服従させられてはならないと、繰り返し強調している。したがって、女性は男性に対して、いかなる意味でも、下位であるとか、生物学的に劣っているとか見なされることはない。彼女たちの〈弱さ〉は、むしろ何世紀にも及ぶ抑圧に根ざしているのであって、経済的自立に基づく完全な平等と自由によって、解消できるはずなのである。しかしながら、私たちの資料の回答を分析したところでは、社会主義者と共産主義者の大多数は、彼らの党のイデオロギーのこの基本的前提と同意見ではないことがはっきりした。このような姿勢は経済的、また心理的要因によるものである。

まず、経済の面に限って見ると、多くの労働者は私たちの調査の段階で、失業の恐れ、あるいは現実の失業に直面していたので、女性たちを危険な競争相手と見なしていたにちがいない。もっとも、現実の経済的圧迫から離れた将来の社会主義社会においては、女性の経済的同権の可能性を十分信じてはいたのである。これを背景にして、社会民主党は——おそらく、そのような配慮から——女性問題に対して、公式的には実際の哲学的基本信条から考えられるよりは、ずっとゆるやかな立場をとったのであった。

一方で、回答動向は、心理的要因をも同じように色濃く反映していると言えた。というのは、多くの男性の性格に、本質的に権威主義的な特徴が見られるからである。こういう人びとの心の底にあるのは、自分より弱く、自分に服従し、賛美する人間を意のままにしたいという、ひそかな欲求である。その望みは、女性の従属によって満たされる。疑いもなく、多くの労働者は、政治的には反権威主義的な態度をとった時にも、その性格においては、依然として権威主義的であった。このことは、権威主義的な性格構造自体が歴史の産物である以上、驚くにはあたらない。私たちの調査の時期、すなわち一九二九年には、権威主義的性格は、まず下層中流階級に最も純粋で最も極端な形で見られたが、労働者においてもしばしば見いだされた。家庭の機能の変化も、また、とくに大企業に顕著な労働者の上司に対する伝統的個人関係の崩壊も、徐々に権威に対する態度の変化をもたらした。同時に、同僚労働者との連帯感が育ちつつあったが、とりわけ社会における個人の無力感によって、妻と子供の服従が容易に無視できない重要な代償機能をになうようになった。

以上に概略した理論的考察に基づいて、私たちは、回答から、権威主義的態度のより正確な構造を解明する重要な手がかりを得ようと望んだ。目立って少ない回答拒否の数は、私たちの質問が総じて大きな関心をひいていることを示している。すなわち対象者のほとんどが明確な意見を形成していて、それを率直に述べた。ところで、質問第三二六に対する回答を、それに続く第三二七と第三二八に対する回答と比べてみると、顕著な違いが見られる。このことから、女性の職についての私たちの一般的な質問が、決して決定的なものではなかったという結論が生まれる。というのは、この場合は、多くの回答者にとって、自分の党の哲学的立場と、自分自身の感情とを妥協させることが可能だったからである。彼らは、女性が結婚するまでは働いてもよいが、結婚後は、夫や子供たちの世話をしなければならない、という見解を表明しているのである。したがって、私たちは女性のいかなる種類の独立をもはっきりと否定する人びとのみを、第一の質問に「いいえ」と答えたことにした。実際には、回答者の六七%が独身女性が職を持つことに賛成の意を表わしたものの、次の結婚女性に関する質問にも「はい」と答えたのは、二九%だけであった。

年齢、職業、収入という要因を見てみると、これらは、質問第三二六では何ら明確に決定的影響を回答動向に及ぼさなかったようである。また同じく、職に就いている人びとと失業者との間にも、決定的な違いは見られない。というのは、後者は女性の職について、一般に前者と同じように判断し、結婚した女性に関しては、むしろ否定の態度が少ない。この傾向からすると、本来失業者に大きな意味を持っているはずの経済競争が、決定的な作用をしていないという結論になるようである。

これに対して、回答者の政治的志向によって分けると、違った結果が現われる。ここでは、右翼政党と左翼政党の間に一般的な有意の相違が見られる。すなわち、左翼では賛成の回答が六六%から九三%に達し、ブルジョア政党とナチスの支持派は、それぞれ三八%と二九%で、顕著に低い値を示している。左翼の分布範囲の中では、社会民主党は少しだけ共産党の下位にあるが、社会主義左派においては、肯定的回答が有意に高率の割合を示している。これは、ここでもまた、彼らが他の左翼政党よりも、首尾一貫して社会主義思想を個人の人生にあてはめていることの表われである。一方で、目盛りの反対の端にはナチスの支持者が位置している。彼らの肯定的回答は、わずか二九%で、きわめて家父長的で権威

表3．39 質問326：女性が職に就くのは正しいことだ思いますか。
政治的志向別による回答 （%）

回答カテゴリー	政治的志向												計
	社会民主党				社会主義左派	共産党				ブルジョア政党	ナチス	支持政党なし	
	1	2	3	計		1	2	3	計				
1 はい	77	64	60	66	93	87	62	67	73	38	29	64	67
2 はい、必要なら	3	4	4	4	–	–	–	11	1	6	6	5	3
3 いいえ	15	26	28	24	5	10	36	22	23	53	65	28	26
4 無回答または意味不明	5	6	8	6	2	3	2	–	3	3	–	3	4
計	100	100	100	100	100	100	100	100	100	100	100	100	100
回答者数	61	125	76	262	45	63	78	9	150	43	17	67	584

表 3．40　質問 327／28：結婚している女性が職に就くのは正しいことだと思いますか。どうしてですか（どうしていけませんか）。
政治的志向別による回答　（%）

回答カテゴリー	政治的志向												計
	社会民主党				社会主義左派	共産党				ブルジョア政党	ナチス	支持政党なし	
	1	2	3	計		1	2	3	計				
はい													
1　注釈なし	3	4	8	5	7	15	4	20	9	–	–	1	5
2　自主的、自覚的	15	5	5	7	23	42	18	–	27	–	5	6	13
はい　計	18	9	13	12	30	57	22	20	36	–	5	7	18
3　条件付き回答	14	11	10	13	15	7	10	10	9	–	6	6	10
いいえ													
4　注釈なし	2	10	7	7	2	2	9	10	6	12	6	4	6
5　女性の本性に反する	–	–	2	–	–	–	1	–	1	7	–	2	1
6　家庭に十分な仕事	31	42	32	36	18	24	32	20	28	40	44	44	35
7　男性に不利益	20	18	25	20	20	5	14	30	11	24	11	23	18
8　一家庭二給料袋に反対	10	7	7	8	9	–	8	–	4	17	28	10	8
9　他の注釈	–	–	–	–	2	–	1	–	1	–	–	1	+*
いいえ　計	63	77	73	71	51	31	65	60	51	100	89	84	68
10　無回答	5	3	4	4	4	5	3	10	4	–	–	3	4
計	100	100	100	100	100	100	100	100	100	100	100	100	100
回答者数	61	125	76	262	45	63	78	9	150	43	17	67	584

*(+ = ＜0.5%)

主義的な態度を証言している（表3・39参照）。

　これらの結果は、それぞれに対応する否定的意見の分析によっても裏書きされる。社会民主党と共産党は二四％と二三％で、ほぼ同じ数値になっているが、ブルジョア政党とナチスの支持者は有意に高かった（五三％と六五％）。そして社会主義左派はわずか五％で、最も低い割合を示した。この点に関してとりわけ注目されるのは、共産党の立場であった。共産党の公式の肯定的態度にもかかわらず、支持者の二三％も女性が職を持つことに反対し、しかもその点で何ら妥協する態度を見せていないことは、驚くべきことである。もちろんこの結果は、役員と単なる支持者との相違を考慮に入れると、相対的なものとなる。なぜなら、前者はどの場合にも後者より「はい」と回答することが多く、しかもその違いは、各党間の違いより大きかったのである（表3・40参照）。

　質問第三二七／二八の分析に進むと、予想されるように、違った様相が現われる……〔政治的グループごとの絶対的位置も、相対的位置も変化するが〕、社会民主党の立場は右翼政党に近くなった。〔否定的回答の割合では、まだはっきりとブルジョア政党とナチスの支持者の数値より低いが、社会主義左派と共産党の数値の低さには、まったく及ばなかった。〕この両者は、他のどのグループと比較しても、有意に多い「はい」と有意に少ない「いいえ」の回答をしている。（……）したがって、質問第三二六と三二七／二八のそれぞれ違った結果によって確認されたことは、結婚している女性の職について

表 3.41　母親の職業と回答　（％）

	質問 326		質問 327／28	
回答	母親職業あり	母親職業なし	母親職業あり	母親職業なし
はい	72	63	17	11
いいえ	23	29	63	73

の質問こそ、女性自立の問題に対する感情的態度の決定的なテストであるという仮説であった。

分析を進めるにあたって、さらに知りたいと考えたことは、回答が回答者の家族状況や、たまたま母親が職を持っていることによって影響されているかどうかということであった。〔後者の要素の調査では、表3・41の結果を得た。

表によって明らかなように、いずれの質問の場合にも、母親が職を持っていることが、賛成の回答率を高めている。この正の関係は、もちろんそれ自体もう一度問い直さなければならない。それが間接的に経済的原因に基づいている可能性があったからである。〕そして、母親が補助的に働かなければならない、経済的に弱いグループの回答者にのみ当てはまる可能性があったからである。しかし、それぞれの職業グループと比較すると、この仮定は成り立たない。そこで、母親の行為自体がある程度まで、正の影響を与えていると考える方がよさそうである。回答はまた、回答者が結婚しているか否かで異なっていた（表3・42参照）。

どちらの場合でも、結婚していない人びとは結婚している人びとより、有意に賛成の回答が多く、否定の回答が少ないことがわかる。この違いは、さらに政治的にも間接的に裏付けられる。すなわち、結婚していない人びとのほとんどが、女性の職を最も強硬に支援している共産党に属していることが注意を引く。しかし政治的要因のみで、この相違を完全に説明することは無理である。すなわち、政治的志向のいかんにかかわらず、家父長的傾向を持つ妻帯者は、妻より自分の方が上だと感じることに深い満足感を覚えるものであって、そのことからも女の職業進出には、結婚していない人びとより強く反対するのである。

表 3.42　結婚状況と回答（%）

	質問 326		質問 327／28	
回答	結婚していない	結婚している	結婚していない	結婚している
はい	74	16	19	9
いいえ	18	23	58	74

カテゴリー別の回答例

(2)「はい、どうして女性は自分の才能を生かすことが男性より少なくなくてはいけないのか」
「はい、女性に自信を与える」

「はい、多くの子供がいて、家の仕事も多い場合は別として。職を持つことは女性を自由にし、視野を広げる」

(3)「はい、夫の収入が不十分な場合は」
「はい、家庭の事情から、止むをえないならば」

(5)「いいえ、女の本性に合わない」
「いいえ、女性の天職ではない」

(6)「いいえ、女性は家庭にいるべきである」
「いいえ、家の中に仕事は十分ある」
「いいえ、子供の教育が優先」

(7)「いいえ、男性の職場を奪う」
「いいえ、男性の失業者も十分多いのに」
「いいえ、男性から生計と独立性を奪う」

(8)「いいえ、二つの給料袋は、余分な出費をもたらすだけである」
「いいえ、二重の給料なんて」

質問第六二一／二二
まったく体罰なしに子供を教育できると思いますか。その理由は。

この質問は、結婚している女性の職についての質問と同じように、権威に対する回答者の態度を問題にしている。基本的な前提となるのは、反権威主義的態度は、個人の自由と独立とを関心の中心にしているゆえに、体罰を拒否することになるはずだ、ということである。一方、これとは反対の傾向が権威主義的特徴を持った性格の人びとに予想される。すなわちこの場合には、厳格なしつけの教育の必要性が自明であって、体罰を積極的に認めることになると考えられる。

二〇年代には、進歩的教育は、父母会や新聞でさかんに論じられたテーマであった。当時、進歩的教育者は断固として体罰に反対した。そしてその立場は自由主義政党にも、左翼政党にも採用された。それは周知のことであったから、回答のあり方が直接に回答者の人となりにかかわっているとするのは無理であった。とくに、コメントのついていない肯定回答の場合は、報道で知ったり、教育関係誌で読んだりしたことが、単純にそのまま再現されているのかもしれないと考えなければならなかった。これに対して、子供には自由と独立とを教育しなければならないと強調した意見のついた回答では、事情が異なる。この場合は、この陳述を真の反権威主義的態度のしるしと評価することが、もちろん可能だからである。

同様のことが、体罰を認める否定回答にも言える。そのような意見が、自由主義の党や左翼政党の支持者から出されたのであれば、彼らは党の一般的方針に実は対立している。したがってこの対立から、回答者の特殊な性格特性が推測される。〔しかし、この場合慎重さが求められた。〕すなわち、否定的回答は必ずしも権威主義的性格を示すのではなく、現実を重んじる考え方と経験に発することもあって、それは必ずしも回答者の個性と合致するものではないからである。しかし、厳格さと権威とが明確に強調されている場合は、権威主義的態度が回答姿勢を動機づけたにちがいないのであって、その結果、回答者はこの親子関係についての質問を、権威主義的行動の擁護に用いたのであった。

無回答の分布を見ると、まず個々の政治グループ間には何ら有意の違いがないことがわかる。回答を拒否したのは、概して結婚していないか、子供のない人びとであった。条件つき回答も、政治的志向とは無関係に広く分散していた。政治的志向の影響は、体罰に反対か賛成かのはっきりした立場を持った回答を分析した時に、はじめて明らかになった（表4・43参照）。

一般的にわかったことは、左翼政党の支持者が、ブルジョア政党とナチスの支持者に比べて、肯定が有意に多く、否定が有意に少ないことであった。ここで社会主義左派は、とくに目立っていた。彼らは社会民主党との比較では有意に多く、共産党に対しては少なくとも傾向的に多く、「はい」と答えた。（……）ナチスにはまったく見られない明白に反権威主義のカテゴリー（「自由と独立を強調」）の割合においても、社会主義左派ははっきりと最上位にある。彼らは共産党とともに、ブルジョア政党より反権威主義を表明することが有意に多く、残りの社会民主党に対しても同じように有意の違いを示した。最後に、反対の様相を示しているのは、権威の必要性を典型的に強調する、明らかな権威主義的態度である。このような態度は、左翼の政党におけるよりも、ブルジョア政党において有意に多く見られる。そして、ここでも社会民主党と共産党は、社会主義左派より傾向的に多い。

表3．43　質問621／22：まったく体罰なしに子供を教育できると思いますか。その理由は。
政治的志向別による回答　(%)

回答カテゴリー	政治的志向												計
	社会民主党				社会主義左派	共産党				ブルジョア政党	ナチス	支持政党なし	
	1	2	3	計		1	2	3	計				
はい													
1 注釈なし	27	29	29	29	32	31	20	45	26	12	17	20	26
2 自由／自主を強調	5	4	4	4	18	13	8	–	9	2	–	4	6
はい　計	32	33	33	33	50	44	28	45	35	14	17	24	32
3 条件付き回答	14	9	16	12	7	12	9	33	12	14	15	9	11
いいえ													
4 注釈なし	10	10	17	12	4	11	4	–	7	23	22	13	12
5 権威の必要性を強調	4	10	4	7	2	4	13	–	8	19	17	9	8
いいえ　計	14	20	21	19	6	15	17	–	15	42	39	22	20
6 その他	2	–	1	+*	–	–	–	–	–	–	–	–	+*
無回答													
7 結婚していない／子供がない	36	31	24	30	35	24	43	22	35	30	29	39	33
8 結婚している／子供あり	2	7	5	5	2	5	3	–	3	–	–	6	4
無回答　計	38	38	29	35	37	29	46	22	38	30	29	45	37
計	100	100	100	100	100	100	100	100	100	100	100	100	100
回答者数	61	125	76	262	45	63	78	9	150	43	17	67	584

* (+ + < 0.5%)

左翼の分布図の中では、肯定的回答が優勢ではあったが、社会民主党と共産党には、党の公式綱領とは反対に、体罰なしには子供の教育ができないという意見もかなりあった。社会主義左派はこれにはっきりと対照的であった。わずか六％が体罰を避けられないとしたのに対して、五〇％がこれに反対の意見であった。

カテゴリー別回答例

(1)「はい、なぐって精神を鼓舞することはできない」
「はい、体罰はブルジョア階級の遺物である」

「はい、ほんとうに純粋な人格であれば、なぐらなくても意志を伝えることができるはずである。無視する方がなぐるよりましである」

(2)「はい、親は正しい仕方で教育しなければならない。人は生まれつき善である」
「はい、子供をなぐれば、その子の自尊心をそこなう」

「はい、なぐることから自覚のある人間は生まれない。単なる生きものができるだけ」

「はい、なぐることに説得力はない。反抗心と偽善を呼び起こす。体罰は子供の自尊心と自信をそこなう。プロレタリアートは、目標に到達するために自覚のある青年を必要とする」

(3)「いいえ、残念ながら、子供は悪い例を見てだめになることもある。もし、他人に対する責任感や思いやり、要するに叡知に満ちた環境で育つことができるなら、体罰は不必要であると信じる」

(4)「いいえ、子供はつねにやさしさにつけこもうとするものだ」

(5)「いいえ、すべての子供は、大人の肉体的優位を味わうことを望む」

「いいえ、それによって子供は、一生を通じて必要な一つの特性である従属に慣れるのである」

質問第六二四

あなたと奥さんは、性生活（出産、生殖、性病）について子供を早くから教育することをどう思いますか。

〔妻と子供に対する態度を、いっそう包括的に判定することができるように、家庭内の権威関係に続いて、別の設問をすることが有意義に思えた。たとえば性教育に対する態度を調べることであった。〕性教育問題は、特殊かつ具体的な問題であるが、それを超える面もあった。すなわち、個々の回答態度のあり方からさかのぼって、性に対する全般的な態度が類推できたからである。つまり、性をまったく罪悪視しない被調査者は、概して早期性教育派といってよかった。一方で性に対する態度が否定的であるほど、回答者は、そのような教育に反対する傾向がある。また、性に対する態度は、その人間全体の構造についても重要な手がかりとなる。すなわち、肯定的な態度が最も多く見られるのは、全体的な世界観が幸福と自己実現の追求を特徴としている人びとにおいてである。これと反対の態度は、プロテスタント的中流階級道徳、すなわち、義務遂行、労働、従属を生活律としている人びとに最も多く現われている。

〈年齢〉と〈職業〉という要因との関連で行なった回答分析では、何ら有意の相違は見られなかったが、政治的志向別による分類では、非常に興味深い結果が得られた。これに関連して次のことを思い出さなければならない。すなわち、左翼政党はその綱領においては、早期の性教育を公式には一度も主張したことがなかったが、それに関連した社会主義の教育者の見解を、出版物や教科書で公にしている点で、間接的に支持しているということである。しかし、私たちの資料は、この半公式的支持が、限られた範囲でのみ有効だったことを示している。そして、グループ分けにおいては、段階的分布が確認された。何よりも驚くべきことは、無回答の高い数値であって、それは結婚していない調査対象者の割合をはるかに超えていた。もともと私たちは、結婚していない人びとや子供のない人びとの少なくとも一部分は、何らかの形で意見を表明するであろうと思っていたが、結果が示しているように、これらの被調査者は、概してこの質問は自分たちには関係がないと判断し、その考えから、ほとんど回答しなかったのである。

〔肯定的回答を、単純型（すなわち、コメントのついていないもの）と、強い賛成型とに再区分すると〕共産党の割合は二五％で、単純賛成のグループで最大値となっている。ここでは、一四％の社会民主党のほとんど二倍の割合を占めている。最も少ない比率はブルジョア政党（七％）で、一二％のナチスは、ブルジョア政党と社会民主党の中間に位置する。ここでまた興味深いのは、共産党の役員が三三％で、一般支持者（二二％）より、単純賛成の回答をしている頻度が高いことである。これに対して、条件つきの回答は、逆の傾向を示している。社会民主党は二六％を占め、共産党は一九％にすぎない。他方右翼の二党はそれぞれ三五％で、最大の割合を示している。共産党の支持者はここで一二％を占めているのみであって、彼らの五七％は結局何の回答もしていない、ということから、このグループの回答者の多くは、妥協的な回答をするより、回答しないことを選んだと言えるのである。

表3.44 質問624：あなたと奥さんは，性生活（出産，生殖，性病）について子供を早くから教育することをどう思いますか。
政治的志向別による回答 （%）

回答カテゴリー	政治的志向												計
	社会民主党				社会主義左派	共産党				ブルジョア政党	ナチス	支持政党なし	
	1	2	3	計		1	2	3	計				
教育に賛成													
1 単純に賛意	11	14	16	14	19	33	22	10	25	7	12	x	x
2 強い賛意	9	6	8	7	11	8	6	10	8	5	–	x	x
賛成 計	20	20	24	21	30	41	28	20	33	12	12	21	24
3 条件付き回答	28	23	29	26	29	23	12	40	19	35	35	14	23
4 早い教育に反対	–	4	1	2	–	–	1	10	1	11	6	5	3
5 その他	2	3	2	2	2	6	2	–	4	9	–	6	4
6 無回答	50	50	44	49	39	30	57	30	43	33	47	54	46
計	100	100	100	100	100	100	100	100	100	100	100	100	100
回答者数	61	125	76	262	45	63	78	9	150	43	17	67	584

（X＝算出せず）

すべての政治グループにおいて、強い賛成の回答数は非常に少ない（共産党八％、社会民主党七％、社会主義左派一一％、ブルジョア政党五％、ナチス〇％）。一方、根本的に性教育に反対する割合もまた非常に小さい。こちらの数値は、強い賛成の回答の場合よりもさらに低い（共産党一％、社会民主党二％、ブルジョア政党一一％、ナチス六％）。この結果は次のことをはっきり示している。すなわち、回答者の大多数は、何らかの形で性教育をすることに賛成はしているものの、他方では、ほとんどの場合、潜在的な抑制が強すぎて、結局小さなグループのみが無条件に賛成する回答をした、ということである。この場合とりわけ社会民主党とブルジョア政党支持者が多く妥協的態度に傾いたが、政治的テーマでは最も一貫した考えを表わすことの多かった共産党も、ラディカルな立場を取るのに困難を感じているように見える。

質問第四二五
中絶罪をどう思いますか。

医学的な見積もりによれば、二〇年代後期のドイツにおける非合法の中絶数は、およそ百万件にのぼっている。もぐりの医者による中絶手術の結果、年間一万人を超える女性が死亡し、さらに多くがそのために慢性の病気にかかっている。財力があれば、法律によって禁止されていても中絶の手術をしてくれる医者を見つけることは可能なのだが、余裕のない人びとは自分で処理するか、助産婦やもぐりの医者にたよらなければならなかった。したがって、中絶罪についての質問は、国民の大部分にとって、生存にかかわる意味を持っていた。かくして、このテーマに対する人びとの意見は、政治的、倫理的、個人的要因の重なり合った影響を受けていたのである。
国の人口を保つという意味を別にすると、中絶の非合法化は、性の交わりによる快楽を根本的に禁止する態度をしばしば反映している。この快楽が許されるのは、子供をつくるための夫婦生活での場合のみであって、それ以外では基本的に正当化されていないように思われる。この見解は、カトリック教会の教会法の中できびしく強調されているが、世界の立法においては、通常、その上に人口政策上の考慮が重ねられている。〔しかるに、中絶禁止の支持者のほとんどは、人口政策上の論拠によらずに〕彼らを拘束している教会の見解によっている。

自由主義的な意識を持った中流階級の大部分と、左翼政党のすべては、第二一八条〔訳注。ドイツ刑法で、中絶罪を規定した部分〕による中絶罪を激しく論じ、かつそれに反対した。この問題は、戦争後非常に切迫したものになったので——新しい法が準備されつつあったのだが——それまでの規定による厳しい罰を、前もって法律でやわらげるのが得策と考えられた。この法案は、議会での長い討論を経て、一九二六年に成立したが、だいたいにおいて、社会民主党とカトリック中央党との妥協の産物であった。社会民主党はすでに以前から要求を縮小していて、初期の三か月以内に、妊娠によって健康や働く力が危くなった時に限って、中絶を合法とすることだけを求めた。しかし、社会民主党は、現行の罰則の緩和を実現するために、この要求すら、第二一八条の修正審議中に取り下げざるをえなかった——この戦略は、妥協することの少ない共産党の機関紙によって二つの理由から攻撃された。その一つは、共産党の党綱領が基本的に中絶の完全な自由を要求していたことであるが、それればかりでなく、広い世間一般の関心にささえられて、審議中の社会民主党の苦境を自党のために利用しようとしたのである。

〔回答者の答えは、まさにこの背景において見、判定しなければならない。〕九二％という高い回答率そのものが、世間の強い関心と、問題の現実的意味をさすものとして、すでに目立っている。中絶罪は過半数によって否定されたが（六六％）、この結果自体に、ある点でゆがみがある。というのは、私たちの資料では、カトリック教徒が少なすぎるために、カトリック教会の強硬な反対が十分に表現されえなかったからである。明らかな反対の態度表明の次には、条件付き回答が一三％で続く。これは処罰撤廃に根本的に反対を表明するのではなく、一定の条件下では受け入れるというものであった。最後に、回答者の五％は処罰の質問には何の発言もせず、たとえば、中絶よりも避妊をすべきだと述べることによって、この問題を回避した。これらに対して、はっきりと処罰に賛成したのは、ごく少数の六％であった。

回答分布を経済的地位に関連して分析すると、有意の差異は現われない。個々の回答カテゴリーはどれも、比較的同じような配分である。このことは、条件付き、回避的、賛成、それぞれの態度を一つにまとめても、同じことが言える（表3・45参照）。

政治的志向と回答態度との相関関係は、明瞭な差異を示している。しかしこれは、それぞれの政党の異なった立場とは、部分的に合致するだけである。基本的には、共産党と社会主義左派とは、社会民主党に比べて処罰に反対を表明する頻度が有意に高い。そしてまた社会民主党は、ブルジョア政党とナチス支持者とに比べて有意に頻度が高い。条件付き回答と回避的回答とは、対立する二つの立場の中間に、何らかの妥協を求めるものであるが、これらにあっては、逆の方向の傾斜が見られる。同じように、処罰に賛成する回答の中では、左翼政党に比べて、ブルジョア政党とナチスの率が有意に高い。

共産党と社会主義左派の多くが処罰に反対を表明したが、これは原則的に共産党の綱領に一致する態度であった〔綱領は第二一八条の完全削除を求めていた〕。しかし、社会民主党のかなり多数が同じ意見であったことは、同党が公式に妥協案に同意したことを考えると、注目に値する。他のいくつかの質問の場合と同じように、この点においても党の支持者は党指導者や国会議員よりもラディカルであった。社会民主党の基盤をなす人びとにとって、中絶は生死にかかわるとまでは言えないにせよ、直接的な問題であったのに、指導者たちの立場は、戦術的で政党政治的な考えに基づいていて、必ずしも支持者たちの願望と関心に合致していなかった。党綱領と党支持者との間の同じような対照は、ナチスにもあって、その二九％が処罰に反対を表明した。党はつねに中絶の厳罰を支持して、いかなる代価を払っても出生率を引き上げることを要求していた――この態度が、後年、権力を手中にしてから、第二一八条の強化をもたらしたのである。

カテゴリー別回答例

(4)「私の身体は私のものである」（女性）
「だれでも、自分の身体のことは自分で決めるべきであるから、私は処罰に反対する」（女性）

(5)「反対、健康あるいは経済上の理由で必要な場合には」

(6)「貧窮と病気の際の例外を設けるべきである」
「医者が行なう時は、処罰なし」

(8)「多くの場合、望ましくない」

表 3.45 質問 425：中絶罪をどう思いますか。
政治的志向別による回答 (%)

回答カテゴリー	政治的志向												計
	社会民主党				社会主義左派	共産党				ブルジョア政党	ナチス	支持政党なし	
	1	2	3	計		1	2	3	計				
罰則に反対													
注釈なし													
1 単純に否認	51	41	48	45	72	69	52	33	58	17	29	32	47
2 否認を強調	13	8	3	8	5	19	16	45	19	2	–	5	9
注釈付き													
3 貧しいものに社会的不公平	5	5	1	4	7	2	3	–	2	5	–	–	3
4 個人の自由の制約	5	5	9	6	4	–	13	22	8	5	–	6	6
5 その他の理由	2	2	3	2	–	–	3	–	1	2	–	–	1
罰則に反対 計	76	61	64	65	88	90	87	100	88	31	29	43	66
条件付き回答													
以下のことによる													
6 その人の身体的、社会的状況	5	6	9	7	–	2	3	–	2	9	12	5	5
7 医師の資格	3	3	7	4	4	3	1	–	2	5	–	3	3
8 事例の状況	–	5	4	3	4	2	4	–	3	2	23	11	5
罰則に意見表明なし													
9 中絶に反対	2	4	3	3	–	–	–	–	–	9	6	6	3
10 避妊が良い	–	3	3	2	2	2	–	–	1	–	–	1	2
条件付きと回避的 計	10	21	26	19	10	9	8	–	8	25	41	26	18
11 罰則に賛成	2	4	1	3	–	–	1	–	1	26	30	12	6
12 不明瞭	–	3	1	2	–	–	–	–	–	9	–	3	2
13 無回答	12	11	8	11	2	1	4	–	3	9	–	16	8
計	100	100	100	100	100	100	100	100	100	100	100	100	100
回答者	61	125	76	262	45	63	78	9	150	43	16	67	584

「まったくそれぞれの事情による」

(9)「道徳的には、何の制限もなく野放しにするわけにはいかない」

「すべての中絶は、母親の精神と肉体の健康を犠牲にして行なわれている」

「中絶そのものは軽蔑すべきものである。しかし、やむをえぬ場合が多い」

(10)「避妊すべし。中絶はいけない」

(11)「今の法律に賛成。しかしもう少しゆるやかに」

「正しい」

(e)社会的、個人的立場

〈妻と子供に対する態度以外に他人と自分自身に対する回答者の態度もまた、心理学的観点から興味深いものであった。この分野も、体系的にではなく、選ばれた個々の質問によってのみ調査できるものであった。さらに詳しい分析のために、以下の質問が選ばれた。

質問第一三六／三七／三八　職業上または仕事上の同僚との関係はどうですか。直属の上司との関係はどうですか。さらにその上司とはどうですか。

質問第四三四／三五　金や品物を友人に貸しますか。なぜ貸しますか（なぜ貸しませんか）。

質問第四三三　財産があるとすれば、どこにその金を投資しますか。

質問第二一三／一四　子供の時は幸福でしたか。両親の結婚は幸福だったと思いますか。

質問第四一八　よく眠れますか。

はじめの二つの質問は、それまでの質問に最も密接につながっている。家庭外の社会関係の構造をテーマにしているからである。三番目の質問では、回答者に潜在する個人的な態度の一面を把握しようとした。すなわち彼らのひそかな物質的願望と期待であるが、それらは表向きの政治観とは反対であることがまれではない。最後の二つの質問も同じように、回答者の自分自身に対する態度という観点からの質問であるが、これらの諸点は、個々の質問の分析を行なう際に、どちらかといえばついでに扱われたものなので、これに関する私たちの仕事も、基本的に最終の結論を提示するものではなく、その後の研究の最初のきっかけと理解されるべきものである。〕

質問第一三六／三七／三八
職業上または仕事上の同僚との関係はどうですか。直属の上司との関係はどうですか。さらにその上司とはどうですか。

仕事と生産過程に関連する〔相互作用の分析を行なう場合に〕まず問題になるのは、連帯と競争という要因の検討である。ある関係が連帯に基づいているのか、それとも競争に基づいているのかということは、その関係の質に決定的な意味を持っている。すなわち、仕事の過程において個人個人の互いの競争が激しくて、一人の利（たとえば昇進）が、他の不利と思われることが多ければ多いほど、彼らの個人的関係は緊張したものになる。他方、共通の関心が大きければ大きいほど、そして、そのような共感がはっきりしていればいるほど、個人的関係は連帯感によって決定される面が多くなるのである。〈〈競争〉と〈連帯〉という基準に従って〉回答を分析する場合、〈問題がなかったわけではない。〉とりわけ二つの難点があった。その一つは、回答者たちの選んだ言葉づかいが、必ずしも同一のことを意味していると仮定できないことであった。すなわち、一人が「よい関係」と表現するものが、他の人たちにとってはむしろ「礼儀正しい」、また「よそよそしい」と見えるかもしれない。第二の問題は、他の質問の場合にも生じたものだが、回答者の多くが自分をよく見せようとして、自分たちの関係を、実際よりもよい、親しい関係のように書いたことである。また場合によっては、質問によって感じた驚きを解消するためにも、ありきたりの「よい」という答えが与えられた。しかし、これら二つの難点も、三つの質問のうちの一つに対する回答を単独に分析するだけでなく、他の二つの質問の結果と比較することによって、少なくとも部分的には克服することができた。

同僚との関係を主題とする質問第一三六では、異なった〈職業上と政治上の〉グループの間にさしあたって有意の差異は出なかった。これに対して、上司との関係に関する質問第一三七／三八に対する回答は、啓示的であった。それは、直属の上司についても、さらにその上司についても、同じであった。はじめ私たちは、この二つの質問の比較が興味深いものになるだろうと期待したが、そのような対比は不可能であった。両方の質問に答えたのは、比較的少ない被調査者、すなわち四四％だけであったからである。つまり小さな企業では上司が一人しかいないし、大工場では、労働者はしばしばさらに上の上司とは接触がなかった。さらにこの場合も、答えることを拒んだ被調査者が何人かあった(*)。最後に残った一〇％のみが、直属の上司とその上の上司に対する、態度の違いを示した。これだけをさらに分析するには、集団が小さすぎるので、彼らの回答は相異ありのカテゴリーにまとめた。これに対して、非常に良好から悪いに至るまでの他のすべてのカテゴリーは、両方の関係を同じ概念で記述しているものと、片方の関係のみを答えたものとを含んでいる（表3・46、3・47参照）。

私たちの資料を、職業状況との関連で分析すると、失業者と「その他」とにおいて、回答の率が有意に低い。前者は、もはや職場がないので、この質問は自分に向けられていないと考えたことは明らかである。この中で回答したのは少数のみであって、それもおそらく、それぞれの最後の職場での上司との関係を記したのであろう。一方「その他」の回答率が低かったのは、このグループが何人かの主婦、学生、自営業者、すなわち上司を持たない人びとをまとめたものであったからである。

ホワイトカラーと、熟練、非熟練をあわせた労働者との間に、二つの大きな相異が現われた。すなわち、ホワイトカラーは労働者より、上司に対するよい関係、非常によい関係を有意に多く、悪い関係を有意に少なく、答えた。この表明が事実に合致しているのか、それとも希望的な考えを反映しているのか——いずれにせよ、よい関係を強調しているということは、昇進のチャンスが上司の意向に掛かっていて、そのチャンスが実際問題として労働者よりホワイトカラーの方にいくらか多いという事実に原因がある。さらに決定的であったのは、ホワイトカラーが自分たちは労働者階級ではなく、中流階級に属しているという信念を持っていたことであって、そのために彼らは出世と成功の可能性を信じる傾向が

＊　職業人の上司に対する関係は、以前から社会心理学の重要問題となっている。とくに、仕事を監督している直属の上司に対する、権威関係の構造と、原則的に接触することの少ない、さらに上の上司に対するそれとを比較する必要がある。しかし、私たちのアンケートで用いた方法は、その方向での解釈を可能にする結果を得るためには、粗雑すぎたようである。

表 3.46 質問 136：職業上または仕事上の同僚との関係はどうですか。（上司と比較して）
経済的地位別による回答 （%）

回答カテゴリー	経済的地位					計
	非熟練労働者	熟練労働者	ホワイトカラー	失業者	その他	
1 同僚と上司に同じ関係	**32**	**42**	**50**	**10**	**22**	**37**
2 上司より同僚とのほうがよい	**27**	**36**	**23**	**21**	**5**	**28**
3 上司より同僚とのほうが悪い	**5**	**10**	**15**	**8**	**8**	**11**
4 無回答	**36**	**12**	**12**	**61**	**65**	**24**
計	**100**	**100**	**100**	**100**	**100**	**100**
回答者数	**34**	**264**	**154**	**90**	**42**	**584**

表3・47 質問137/38：直属の上司との関係はどうですか。さらにその上司とはどうですか。
経済的地位別による回答（%）

回答カテゴリー	経済的地位					計
	非熟練労働者	熟練労働者	ホワイトカラー	失業者	その他	
1 非常によい、よい	40	45	58	15	24	42
2 満足できる	12	14	11	1	3	11
3 事務的、控え目	9	8	13	4	8	8
4 悪い	15	8	1	12	3	7
5 その他	9	15	8	4	–	10
6 両質問とも無回答	15	10	9	64	62	22
計	100	100	100	100	100	100
回答者数	34	264	154	90	43	584

いっそう強かったのである。全体として労働者たち、とりわけ大工場の労働者たちは、このような希望を持ってはいなかった。したがって彼らは、上司に対するよい関係というものを、根本的にそれほど大切なものとは見なさなかったのである（……）。

回答者の三七％は、同僚と上司に対する関係には、基本的に違いがない、と表明した。そのような異なったグループに対する関係を、同一の概念で表現する人びとは、それを区別する人たちに比べて、順応に努めることが多い。このことは、とりわけ両方ともに「よい」と回答した場合に当てはまる。「すべての人と私との関係が同じならば、だれも腹を立てない。」この言葉は、その底にある態度——それは類型的態度一般の特徴である——を表現している。

同僚と上司に対する関係に何の違いもない人びとの割合は、ホワイトカラーの場合、非熟練労働者より有意に高く、熟練労働者よりは傾向的に高い。中流階級において、労働者以上にしきたりと礼儀が重んじられるかぎり、この結果自体を、ホワイトカラーの中流階級志向のしるしと評価することができる。これに関連して、これまた啓示的なのは、同僚との関係の方がよいと判断した回答者と、上司との関係の方がよい回答者との比較である。最初のカテゴリーには、ホワイトカラーに比べて熟練労働者が有意に多く、非熟練労働者が傾向的に多いが、他方、あとのカテゴリーでは、その反対のことが言える。このことは、総体的にホワイトカラーが労働者より連帯が弱いことを示している(*)（表3・48、3・49参照）。

政治的志向別の回答分布を調べると、ここにも有意の違いがある（……）。被調査者の政治思想がラディカルであればあるほど、上司に対する関係が悪化している。かくして、ブルジョア政党支持者は、他

表 3.48　質問 136：職業上または仕事上の同僚との関係はどうですか。(上司と比較して)
政治的志向別による回答　(%)

回答カテゴリー	政治的志向												計
	社会民主党				社会主義左派	共産党				ブルジョア政党	ナチス	支持政党なし	
	1	2	3	計		1	2	3	計				
1　同僚と上司に同じ関係	40	53	46	48	25	17	21	36	21	42	28	40	37
2　上司より同僚とのほうがよい	37	17	34	26	39	50	28	55	39	12	17	14	28
3　上司より同僚とのほうが悪い	5	15	10	11	11	3	8	–	5	24	17	13	11
4　無回答	18	15	10	15	25	30	43	9	35	22	38	33	24
計	100	100	100	100	100	100	100	100	100	100	100	100	100
回答者数	61	125	76	262	45	63	78	9	150	43	17	67	584

表 3．49　質問 137/38：直属上司との関係はどうですか。さらにその上司とはどうですか。
政治的志向別による回答　(%)

回答カテゴリー	政治的志向												計
	社会民主党				社会主義左派	共産党				ブルジョア政党	ナチス	支持政党なし	
	1	2	3	計		1	2	3	計				
1　非常によい、よい	38	53	49	48	32	19	29	23	24	66	38	47	42
2　満足できる	17	7	11	10	9	14	9	44	14	7	–	8	11
3　事務的、控え目	12	10	10	11	9	10	10	–	10	2	6	7	8
4　悪い	5	4	6	4	16	17	7	11	11	5	–	2	7
5　その他	8	9	14	10	11	11	12	11	11	4	12	7	10
6　両質問とも無回答	20	17	10	17	23	29	33	11	30	16	44	29	22
計	100	100	100	100	100	100	100	100	100	100	100	100	100
回答者数	61	125	76	262	45	63	78	9	150	43	17	67	584

のどのグループよりも、上司に対してよい関係と非常によい関係の頻度が有意に高い。同じように、このカテゴリーにおける社会民主党の割合は、共産党より有意に高い。社会民主党、ナチス、ブルジョア政党と比べると、共産党は上司との関係を「悪い」とする度合いが有意に高い。さらに、左翼グループの間でも、上司に対する関係は、各人の政治活動の活発さ自体にも左右されるようである。すなわち、社会民主党の場合も、共産党の場合も、党員は一般の支持者より、それほどよくない関係、悪い関係と言うことが多かった。この結果は基本的に二つの要因によるものであろう。その一つは、雇用者と上司が原則的に、従業員の間のラディカルな考えをきらうことである。〔この客観的な原因とともに、主観的な原因も作用している。というのは〕労働者の立場が、ラディカルになればなるほど、職場の監督や職長は〔資本主義の〕搾取に奉仕する〈奴隷監督〉に見えるのである。

質問第四三四／三五
金や品物を友人に貸しますか。なぜ貸しますか——なぜ貸しませんか。

この質問は、回答者それぞれの政治観と回答が比較的無関係であると、原則的に考えられる点で、私

＊ 連帯感がこのように比較的稀薄であることは、個人の広範囲な孤立をもたらすが、基本的にはこれはホワイトカラーだけでなく、中流階級全体の特徴であると考えてよい。連帯の傾向的欠如は、質問第二一六に対する回答にも観察される（「心配事のある時奥さんと相談しますか。ほかにだれと相談しますか」）。この質問に対する回答は、切り離して分析はしなかった。それ自体としてとくに得るところがなかったからである。しかし、ホワイトカラーには、個人的問題を妻もしくは親とのみ相談し、友人と相談することはまれだという、弱いが、一貫した傾向があった。他方熟練および非熟練の労働者は、友人に相談することが多く、孤立した家族のきずなの内に閉じこもることはなかった。

たちにとってとりわけ興味深いものであった。各党の信条には、金や品物を他人に貸すべきか否かについて、何の指示もない。したがって、それぞれの意見表明が〔時には皮相とも思える政治的意見を反映していることも少ない。〕むしろ、性格構造に深く根ざしている要因、たとえば親切心、所有の喜び、喪失の不安、孤独あるいは連帯への志向などによって、決定される。この場合、これらの性質は、特定の哲学的、政治的思想を受け入れるか、拒否するかということにかかわっていることは、確かである。しかし、この質問はまた同様に、公然と表明した政治思想と実際の態度との矛盾、たとえば連帯という信条と、それと共存する所有欲との矛盾をも、明らかにするのである。

〔回答をカテゴリーに分けることは、比較的困難であった。純粋に均一なカテゴリーが作れない場合もいくつかあった。〕「はい、連帯感と友情から。それに私は他人を助けたいと思うから」と、「はい、当然のことである。それに私は友だちを信頼している」の二つの回答類型を、さらに正確に区分することは不可能であった。これらの根底にある思想がはっきりととらえられる事例は、ほとんどなかったからである。この理由から、この二つの回答類型ははい、親切心という項目にまとめられた。〔そしてこれと区別されるのが〕はい、見返り期待というカテゴリーである。これには、自分も何か借りることがあるかもしれないということをとくに指摘した肯定回答が含まれている。条件付き回答の項目に入るのは、金、いいえ、品物、はい、というカテゴリーである——それ自体、千差万別の根拠を持つ表明である。あげられた根拠は、たとえば、「私は金を持っていない」とか「金、決して貸さない。教訓的、娯楽的な本は貸す」あるいは「これをすると、面倒なことになる」などである。均質性を高めようという試みは、失敗に終わった。どのグループの回答も数が少なすぎて、さらに分類すれば、統計的に無意味になってしまうからであった。

多くの人にとって、否定的な回答をすることは、倫理的な理由から、それ自体気が進まないはずであるから、五%を下らぬ回答者が、金であれ、品物であれ、何も貸すつもりはないと述べたことは、驚くに値する。そのような姿勢は、キリスト教の原理である隣人愛だけでなく、連帯を求める左翼政党の政治的要請にも反している。回答者たちは、否定的に答えるよりも、回答しないことによって問題を避けるのではないかという予想もありえた。しかし、おそらくこれらの回答が示していると考えられることは、それ自体が排他的な権利である所有という道徳的な権利の意識も所有に対するある種の誇りも、ともに他人を助けるという思想よりも深く根ざしているということである。この説明はとくに、道徳的な合理化（たとえば「友人を敵にする」「かえって害になる」など）を伴う否定回答に、よく当てはまる。また「それはよいこととは思わない」という型の記述についても同様である。

全体として、否定回答は肯定回答より、原則的に信頼性が高い。なぜなら、態度表明の割合は比較的高かったが、自分の性格のこの必ずしもほめられない面を隠そうとするある種の傾向が、たしかにあったからである。重要でもあり、二重感情的《アンビヴァレント》でもある例外は、当然ながら、いいえ、金も品物も持っていない、という表現であった。これは二八%で、最大の下位カテゴリーでもあった。つまりこの回答は、一方では、現実の貧乏を反映しているかぎり、個人的動機や姿勢については、何も語っていないのだが、他方では、たぶん金や品物を分かち与える気のないことの口実に使われているだけなのである。この隠蔽機能は、収入別の分類を行なえば、何よりも明らかになる。〔すなわち、収入が多くなるにつれて、自分の貧乏を口実にすることがふえる傾向が見られるのである。〕つまり、二番目に高い収入のクラス（二

表３．50　質問 435/35：金や品物を友人に貸しますか。なぜ貸しますか(なぜ貸しませんか)。
政治的志向別による回答　(%)

＊（＋＝＜0.5%）

回答カテゴリー	政治的志向												計
	社会民主党				社会主義左派	共産党				ブルジョア政党	ナチス	支持政党なし	
	1	2	3	計		1	2	3	計				
はい													
1　注釈なし	8	13	12	12	16	18	8	–	12	21	12	8	12
2　親切心	14	12	13	13	22	23	22	25	24	14	32	15	17
3　見返り期待	3	1	3	2	2	–	3	13	1	7	–	4	3
貸す　計	25	26	28	27	40	41	33	38	37	42	44	27	32
条件付き回答													
4　金いいえ、品物はい	8	3	6	5	9	6	5	–	5	8	6	2	5
5　絶対必要なら、確実に返るなら	5	3	1	3	4	2	1	–	1	2	–	2	2
条件付き　計	13	6	7	8	13	8	6	–	6	10	6	4	7
いいえ													
6　注釈なし	13	8	13	11	2	5	5	12	5	9	6	7	8
7　金も品物も持っていない	22	34	30	29	30	30	32	25	31	21	13	25	28
8　失うことや傷むことを恐れる	8	7	7	8	9	2	8	–	5	14	25	12	8
9　道徳的合理化	5	7	2	5	2	2	4	–	3	2	6	10	5
10　その他の注釈	2	–	–	+*	–	–	3	–	1	–	–	–	1
貸さない　計	50	56	52	53	43	39	52	37	45	46	50	54	50
11　無回答	12	12	13	12	4	12	9	25	12	2	–	15	11
計	100	100	100	100	100	100	100	100	100	100	100	100	100
回答者数	61	125	76	262	45	63	78	9	150	43	17	67	584

百マルクから二百五十マルク）では、三〇％がこの意味の回答をしたが、百マルクから百五十マルクのクラスと、百五十から二百マルクのクラスでは、それぞれ二七％のみであった。しかも最低の収入のクラス（五十一マルクまで）では、わずか二五％であった。反対に、生きるための最低限にも足りない額でやりくりしなければならないはずの、最下位の収入グループが同時に「はい、注釈なし」と「はい、親切心」の型の肯定的回答で最も高い率を示してもいるのである。多くの人びとにとって、所有自体が所有の喜びをかきたてるもののようであり、そこから、自分の全財産を外部の侵害から守ろうとする態度が生じる。このことは、ほとんど何の余裕もなく、自分自身が貧乏に苦しんでいる最下位の収入グループの人びとが、よりよい生活をしている人びとよりも、明らかに進んで同胞を助ける理由の一つだろう。他方、自分自身が何か借りる必要に迫られている人びとは、貸すことの原則を認める傾向が強いだろうということも仮定できる。この点において、異なった収入クラスの間の違いは、統計的に有意とは認められないが、それでも、否定の態度の理由に「金がない」をあげているのは、実際の収入の額とほとんど関係がないことを示している。

次の段階として、一方では、すべてのはっきりした否定回答（あきらかな拒絶、道徳的合理化、失うことやいたむことの恐れ）をまとめ、他方では他人を助けたいとする無条件の肯定回答のすべてをまとめた。この両グループを回答者の政治的方向づけによって分類すると、注目すべき差異が明らかになった。すなわち、それぞれ十個の「はい」回答に対して、各グループの「いいえ」回答数は表3・51のようになった。

表 3. 51

社会主義左派	3.4
共産党	3.6
ブルジョア政党	7.1
社会民主党	9.6
ナチス	10.9

共産党と社会主義左派は、平均収入が少ないにもかかわらず、何も貸さないという人びとの割合が最も低い。この回答動向が同時に示していることは、彼らが、社会民主党に比べて、左翼政党の主張する連帯の理念を、日常生活の中に実践する傾向が強いということである。

カテゴリー別回答例

(2)「はい、金や品物で助け合うことは、まったくの義務である。友情の無条件の前提である」
「はい、私はよき友人である」

「はい、助け合いは道徳的義務であると考えている」

「はい、私の信念が、できる時はいつでも助けるように命令する」

「はい、そうすることは、私たちのものの見方を広げるのに役立つ。すなわち連帯感である」

「はい、それは私の政治上の友人に対する義務としての連帯行為である」

「はい、断わるのは私にとって大変難しいことである」
(3)「はい、それは相互性に基づいたものである」
「はい、私自身借りることもある」
(4)「はい、もちろん金ではない。私自身持っていないから。本はイエス。本を貸せば私の政党の支持者を得ることができるから」
「金、決して貸さない。本、教訓的、娯楽的な本は貸す」

「いいえ、金の余裕はない。品物は、ていねいに扱ってくれる人にだけ貸す」

「本。本から得られる楽しみを、だれとも分かち合いたい」

(5)「はい、しかし、緊急の場合か、絶対必要の場合のみ」

「はい、しかし、品物をていねいに扱ってもらえるなら」

「はい、しかし、その人がそうするに値する例外的な場合にのみ」

「はい、でもこのごろは、私自身がなくて済ませられるものだけ。本は、だれに貸したか必ずメモしてから」

(7)「いいえ、私の財布こそ補充をしてほしいくらいだ」

「いいえ、貸すほどの金はない。品物については、どうしても必要なものしか持っていない」

「いいえ、貸せるようなものは何も持っていない」

(8)「いいえ、金はないし、品物については、私の手許でこそ最も大切にされている。私が貸すのは本だ」

「いいえ、金はほとんど返ってこないし、品物はいたんで返ってくる」

「いいえ、私は誰も信用していない」

(9)「いいえ、そうすることは敵を作る。何かを貸すことはほとんどない」

「いいえ、いつの場合でも友人を失なうことになる」

「いいえ、返してくれと言うのは、はじめに断わるよりもいやなものだ」

「いいえ、ただ、だれかがほんとうにどうしてもという時は、あるいは。私は借りを作ることには大反対」

「いいえ、金も友人も失なうことになる。どうでもいい人にのみ、金を貸す」

⑽

「それはよいこととは思わない」

「いいえ、だれにも頼まれることはない」

「いいえ、私はだれからも何も借りることはない。だから貸す義務があると感じることもない」

「いいえ、だれでもほしいものは自分で買うべきである」

「いいえ、私自身、何も借りはしない」

質問第四三三

財産があるとすれば、どこにその金を投資しますか。

この質問によって私たちは、回答者の隠れた希望と欲求を知り、それを彼のパーソナリティの解明の第一歩とすることを望んだ。これに関連して、忘れてならないことは、ドイツの労働者が、原則的にホワイトカラーより、経済的、社会的向上の可能性を信じることが少なかったということである。現実にはホワイトカラーのチャンスの見通しも、少しはよいかどうかというだけであったのだが。したがって、私たちの質問に対する反応もさまざまであって、明らさまな怒りから、積極的な協力にまで及んだ。質問を、不必要で無駄と考えた被調査者もあったが、反対に、自分の現在の経済状態を背景に回答し、金をどのような個人的用途に使うか詳述した人びともあった。最後に第三のグループが私たちの仮定を受け入れて、投資家の役割を演じた。

被調査者の二三%は回答を拒否したが、その何人かは、あからさまな拒絶の反応をして、考えることができないという項目にまとめられた人びとと，同じ態度であったにちがいなかった。〔肯定的回答には，次の分類が可能であった。〕銀行や貯蓄銀行のカテゴリーから，まず労働者銀行や消費組合を分離することができた――これは，社会民主党もしくはそれに近い自由労働組合の勢力下にある投資方法や団体に，全体として結びつく回答であった。これに対して，不動産の項目には〔二つの型の回答が入れられた。〕すなわち一つは，持ち家に言及したものであり，いま一つは，不動産や抵当証券に投資したいとしたものである。この二つの回答は，一つのカテゴリーに収めなければならなかった。回答者が二つの投資形態のどちらを実際に意味しているのか，明らかにできない場合が多かったからである。

最後に，その他の投資，のカテゴリーには，海外投資や企業投資など，いくつかの投資の可能性が含まれている。本来なら，決定の際に安全志向を主にするか，それとも利益志向を主にするかによって，この回答をさらに二つのグループに分類するのが，望ましいことであった。この二つの型の間には，疑いもなく重要な社会心理学的違いがある。しかし，残念ながら，回答はだいたいにおいて，そのような再区分ができるほど明瞭でもなく，詳しくもなかった。

回答を被調査者の職業状況によって分類すると，二つの場合にのみ有意の違いが見られた。すなわち，否定回答と，無回答である。「考えることができない」というカテゴリーには，失業者が最も多い。そして，ホワイトカラーや熟練労働者との差異は有意であり，非熟練労働者との差異は傾向的である。一方，回答拒否は非熟練労働者において最も頻度が高く，熟練労働者やホワイトカラーと比較すると，有意の差異が認められる。しかし他方で，熟練労働者もホワイトカラーよりは，回答が有意に少なかった。ホ

表 3.52 質問 433： 財産があるとすれば、どこにその金を投資しますか。
経済的地位別による回答　(%)

回答カテゴリー	経済的地位					計
	非熟練労働者	熟練労働者	ホワイトカラー	失業者	その他	
運用したい						
1 銀行や貯蓄銀行	6	5	5	6	–	5
2 労働者銀行や消費組合	10	13	11	3	3	10
3 不動産	10	23	25	23	19	23
4 その他（株、賃貸、小商売）	18	14	21	14	23	17
運用　計	44	55	62	46	45	55
使いたい						
5 生活水準向上に		3	2	5	–	3
6 教養と旅行	3	1	4	3	13	3
7 慈善		5	3	8	10	5
8 政党と宣伝	–	3	4	4	7	3
使う　計	3	12	13	20	30	14
9 考えられない	6	4	6	14	12	6
10 その他（回避、不明瞭）	–	3	2	2	3	2
11 無回答	47	26	17	18	10	23
計	100	100	100	100	100	100
回答者数	34	264	154	90	42	584

ワイトカラーに比較して、労働者は私たちの質問を、不必要と考える傾向が強かったように見える。彼らは根本的に個人的な向上の可能性を信じることが少なく、労働者階級の状態改善のための、一致した努力の必要性を信じていたからである。したがって、彼らにとっては、この質問を無視することが自然であったが、失業者は、経済的苦境のために、より激しい反応、すなわち怒りや明らさまな拒絶の反応を示したのである。

しかし、最も重要な差異は、回答を政治的志向別に分類した時に、はじめて現われる。すなわち、ここではっきりすることは、予期せぬ財産を得たとすると、社会民主党とナチスとブルジョア政党とは、共産党と社会主義左派よりも、投資に回す頻度が有意に高いということである。ブルジョア政党とナチスの支持者たちが、資本主義の社会秩序に対して原則的に肯定的姿勢であることを考えれば、彼らがこの質問の刺激に反応して、進んで自分を投資家の立場に置いたことは、もちろん不思議なことではなかった。しかし、社会民主党もまた、同じような反応を示し、想像の上だけにせよ、小投資家の役割を引き受けた。それぞれの党別による差異のほかに、共産党においては、さらに内部の差異も見られた。すなわちここでは、何らかの投資を選択する頻度が、役員の場合は、一般の支持者より有意に低かった。これは、そのような役割を演じることに対する抵抗がより大きいことを示している（表3・53参照）。

まさにこれと反対の様相を示しているのが、「無回答」と「考えることができない」のカテゴリーの場合である。ここでは共産党も社会主義左派も、社会民主党や、ブルジョア政党とナチスの支持者より、有意に多く見られる。その上、共産党では、役員の方が一般支持者より、有意に高い割合であった。この二つの回答が意味しているのは、質問に対する暗黙の、あるいは公然たる拒絶反応、もしくは全般的

表3．53 質問433：財産があるとすれば、どこにその金を投資しますか。
政治的志向別による回答 （%）

回答カテゴリー	政治志向												計
	社会民主党				社会主義左派	共産党				ブルジョア政党	ナチス	支持政党なし	
	1	2	3	計		1	2	3	計				
運用したい													
1 銀行や貯蓄銀行	3	7	12	8	2	2	1	–	1	6	–	5	5
2 労働者銀行や消費組合	29	16	12	17	17	3	3	–	3	2	–	3	10
3 不動産	17	25	23	22	10	5	28	30	18	20	56	30	23
4 その他（株、賃貸、小商売）	12	19	24	20	4	10	15	–	13	27	31	14	17
運用　計	61	67	71	67	33	20	47	30	35	55	87	52	55
使いたい													
5 生活水準向上に	2	1	1	1	7	5	7	–	5	4	–	1	3
6 教養と旅行	3	3	1	3	7	2	4	–	3	7	–	3	3
7 慈善	5	2	1	2	2	6	7	10	7	11	13	6	5
8 政党と宣伝	2	1	3	2	7	11	4	–	6	4	–	1	3
使う　計	12	7	6	8	23	24	22	10	21	26	13	11	14
9 考えられない	9	5	2	5	15	16	5	10	9	2	–	5	6
10 その他（回避、不明瞭）	–	2	4	3	2	4	–	10	3	–	–	8	3
11 無回答	18	19	17	17	27	36	26	40	32	17	–	24	22
計	100	100	100	100	100	100	100	100	100	100	100	100	100
回答者数	61	125	76	262	45	63	78	9	150	43	17	67	584

無関心であった。〔この分布を、職業グループ別の分類と比較してみると、政治的要因と経済的要因はほとんど区別できないことがわかる。すなわち〕共産党には、失業者も、あるいは熟練、非熟練労働者も多かった――つまり、この質問を拒否することの頻度が根本的に高いか、少なくとも回答することの少なかった二つのグループが、多かったのである（……）。

社会民主党が、共産党より有意に多く見られるのはまた、「銀行や貯蓄銀行に預金」の項目である。このような、とりわけ小市民階級に広まっていた預貯金は、〔二つの関心を満足させるものである。すなわちそれは〕安全性の期待とともに、ささやかながら定期的である利息収入への欲求をも意味しているからである。他方「労働者銀行や消費組合」の項目に入る回答は、これと異なっていると考えなければならない。なぜなら、つねに社会民主党と労働組合によって奨励されているこれらの機関への投資は、それ自体政治的背景を有するからである。この投資の方法は、社会民主党と社会主義左派が、共産党より有意に多くあげている。この差異を社会民主党の投資好きに帰することはもちろんできない――社会主義左派にはその傾向はない。むしろ、社会民主党と共産党のあからさまな対立のために、共産党員は社会民主党の支配する消費組合や労働者銀行の加入者や預金者には、原則としてなれないということで説明できるのである。

〔興味深い結果が表われているのはまた〕「不動産に投資」のカテゴリーである。この回答は、ナチスの支持者が、他のどのグループよりも有意に多く選んだ――これはこのグループの「血と土地のイデオロギー」に帰することのできる傾向である。

最後に「その他の投資」の項目を見ると、ここには社会民主党、ブルジョア政党、ナチスが、社会主

表3．54　収入別による回答　（%）

金使用	収入	
	150マルク以下	150マルク以上
生活水準向上に	10	3
考えられない	10	4

義左派よりは有意に、共産党よりは傾向的に多く現われる。〔この分布もまた、投資に対する社会主義左派と共産党の批判的な姿勢の、さらなる証左と解される。〕

私たちは理論的考察に基づいて、各人の選ぶ投資方法は、何らかの形で、それぞれの収入の程度と相関関係があるにちがいないと予想したが、その推測は明確には裏付けられなかった。差異のある回答分布が明らかになったのは、「考えられない」と「金は生活水準の向上に使う」のカテゴリーのみであった（表3・54）。

はじめのカテゴリーでも、あとのカテゴリーでも、低所得グループの回答者の割合が、収入の多い階層の回答者よりも有意に大きかった。前者が、低い生活水準と経済的窮乏状態のために、金を投資するよりも、使う方に考えが行くことは容易に理解できる。また同じように、私たちのこの質問が拒否される率の高かったことも理解できる。そしてこれは、百五十マルク以下の収入グループのかなりの部分を占める失業者における結果とも、合致していた。

回答者の年齢別による回答分類では、一つだけ興味のある結果が出た。すなわち二十一歳以下のグループは、全体として三十一歳から五十歳までのグループより回答度数が少なかった（四一％対一八％）。最年少グループにとって、私たちの質問はおよそ無意味なものであったかもしれない。彼らは一部まだ親がかりであって、そのために、自分が財産持ちであるという想像は、あまりにもかけ離れていて、真剣に考えることができなかったからである。

カテゴリー別の回答例

(4)「ドイツの何かの企業に」
「機械に」
「確実な方法に」
「外国に」

(5)「下着と衣服」
「家族の衣類を買う」
「そんな金があれば、私の生活水準を改善することに使う」
「自分の人間らしい生活状態を作った上で、真の社会主義原理に即した工場を設立する」
「自分と自分が養っている者たちのために使う」

(6)「私の教養と私のドイツ人の姉妹たちの教養のため」

(7)「金の一部を傷痍軍人の家に回す」
「神の意にかなう仕事に」

(8)「プロレタリア映画を上演する劇場とプロレタリア図書館に」
「宣伝活動に」
「共産主義活動かソ連邦に贈る」

(9)「虫のいい望みである」
「投資をするには、ある金銭感覚が必要であって、資本主義者だけがそれを持っている」
「いいえ」
「そんなことで、眠れぬ夜を持ちたくない」
「富には関係ない」
「金持ちになることに興味はない」

(10)「個人的なものに」

質問第二一三／一四
子供の時は幸福でしたか。両親の結婚は幸福だったと思いますか。

〔この二つの質問は、興味深いものであるとともに、危険なものであった。〕これを分析するに当たって、回答の十分な客観性が決して期待できないからであった。すなわち、パーソナリティの徹底的な研究は、とりわけ精神分析によって可能になったが、それがしばしば明らかにしていることは、幼年時の記憶がいかにあてにならないことが多いかということである。ふしあわせな幼年期を過ごした人が、私たちに、何かまったく反対のことを物語ることがある。歳月の流れのうちに、幸福な幼年期の幻想を自分で作り上げてしまったからである。また、幼年時代、非常にふしあわせであったが、それをみずから認めることができない人もある。この場合、彼の思い出すことは、幼年期のしあわせだったことばかりであって、彼の報告は第一の場合以上に役立つことはないのである。つまり、こういうわけで、返って来た回答が、幼年期や両親と暮らした家のことをどの程度客観的に描写しているかを判定するのは、不可能なのである。したがって回答は、被調査者が、幼年期に感じたと思い込んでいることと理解すべきであって、その記憶が正しいか正しくないかとは、別なのである。一般的に、肯定回答の方が否定回答より事実の歪曲を含んでいる場合が多いという前提が成り立つ。人間は自分の幼年期を暗いと感じるよりは、賛美する傾向があることが知られているからである。つまり、被調査者の幼年期にしても、親の結婚生活にしても、原則的には、回答から考えられるほどしあわせなものではなかったと見なければならないのである。回答者の六〇%も肯定的に答えている一方、否定的な回答の数は、その半分にも及ばない。一般に、両方の質問に同じような回答があったが、これは両者に回答するに当たって、同じ主観的要素が作用したことによると考えられる（表3・55参照）。

　肯定回答の率が異常に高い原因は、それ自体としても、また回答者の一般的な人生設計との関係においても、興味深い。昔から結婚と幼年期が基本的に幸福なものとされているかぎり、昔ながらの思考様式の持ち主なら、現実の条件とは関係なく、「はい」と答える方に傾くにちがいない。同じように、自己の状態の改善にもはや何の希望もいだいていないために過去を理想化している人びとの場合も、肯定の表明を期待することができる。〈黄金の青春時代〉という句に表現されるような、幸福な過去の幻想が、一人の人間にいったんしっかりと根付いたら、その幻想は彼のものの見方に大きく影響する。すなわち、両親の結婚も自分の幼年時代も、しあわせであったと信じるならば、それと同様に、結婚と幼年時代というものはつねにしあわせであるし、しあわせでなければならないと信じるだろう。もし、彼自身の結婚が失敗するようなことがあっても、彼はその罪を一般的な社会状況に帰するよりは、自分自身に帰す

表 3.55 質問 213：子供時代は幸福でしたか。
政治的志向別による回答 （%）

回答カテゴリー	政治的志向												計
	社会民主党				社会主義左派	共産党				ブルジョア政党	ナチス	支持政党なし	
	1	2	3	計		1	2	3	計				
1 はい	64	61	58	61	43	45	61	33	52	68	71	66	59
2 条件付き回答	14	12	10	12	11	5	1	–	3	2	12	3	8
3 いいえ	19	23	27	23	37	45	35	56	41	28	17	24	28
4 無回答	3	4	5	4	9	5	3	11	4	2	–	7	5
計	100	100	100	100	100	100	100	100	100	100	100	100	100
回答者数	61	125	76	262	45	63	78	9	150	43	17	67	584

表3．56　政治的志向別による肯定回答と否定回答　（%）

	質問	ナチス	ブルジョア政党	社会民主党	社会主義左派	共産党	共産党役員	共産党支持者
はい	213	71	68	61	43	62	45	61
	214	82	72	63	54	47	40	52
いいえ	213	17	28	23	37	41	45	35
	214	18	24	24	28	38	45	45

るだろう。

一方、否定回答は、おそらく昔ながらの考え方の結果ではなく、むしろ、社会秩序全体に批判的な立場から生じるものだろう。回答が総体的な生活態度の表現でもあると考えうるかぎり、被調査者の政治秩序に対する考え方は、影響要因として比較的小さな役割しか演じていない――そしてまさにこのことが、質問を私たちにとってより興味深いものとしているのである。

回答欠如の数が少ないことは、両質問が一般的に関心の深いものであり、それぞれの意見が自由に述べられたことを示している（表3・55参照）。

政治的志向に従って分類すると、回答態度に差異がある。すなわちナチスを一方の端に置き、共産党を他方の端に置いたスペクトルの内部に、否定回答が増加し、肯定回答が減少する、有意の傾向があった。さらに、共産党においては、役員と一般支持者との間に、他の多くの質問でも認められた有意の差異が見られた（表3・56参照）。

表において明らかとなった傾向は、二通りに説明できる。一方では、これは一つの現実の傾向にかかわっていると言えるかもしれない。すなわち、客観的に不幸な幼年時代を送った人びとは、政治的にラディカルな態度に傾く頻度が高いということである。ところがまた他方では、ラディカルな思想の持ち主は、批判的な姿勢を持つ傾向があり、したがって、現在と過去に幻想をいだくことが少なく、そのために自己の幼年時代をより現実的に振り返って見るとも言えるのである。もし私たちが、不幸な幼年時代はしばしば、おとなしくて従順な、つまり非攻撃的な性格の形成をもたらすということを、知らなかったら、はじめの説明で十分満足することだろう。しかし、ここに簡単に述べた傾向自体は、ラディカルな傾向が強くなるほど、幻想が少なくなるという根本的な関係を示していると仮定すべきである（表3・57参照）。

異なった職業グループとの関連においても、回答態度に有意の傾向が認められた。肯定回答の割合が最も高いのはホワイトカラーとその他のグループで、反対に最も低いのは非熟練労働者であった。また反対に、ホワイトカラーとその他とは、否定回答で最も割合が低く、一方非熟練労働者がここで最も高い値を示した（表3・58参照）。

極度に逼迫した経済状態は、疑いもなく不幸な結婚と幼年時代をもたらし、もっとよい生活条件であれば避けられたはずの葛藤を引き起こしたり、強めたりする。ホワイトカラーと「その他」は、労働者や失業者よりも、通常は経済的に恵まれた社会グループの出身であったから、(*) 回答動向の差異は、部分的に幼年時代の逼迫した経済状態からも説明できるだろう。しかし一方、失業者と非熟練労働者の幼年時代と両親の家庭が、熟練労働者に比べて実際にこれほど不幸であったとは信じがたい。したがって、前者の現在の経済的窮乏がより大きな全般的幻滅をもたらしたことは、かなり確実であると言える。こ

* このことは質問第二一五（お金に困った時、裕福な親類や友人に頼れますか）の結果にも見られる。肯定回答は、ホワイトカラー（一八%）、その他（二二%）の方が、熟練、非熟練の労働者（一〇%と二%）や失業者（二%）より有意に多い。否定的回答はこの点において反対の傾向を見せている。

表 3.57 質問 213：子供時代は幸福でしたか。
経済的地位別による回答（%）

回答カテゴリー	経済的地位					計
	非熟練労働者	熟練労働者	ホワイトカラー	失業者	その他	
1　はい	35	58	69	46	73	59
2　条件付き回答	12	8	7	9	6	8
3　いいえ	47	28	23	39	18	28
4　無回答	6	6	1	6	3	5
計	100	100	100	100	100	100
回答者数	34	264	154	90	42	584

表 3.58　経済的地位別による肯定回答と否定回答　(%)

	質問	その他	ホワイトカラー	熟練労働者	失業者	非熟練労働者
はい	213	73	69	58	46	35
	214	69	68	59	53	44
いいえ	213	18	23	28	39	47
	214	17	24	25	37	38

れに反して、ホワイトカラーとその他の肯定的回答の数の多さは、このグループが幻想を持ち続け、幼年時代と結婚の幸福についての昔ながらの考えに疑いを持たない傾向があることに、一つの理由があるのだろう。

質問第四一八

よく眠れますか。

この質問によって私たちは、一人の人間の神経系と、社会的・経済的地位と、彼のイデオロギーの間にあるかもしれない関係を引き出そうとした。九五%という高い回答率は、回答者がほとんど抵抗感を感じなかったことを明らかに示している。このことは、ふつうならこのような他愛のない質問を無視しかねない共産党にもあてはまった。

被調査者の七九%は〔明らかに睡眠障害を持たず〕肯定の回答をした。今日では、年を取るほど睡眠時間が減るのはあたりまえのこととなっているが、私たちの資料もこの仮説をあらためて裏付けた。被調査者の職業形態に従って回答を分類すると、経済的に最も低いグループである失業者は、眠ることも最も少なかった。彼らの二二%が〈いいえ〉と回答したが、これは熟練労働者(一二%)、ホワイトカラー(一一%)、〈その他〉(一一%)に対して有意の差異を示している。逆に後者は肯定の表明の割合が高かった。この場合のこの結果は、〈年齢〉という変数とは無関係であった。失業者の平均年齢が二十八歳であったのに対して、労働者が平均三十一から三十二歳、ホワイトカラーが三十五歳であったからである。

ここに示唆されている少ない睡眠と低い収入との関係は、収入別の表を一瞥すれば、いっそうはっきりする。これによると、「はい」回答の割合は、最低所得の七五％から最高所得の八五％まで連続して増大する。一方、反対の傾向が否定回答にあって、それは二三％から八％まで低下している。これらの結果は、貧しい被調査者の場合、神経性睡眠障害の起こる頻度は明らかに収入の多い被調査者より高いという仮説にまとめることができる。

〔政治的グループ別に関連しては、さらに次のことに留意すべきである。すなわち〕共産党においては、ブルジョア政党を除く他のグループより、否定回答の割合が高くなっている。この差異は、共産党において、失業者と低所得層が他のグループよりも多く見られるという事実のみに基づいているのではない。また〈年齢〉変数に帰せられるものでもない。共産党は平均二十九歳であって、全標本の平均より低いからである。これはむしろ共産党が根本的に活動性を身につけているからのように思われる。この解釈は、他の質問における回答率が高いということで裏付けられる。

第四章　パーソナリティ類型と政治的態度

これまでは、被調査者たちの態度を、個別の、あるいは相互に関連したいくつかの質問に応じてそれぞれ扱ってきた。したがって私たちの述べてきたことは、いつの場合でも、さまざまな問題複合に対する平均的態度であった。このやり方では、回答はアンケートの文脈から切り離されたから、アンケートの全体性は失われ、したがって被調査者のパーソナリティも、失われてしまった。これに対して、私たちは以下において、それぞれのパーソナリティ類型という視点から、特定の政治的あるいは経済的グループに典型的なパーソナリティ特性を分析する。このことは、もはや一個の質問に対するすべての回答者の態度ではなく、一人の回答者が、彼にとって最も重要な回答をする時に表われる総体的な態度を調べることを意味する。

この処理方法の根底には、次の理論的予想がある。すなわち、アンケートが一人の人間によって答えられているかぎり、回答は被調査者のパーソナリティに対応する構造を示しているはずである。それゆえ、回答は、あれこれの問題についての個別の陳述の集合以上のものであるにちがいない。それはむしろある全体を表わしていて、その中で、個々の細部を回答者のパーソナリティ全体と結びつけることができる。しかしながら、個々のアンケートが相互に矛盾する回答を含むこともありうる。人間のパーソナリティ自体が矛盾を含むこともあるからである。いずれにせよ、矛盾は精神全体の枠の中で理解し解釈しなければならない。アンケートに対する回答は、回答をする人物のパーソナリティ全体の表現と見なされるのであって、この点でその他の一連の関連した個人的表現と似ている。たとえばある一定期間のその人物の全行為、ロールシャッハテストにおける一連の連想、精神分析医の診察時における自由な思考の流れなど。

回答が、パーソナリティを表わしているのかどうか、またどの程度表わしているのかは、アンケート自体にもかかわっている。質問が私たちの調査の中の、地位に関する質問のような種類のものばかりであれば、一見して読み取れる以上のことが、文章表現の細部に表われることも時にはあるとはいえ、質問がパーソナリティを明らかにすることは、当然非常に少ない。しかし、私たちが行なったような、態度、感情、習慣、意見などを問う一方、被調査者に一定の回答様式を示唆することもないアンケートは、パーソナリティの表現と見なしうる結果を、はるかに多くもたらすのである。たしかに、この種のアンケートでは――この方法の技術的限界にとどまるかぎり、いかなるアンケートでも――パーソナリティの全体像をとらえることは、期待できない。しかし私たちが期待したのは、ある種のパーソナリティ特性の全体像と、個人の内部でのそれらの特性の関係を見いだすことであり、それも、政治的信条の重みと信頼性に関連した特性であった。

ある性格特性を明らかにするように質問を設定しても、それに相応した有益な回答の可能性が得られただけであって、それは決して約束されたわけではない。それでも、回答者は主観的には正直に答え、私たちを故意に誤りに導くようなことはしないことを前提にすることができる。しかし、ある被調査者が、自分の考えを言おうと努めながら、軽率に自分をあざむいてしまい、ほんとうの考えと感情をまったく表に出さないこともありうることである。人間は、他人がそれを期待していると思うと、そのとおりに感じたり、考えたりしてしまうことがいかに多いか、また、自発的に〈自己表現〉することがいかに不得手であるかを考慮すれば、この種のあらかじめ用意された回答が非常に多くあることを、予想しなければならない。とはいえ、明確な結果を得る可能性は、はじめの印象ほど少ないものではない。類型的で自発性のない回答でも、その表現の細部を見れば、類型の仮面の下に隠されているものを推測する手がかりを含む場合が多く、また回答に含まれる矛盾や著しい類似が、回答者の性格を理解する鍵を提供することもある。

回答者のパーソナリティを明らかにする最良の方法は、その人のすべての回答の文章の個々のニュアンスと、矛盾と特徴とを、分析の対象にすることにある。しかしこの方法は、実際的な理由で、採用しなかった。五百八十四項目、六頁に及ぶアンケートの回答を印刷することは、当然本書の枠をはみ出すことになるからである。そのうえ、この種の分析では、それに必要な理論的・心理学的背景を読者に知らせることが不可欠であるが、これだけでもまた、一冊の書物を要するであろう。それはともかくとして、この章の末尾にいくつかのアンケートを掲載するが、それらのアンケートは、全体としての回答が——細部を真剣にとらえるならば——具体的な回答を一般的な性格のカテゴリーに包括しようとするよりも、もっと豊かなパーソナリティ像をもたらすものであることを、示している。

私たちの調査の目的は、何人かの個人の心理学的分析ではなく、それぞれのさまざまな地位グループの典型的な特徴と態度を見いだすところにあった。全体のアンケートのすべての回答の文章を細部にわたって分析することは断念しなければならなかったので、与えられた技術的、理論的制限からはみ出すことなく、しかも回答者の性格構造への何らかの洞察を可能にするような方法で処理するという課題が生じた。この目的のために、まず三つのおもだった質問群を選んだ。以下で「複合」と呼ぶが、それらは私たちがとくに関心を持つパーソナリティ特性を解明するためのものであった。これらの質問がかかわりを持つのは、一般的政治観と、権威に対する情緒的態度と、最後に連帯的・共同主義的人生観、もしくは個人主義的人生観に対する態度であった。さらにこの三つのテーマに対する態度表明に表われるパーソナリティ特性の分類を、それぞれの政党の立場との関係という観点から行なった。しかし、その経緯を詳述する前に、当時それぞれの主題領域の根底にあった理論的背景を略述しておきたい。

第一の複合は、左右の政党の対照的な綱領にとりわけ鮮明に表われている、一般の社会的・政治的問題の評価の違いにかかわっている。アメリカの政党とは対照的に、これらの綱領はまったく共通点を持たないのがふつうであって、〈世界観〉型の全面的に相反する政治信条を表わしていた。たとえば、労働者政党の綱領を信じるということは、労働者階級、ドイツ民族、さらには人類の現在と未来についての見方の全複合を信じるということを意味した。これらの見方は、さらに言えば、資本主義下の生産手段と社会秩序との結果としての現在の苦難と悪条件の批判につながり、また、資本主義を廃止すれば、人類は戦争も抑圧も窮乏もない生活をすることができるし、労働者の連帯行動によって社会主義の社会秩序がもたらされたならば、人は自由な個人として、最大限の幸福に到達することができるという信念につながるものであった。この見方の複合にはさらに、ドイツの刑事司法は持てる者を優遇する、党派的階級的司法であるとする意見や、人の運命は彼の階級によって決定されるが、自分の階級の勝利のための闘争によって運命の変革に積極的に寄与できるという哲学的信念も含まれていた。もちろん両労働者政党には、この世界観複合にも違いがあった。社会民主党の右派は、社会主義への段階的でゆるやかな発展を求めていた。したがって現状をより好意的に見て、一連の改革を通じて——激しい闘いを避けて——社会主義の目標に到達することができると考えた。これに対して、共産党と社会主義左派は、社会主義へのゆるやかな、闘争抜きの移行の可能性を否定し、社会主義的目標への到達に向かって労働者階級の積極的な闘いを求めた。

左翼政党の哲学には、反社会主義政党の哲学が対立した。右翼になればなるほど、対立の度合いも激しくなった。中間政党には、まだ左翼政党に似た一連の世界観があったが、右翼政党にはまったく対立する世界観が見られた。彼らは個人の発展をめざす哲学をしりぞけ、その代わりに、国家の名声を高めるための個人の犠牲精神と服従とを説いた。その場合、戦争は永久に必要なもの、価値あるものと位置づけられた。個別の質問——たとえばインフレーションの原因についての質問——に対しては、彼らは社会民主主義や外国や個人に責任があるとしたが、経済体系そのものの責任は認めなかった。このような意見が、右翼政党の綱領で公式に唱えられることは多くなかったが、彼らの新聞、集会での演説、さらには支持者たちの政治思想の主流をなしていた。

社会観、政治観における、このような理想型的に定式化された違いから、選ばれた質問に対する回答を分類するための指針が得られた。原則としては、回答が首尾一貫して、社会主義・共産主義哲学的であるか、自由主義・改良主義哲学的であるか、あるいは反社会主義・権威主義哲学的であるか、によって区分することができた。当然ながら、この方法では相当数の回答が分類不可能であった。回答者の表現がいずれの方向を指しているのか不明瞭で、首尾一貫せず、あいまいで、表面的・類型的であったからである。

しかし、政治信条は、ただ一連のものの見方を包含するばかりでなく、ある種の感情や情熱、あるいは、それらの情熱や感情が支配している性格構造や態度にも訴える。特定の政治信条の世界観と結びつけられる態度複合とパーソナリティ特性は、それに対応する、ものの見方の複合と同じように記述することができる。このような方法をとれば、ある精神的態度の理想型としての全体像は、全体的な政治観から直接に構成される。政治信条が訴えかけている精神的態度が、記述されるからである。その態度は、その信条を信じている人間の精神構造から導き出すのではない。したがって、このような政治的・心理学的類型学は、政治信条の支持者については何も語らない。むしろ、この章が示しているのは、左翼政党の支持者たちがしばしば表わした精神的態度が、そのように構成された理想型とは決して合致せず、まさに対立するものであったということである。

しかしこのことを確認しても、その理想型的精神態度が、あたかも現実と遊離した構築物であるかのように誤解してはならない。政治信条自体が、社会の特定の階級の物質的な状態に根ざす関心と希望の表現であるのと同じように、その階級に内在する情緒的要素も、歴史的な発展に基づいて、彼らの最先端部分で発達してきたのである。一つの階級の心的構造は、その客観的状態の一つの要素である。〈世界観〉は、歴史の過程の中で一つの階級のうちに育ってきた精神的特徴と、情熱的な願望によってもたらされるが、同時にその願望や情熱に訴えかけるものでもある。精神の変化は、当然経済の変化より進行が遅い。一つの階級が、経済に関しては比較的一様に発達しながら、精神に関しては、その階級の最先端の人びとだけが、ある精神構造を比較的純粋な形で示し、階級全体としては、傾向的にゆっくりと進化しながら、そこへ到達することもありうる。また一方、その階級に属するほかの人びとは、直接的な政治観では非常に進歩的でありながら、情緒的態度では反動的であるということもありうる。私たちがとくに興味をいだいたこの二元性は、とりわけ私たちの選んだ二番目の複合、すなわち、回答者の権威に対する態度において、研究することができる。

権威に対する態度は、左翼的哲学によれば、自分自身とすべての人間の自由への希求によって特徴づけられる。その自由とは、個人が自己の幸福と発展を人生の最高の法則とすることを認めるものである。しかし、その個人の発展は他の人びとに敵対するものであってはならない。むしろ彼の求める自由は、その人びととの連帯関係に基づいてこそ可能となるべきものである。その他の特徴は、個人の自由を、その個人の外にある何かの目的のために制限しようとする、すべての権力に対する憎しみであり、また、すべての虐げられた人びとや弱い人びとに対する自己同化的な同情である。要するに、それは世界に批判的に立ち向かう態度であり、歴史的過程を、人間を超えた力による不可避の作用ではなく、特定の社会的関係の結果と見なし、その関係を変えることによって、人間の運命の一見永遠で必然的な諸相も変えることができると見なす態度である。

権威主義的態度は人間が彼を超越した外部の力に隷属することを肯定する。それどころか、それを熱望し、喜ぶ。その力が国家であれ、指導者であれ、自然の法則であれ、過去であれ、あるいは神であれ。強く、力のある者は、まさにその性質のゆえに賛美され、愛される。弱く、力を持たない者は、憎まれ軽蔑される（E・フロム、一九三六a参照）。人生享受と幸福ではなく、犠牲と義務とが権威主義的態度の主たる目標である。

これら両極端の態度とは別に、第三の改良主義的態度がある。これは権威があまりにも厳しく、あまりにも個人を侵害する場合には、直ちに拒絶するが、そのような性格が表われていない時には、権威を求める。

最後に、私たちが関心をいだいた三番目の複合は、隣人に対する態度であった。人間に対する態度として、社会主義と共産主義の共同主義的信条が理想とするものは、連帯と友愛に要約される。その目標は、孤立し、競争的で、他人から閉じこもった個人ではなく、世界に心を開き、広いかかわりを持ち、人びとに——まず自分の階級の仲間に——連帯感を持つ人間である。右翼政党の理想はその反対に、他人のことはまったく考慮せず、自己の利益はわき目もふらずに追求する、という態度であって、それは「人は他人に対して狼である」〔訳注。ローマの劇作家プラウトゥスの言葉〕という原理に示されている。ここでも、この両極を仲介し、あるいは妥協させようとする意図の明らかな態度がある。それを「改良主義的」と性格づけることとする。したがって、回答は権威に対する態度を問う質問の場合と同じように、さきに政治観の分野で述べた方法で判定される。それぞれの回答について言えることは、その一貫した表明が社会主義的・共産主義的態度なのか、権威主義的態度なのか、その中間に位置する、明白な改良主義的態度なのか、それとも、回答はそれらのどの理想型的態度にも明らかなかかわりを持たないのか、ということである。

方法論の詳細は、次のとおりであった。私たちは、政治観複合について、また権威に対する態度と隣人に対する態度について、指標になると思われる質問を選び出した。そして、どの回答が明瞭に社会主義的・共産主義的態度、反社会主義的・権威主義的態度、あるいは改良主義的態度の傾向を持つか、どの回答がそのいずれの態度にも一貫して合致してはいないかを、確かめた。三つの主集団という意味で首尾一貫した回答は、それぞれ符号をつけた。すなわちラディカル（radikal）のR、権威主義的（autoritär）のA、妥協志向・改良主義的（kompromissorientiert-reformistisch）のKのそれぞれの態度である。この三つの態度のどれともはっきり言えない不定（indifferent）の回答には、Iを付した。次いで、まず、各アンケートについて、回答者がどの意味で私たちの選び出した質問に回答したかを確かめた。そして個別の回答の分類からさらに進んで、第二段階として、各々の質問群について態度の一貫性をとらえた。個々の結果が明らかに矛盾したものでないかぎりは、個別回答の過半数に適合する符号によって、その回答複合を全体的に性格づけた。このようにして私たちは三つの複合を得たが、それらはそれぞれ、その政治傾向に従って評価された（第四章(a)―(c)）。続く第三段階は、三つの分類のまとめである。ここから得られたのは、それぞれのアンケートないしはそれぞれの回答者について診断された、結論的な政治的態度の「症候群」であった（第四章(d)）。そのような症候群は、もちろん個々の包括的なパーソナリティ像を示すものではない。しかしそれらの特定の組み合わせがもたらす観点は、各々の政治思想の重さと信頼性の評価を可能にする。最後の第四の段階は、最も重要な症候群類型と回答者のさまざまな地位グループを比較し、それによって政治的、経済的（第四章(e)と(f)）グループ内の症候群分布を調べることであった。（……）

(a) 政治観

表4.1 質問424：あなたの考えでは、どうすれば世界はよくなりますか。

回答カテゴリー	分類
社会主義	R（急進的）
よりよい政府 よりよい指導例 より多くの統率者	A（権威主義的）
知識と啓蒙 国際主義 富裕税 道徳、教育学	K（妥協志向）
その他	I（不定）

表4.2 質問426： あなたが歴史上最も偉大な人物と思うのは、だれですか。——現代ではどうですか

回答カテゴリー	分類
革命的社会主義者，教祖，革命家， 学者，芸術家と革命的社会主義者	R
有名な国家指導者、レーニンやその他の 革命的社会主義者と有名な国家指導者	A
古典的社会主義者単独で、もしくは共和主義指導者そして／あるいはビスマルク、ヒンデンブルクと。共和主義政党指導者、あらゆる種類の有名人	K
その他	I

表4.3 質問429：あなたの考えでは、どうすれば次の世界大戦を防ぐことができますか。

回答カテゴリー	分類
現在の経済体系を変える、共産主義、ゼネスト	R
戦争は不可避	A
国際理解、平和主義教育、人類の道徳向上	K
その他	I

表4.4 質問431：あなたの考えでは、インフレーションはだれの責任ですか。

回答カテゴリー	分類
資本家、資本主義	R
外国、講和条約、ユダヤ人、社会民主主義、個人	A
君主制	K
その他	I

第一の複合は、一般的な政治意見に関するものであって、次の四つの質問から成る。

質問第四二四　あなたの考えでは、どうすれば世界はよくなりますか。

質問第四二六　あなたが歴史上最も偉大な人物と思うのは、だれですか。現代ではどうですか。

質問第四二九　あなたの考えでは、どうすれば次の世界大戦を防ぐことができますか。

質問第四三一　あなたの考えでは、インフレーションはだれの責任ですか。

この質問の選択自体についてては、とりたてて説明を要しない。実は当初、私たちは政治観に関してさらにいくつかの質問を考慮したが、それらの回答の構造が、今あげた質問の場合とあまり変わらなかったので、これらに限定したのである。回答自体は表4・1のように分類された。

明らかなことは、「社会主義」という回答はマルクス主義の教義に合致するが、一方、強力な政府を期待するのは明白に反社会主義の立場に分類できる、ということである。「知識……」、「国際主義」、「富裕税」は、実際に何人かの社会主義者が書いたが、マルクス主義には合致しない。それらは文化、政治、経済の分野で、部分的な解決策を提示してはいるが、資本主義社会を社会主義社会に替えるというラディカルな解決策ではない。

(以下は表4・2)「有名な国家指導者。レーニン、その他の革命的社会主義者を含む」をあげた回答者は、権威主義的性格とした。彼らにとっては、強力な指導者が社会主義のために闘おうと、何か他のもののために闘おうと同じことだということが、回答の組み合わせからわかったからである。決定的となるのはむしろ、強力な指導者像そのものであった。たとえばマルクスのような過去の古典的社会主義者のみが取り上げられ、同時代の社会主義指導者が取り上げられていないかぎり、社会主義への基本的に肯定的な態度があるとは思われるものの、同時に現実の政治論争に対する無関心もまたあるように思われる。民主主義政党の政治指導者のみを、時にはビスマルク、ヒンデンブルクと関連してあげている場合や、あるいはその他、学校時代に〈偉大〉と聞かされた、あらゆる種類の〈有名人〉をあげている場合も、同様な態度である。これらすべての回答は、共和政権に対して、意識的もしくは暗黙の共感を

表4．5

回答型	回答者数
1） 急進的回答	
4個の質問ともR	20
3個の質問にR　他に1個のAもなし	38
2個の質問にR　他に1個のAもなし	72
1個の質問にR　他に1個のAもなし	127
少なくとも1個の質問にR　他に1個のAもなし	257
2） 権威主義的回答	
4個の質問ともA	7
3個の質問にA　他に1個のRもなし	7
2個の質問にA　他に1個のRもなし	29
1個の質問にA　他に1個のRもなし	57
少なくとも1個の質問にA　他に1個のRもなし	100
3） 妥協志向的回答	
4個の質問ともK	1
3個の質問にK　他に1個のRもAもなし	11
2個の質問にK　他に1個のRもAもなし	53
1個の質問にK　他に1個のRもAもなし	49
少なくとも1個の質問にK　他に1個のRもAもなし	95
4） 矛盾を含む不定的回答	
2個の質問にR　1個か2個のA　少なくとも1個のK	30
1個の質問がRかA　3個の質問がKかI	32
4個の質問ともI	70
矛盾的もしくは不定的回答	132

いだいている、類型的態度の特徴であって、K（妥協志向）の項目に包括された。（以下は表4・3）Rに包含された回答は、左翼政党の当時のスローガンに合致している。一方、戦争を不可避とする見解は、右翼政党特有のものであった。Kに分類された回答は、今までの質問で類型的とされたものと同質の内容である。

左翼の理論は、資本主義にインフレーションの責任があるとした。一方、これに対立する立場は、大戦の敵側、ユダヤ人、社会主義者、あるいはシャハト〔訳注。Hjalmar Schacht, 1877-1970. ドイツの銀行家〕、ヘルフェリト〔Karl Helfferich, 1872-1924. ドイツの銀行家・政治家。第一次大戦後の経済復興に努力した〕、ハーフェンシュタイン〔Rudolf Havenstein, 1852-1923. ドイツの銀行家〕のような個人のせいにした。君主制という回答は、改良主義的態度の表われと判断された。なぜならこの回答は資本主義自体に責任があるとせず、旧国家にあるとしたのであって、その欠陥は共和制の樹立によって、除去されたと考えられているからである（表4・4参照）。次の段階は、政治思想の内的一貫性の検証であった。個別回答は、同一人物で同時にRとAの分類が生じない場合にのみ、一貫性があると認められた。これに対してK回答は、RもしくはAの分類と矛盾するものとは見なされなかった。すなわちこの態度表明は、両極のどちらにも直接には属さない妥協の立場を表わしていたからである。この回答の独自の価値は、それを総計した全体の枠組によって決定された。基本的にこれらの回答が独立した性質を持つと認められたのは、単独で現われた時、すなわち、RやAと無関係に現われた時のみであった。同じようなことが言えるのは、「不定」と性格づけされた回答であって、これらは他のカテゴリーと矛盾するものとは決して見なされなかった。以上を背景として、第一の複合の回答類型分布は、次のようになった（表4・5参照）。

総体的に見て、この質問群における回答状況は、かなり高い一貫性を示している。四百五十二通のアンケートにおいて、RとAとが同時に現われることはない。政治意見に著しい矛盾を見せた被調査者は、六十二人のみである。しかし、全問に完全に一貫した回答が見いだされたのは、二十八通だけであった。この結果は、一方では、大多数の回答者の政治観が、矛盾したものではなく、筋の通ったものであることを、示している。しかしまた一方では、自分の政党の理論を十分認識して、すべての質問においてそれを考慮した被調査者は、きわめて少数であったことをも、示している。

(b) 権威に対する態度

第二の複合は、権威に対する態度に関するものであって、次の四つの質問から成っている。

質問第三二七／二八　結婚している女性が職に就くのは正しいことだと思いますか。どうしてですか。
質問第六二一／二二　まったく体罰なしに子供を教育できると思いますか。
質問第四二二／二三　個人は自分の運命に責任があると思いますか。どうしてですか。
質問第四二四　あなたの考えでは、どうすれば世界はよくなりますか。

これらの質問は、一見しただけで第一複合の質問とはかなり違っていることが明瞭である。さきの場合、関心は回答者の意識的な政治的態度に向けられていた。したがって回答をラディカルと権威主義的に分類する場合にも、それぞれの態度が、内的態度に基づいているのか、それとも党の宣伝の影響が強く残っているだけなのかは、問われなかった。これに対して、第二と第三の複合を構成するのは、回答から被調査者に潜在する感情を推論することができるような質問である。権威に対する態度や、同僚に対する感情を、直接に質問してはいないので、回答を直接に分類することはできなかった。分類は、回答の解釈を待ってはじめて可能となった。

第二複合の質問は、まことにさまざまの問題を扱ってはいるが、すべてが〈権威〉というテーマに関係している。この点で、それぞれの質問は、この問題の違った面に光を当てている。私たちはすでに、社会主義と共産主義の政治信条に合致した、反権威主義的態度においては、個人の自由と自立とが至上の目標であるということを、指摘した。また反対に、権威主義的態度の特徴は、自分の人生をより高い権力に従属させ、自分自身を絶対的に弱いもの、あるいはより高い権力の道具と見なすところにある、ということをも指摘した。他方、権威主義的態度は、弱者を支配し、自分が強者に対して感じている従属関係に彼らを置く性向によってもまた、特徴づけられる。権威主義的態度のこの両面は、権威体系の階級組織《ヒエラルヒー》において満足させられる。そこではだれでも、服従しなければならないだれかが自分の上にいる。そして支配することのできるだれかが自分の下にいる。ふつう、経済について何の力も持たない、今日の社会の平均的市民の状況を観察すると、彼の権威主義的性向はまず私的な領域で発揮される。すなわち、妻と子供に対する関係である。権威主義的な態度が存在するかぎり、それは妻の経済的自立に対する拒否と、さらには、体罰の不足は子供に悪いという信念とに表われる。一方、左翼的理論は、その反対の立場を主張しているのである。

運命に対する個人の責任と、世界改善の可能性とについての二つの質問は、ともに権威主義複合の別の面に向けられている。すなわち自分の運命と人類の運命に関する個人の無力感である。権威主義者は

表4.6 質問327/28：結婚している女性が職に就くのは正しいことだと思いますか。どうしてですか。

回答カテゴリー	分類
はい、理由付け無し はい、自立、自覚させる	**R**
いいえ、女性の本性に反する いいえ、家庭に十分の仕事がある いいえ、男性の仕事を妨げる	**A**
条件付き回答	**K**
その他	**I**

自分の無力さを強調し、反権威主義者は人間が自分の運命と世界の運命を改善するために何かすることができるという信念を強調する。質問第四二四が、すでに前の複合でも用いられながら、今度も繰り返されるのは、これが一人の人間の政治思想の根本にあるというだけではなく、権威に対する彼の態度を描写するのに適切だからである。しかし、第一複合の分析において、すでに中心的役割を果たしているので、権威に対する態度の分類においては、それほど重点を置かなかった。

（以下は表4・6）「はい」とあるだけで、それ以上の説明のない回答は、基本的にRに分類した。それはとりわけ次の理由で正当化される。すなわち、少数の回答者のみが、女性の経済的自立に関して、そのような妥協しない立場をとったので、単純な肯定の態度表明を、積極的態度の表現と評価することができた。これに対して、否定の回答で付加説明のないものは、違った扱いをしなければならなかった。なぜなら、結婚している女性は働きに出るべきではないという考え方は、ドイツで非常に普及していて、必ずしも女性を従属的位置にとどめたいという願望を表わしているとは限らなかったからである。したがっ

表4.7　質問 621/22：まったく体罰なしに子供を教育できると思いますか。理由は。

回答カテゴリー	分類
はい、子供は自由に恐れを知らずに成長するべきだから	R
いいえ、子供は権威を知らなければならないから いいえ、自分もそうして大きくなったのだから いいえ、子供は親切をいいことに甘えるから	A
どちらとも、子供による 極端な場合のみ はい、実際に体罰なしにやれたから はい、他の罰し方のほうが効果的だから	K
その他	I

表4.8　質問 422/23：個人は自分の運命に責任があると思いますか。どうしてですか。

回答カテゴリー	分類
はい、彼が政治に受動的で怠惰だから いいえ、彼の運命は彼の階級によって決まっている。階級の運命をのみ変えることが可能	R
はい、彼が理性的に生きていないから いいえ、彼はより高い力に依存しているから	A
条件付き回答	K
その他	I

て、単純な否定回答は不定と分類した。しかし、この態度についてはっきりした理由の説明が付加されているかぎり、その回答は、単に従来の考え方をおうむ返しにしている以上のものであると見なされたので、Aに分類した。最後に、Kに分類したのは、一般の女性は働くべきだが、結婚している女性はいけないとか、困っている女性のみが働くべきであるとした改良主義の立場であった。

（以下は表4・7）評価に当たっては、回答の理由が示されていて、回答者がこの点について、ほんとうの感情を表現しているとわかる回答のみを、R、AまたはKに分類した。一方、「はい」、「いいえ」とのみきめつけた回答は、体罰に賛成にせよ反対にせよ、従来の思考枠の踏襲と考えて、不定と分類した。

（以下は表4・8）第三章でのこの質問の分析が、すでに示しているように、被調査者の大多数が、人間の運命はその社会的な位置の制約を受けると回答しながら、その考えに、それ以上の解説を加えなかった。この回答は、従来の社会主義の思考様式と合致しているようだが、マルクス主義理論の本質的な要点を無視している。この理論の出発点は、人間は自分の社会的な位置に依存しているにもかかわらず、というよりは、まさに依存しているからこそ、政治活動によって自分の運命を変えることができる、というところにある。社会主義のこの重要な実践主義的特徴を強調した回答のみが「ラディカル」として分類され、人間の運命は環境に依存するという単純な回答は、不定と見なされた。権威主義的立場は、一見矛盾した二つの回答類型によって表現された。その一つは、人間は自分の運命を動かすにはまったく無力であると述べた。もう一つは、本人のみが自分の運命にも失敗にも責任を負うべきだ、という回答であった。これら二つの意見とも、人間は自分自身の外にある力に依存していて、必ずそれに服従しなければならない、という信念に基づいている。この場合、第一の回答類型は無力感と服従とを強調し、

表4．9　質問424：あなたの考えでは、どうすれば世界はよくなりますか。

回答カテゴリー	分類
社会主義	R
よりよい政府 よりよい指導例 より多くの〈統率者〉	A
知識と啓蒙 国際主義 富裕税 倫理学、教育学	K
その他	I

第二の類型は、内在化された権威、すなわち義務感および意識の判断に従わなければならないと考えた。

表4・9の回答の分類の根拠は、すでにさきに論じた（第四章(a)参照）。

第一複合の場合と同じように、権威に関する質問でも、個々の回答者の回答態度の一貫性が吟味された。回答の解釈による分類という観点から、当然違った種類の判定が必要となった。このことは、とりわけ、それぞれの党綱領が何の模範回答も用意していない、最初の二つの質問について言えることであった。左翼政党は、結婚している女性が職を持つことを公然と肯定する発言はせず、経済状況に対する配慮から、いかなる態度表明をも極力避けていた。また子供への罰の問題も政治の領域外であった。したがって、R回答が、必ずしも党スローガンの単なるおうむ返しであるとは考えられなかった。それはむしろ、被調査者の個人的意見の反映であった。そのうえ、はじめの二つの質問は、他の二つとは対照的に、回答者の現実の生活にとって重要な意味を持つ、実際の問題に関するものであった。すなわ

表 4 . 10

回答型	回答者数
1） ラディカルな回答	
質問 327/28と621/22にR　他に 1 個のAもなし	10
質問 327/28または621/22にR　他に 1 個のAもなし	102
質問 327/28、621/22の少なくとも 1 個にR 他に 1 個のAもなし	112
2） 権威主義的回答	
4 個の質問ともA	2
3 個の質問にA　他に 1 個のRもなし	10
2 個の質問にA　他に 1 個のRもなし	77
1 個の質問にA　他に 1 個のRもなし	139
少なくとも 1 個の質問にA　他に 1 個のRもなし	228
3） 妥協志向的回答	
4 個の質問ともK	1
3 個の質問にK　他に 1 個のRもAもなし	4
2 個の質問にK　他に 1 個のRもAもなし	21
1 個の質問にK　他に 1 個のRもなし	17
少なくとも 1 個の質問にK　他に 1 個のRもAもなし	43
4） 矛盾があるか不定の回答	
質問 621/22にR　質問 327/28にA	13
質問 327/28にR　質問 621/22にA	0
質問 327/28または621/22にR　質問 422/23または424にA	6
初めの両質問の少なくとも 1 個にA　後の両質問の少なくとも 1 個にR	133
初めの両質問にI　後の両質問にIまたはR	49
矛盾的回答と不定的回答	201

ち、ここでR回答をしたとすれば、被調査者は理論の点でも、実生活の点でもラディカルであるにちがいないが、一方第三と第四の質問に対するR回答は、時には左翼哲学への是認を示すにすぎなかった。複合全体の評価は、次のように行なった。すなわち、はじめの二つの質問のいずれかに対するR回答は、R態度を示すとし、他方A回答は、どの質問に対する回答であっても、A態度と考えた。以上のことを背景として、回答分布は次のようになった（表4・10参照）。

この複合でも、高い一貫性が注目をひく。最初の二つの質問にR回答もA回答も含む例は十三のみであったし、はじめの二つのどちらかにR回答で、残りの二つの質問にA回答がある事例は六つだけであった。ところで、これに関連して興味深いのは、結婚している女性の職の問題に対するR回答が、体罰の質問に対するA回答を伴っていることはまったくなく、一方その逆の態度は十三あったということである。このことから、最初の質問の方がより奥深く、第二の質問よりも被調査者のラディカルさをよく表わしているように思われる。なぜなら、女性の職を肯定する人びとはみな、明らかに態度が一貫していて、体罰の問題についても決してAの立場をとらなかったからである。

二百二十八人の被調査者において、四つの質問の少なくとも一つに権威主義的態度が見られ、他の質問に対するR回答は一つもなかった。他方、四つ全部もしくは三つのA回答が見られたのは、ごくわずかであった。このように、政治観の場合と同じく、回答態度の相対的な一貫性と完全な一貫性との間には、著しい対照が見られる。しかしながら、留意すべきことは、六人が、はじめの二つの質問の一つに権威主義的に、残りの二つの質問にラディカルに答えたということである〔訳注。この六人については、この表からは特定できない〕。また百三十三の事例で、説明のつかない組み合わせを得た。この結果は、はじめの二つの質問に対するR回答が、あとの二つの質問に対するR回答に比べて、より多くパーソナリティを表現しているという推測を、裏書きするものである。

(c) 隣人に対する態度

第三の複合は、他人に対して、連帯的な態度をとるか、あるいは個人主義的な態度をとるかに関する質問であって、二つの質問群から成っている。

質問第一三六／三七／三八　職業上または仕事上の同僚との関係はどうですか。直属の上司とはどうですか。さらにその上司とはどうですか。

質問第四三四／三五　金や品物を友人に貸しますか。なぜ貸しますか／貸しませんか。

▽隣人に対するその時々の態度は、社会主義的信念の重さと信頼性とに、大きな影響を与える。労働者階級の連帯なしに社会主義綱領は考えられないし、逆にその綱領の中心目標自体が、全人類を包含する連帯の確立にある。この点での情緒的態度をとらえるために、最も適切と思われる二つの問題を選んだ。〔すなわち、仕事の同僚に対する関係を問う質問と、友人に何かを貸す姿勢を問う質問であった。〕この両質問は、以下のように分類された（表4・11、4・12参照）。△

一人の労働者が、同僚とよりも上司とよりよい関係にあるという事実は、一般的に同僚に対する連帯感の不足と、明らかな出世志向とを示している。一方、上司とよりも同僚との方がうまく行っている回

表 4.11　質問 136/38：職業上または仕事上の同僚との関係はどうですか。直属の上司とはどうですか。さらにその上司とはどうですか。

回答カテゴリー	分類
上司とより同僚とのほうがよい	R
同僚とより上司とのほうがよい	A
―	K
その他	I

表 4.12　質問 434/35：金や品物を友人に貸しますか。なぜ貸しますか（なぜ貸しませんか）。

回答カテゴリー	格付け
はい、親切心や連帯感を表わす注釈	R
いいえ、道徳上のイデオロギーその他の注釈	A
条件付き回答	K
その他	I

表 4.13

回答型	回答者数
1）ラディカルな回答	
質問 434/35にR　質問 136/37にAなし	87
2）権威主義的回答	
少なくとも1個の質問にA　他の質問にRなし	108
3）妥協志向的回答	
少なくとも1個の質問にK　他の質問にRもAもなし	16
4）矛盾的不定的回答	
1個の質問にA　他の質問にR	16
両質問にI	357

答者の場合は、これと反対の態度を持っているのがふつうである。しかし、第二の複合ですでにそうであったように、この点についてはさらに詳細に区別しなければならなかった。基本的には、何かを友達に貸すかどうかを問う質問へのR回答は、同僚と上司とに対する関係を問う質問へのR回答より、パーソナリティについてより多くを語っていると仮定した。同僚との関係が上司との関係よりよいという場合の多くは、結局回答者が上司と接触する機会があまりなかっただけのことと思われ、したがってR回答はしばしば何の手がかりも与えてはくれなかった。しかし、上司との関係の方がうまくいっているとするA回答は、基本的に明白な意味を持つと判定した。それは、回答者が上司とつながりを持っていて、しかも上司を仲間の労働者たちより優先させていることに疑いがなかったからである。

▽友人に何かを貸す気持ちがあるかどうかは、疑いもなく他人に対する態度の重要な指標と考えられる。他人を愛してすぐに物を与えようとする態度を、基本的に危険なことと考えている自己中心的なパーソナリティなのか、それとも他人に対して積極的な感情をいだき、他人を助けることに喜びを見いだしているのかを、回答から推論することができるのである。△

明確に親切心と連帯感とを示した回答のみ、R回答に分類したが、意見の付いていない「はい」の回答は、ごく類型的な意見を示しているのみで、積極的な感情の表現とは考えられなかったので、「不定」に分類した。同じように、主義に基づいて「いいえ」と答えていることが、付随意見によって明らかな回答のみを、「権威主義的」と見なした。最後にKの項目に分類したのは、絶対的に必要であって、しかも返済が確実な場合にのみ貸してもいいとした人びとであった。貸すべきものを何も持たないから金も品物も貸さない、という回答がしばしばあった。この回答が合理化なのか、実情に基づいているのかがはっきりしないかぎり、この事例は「不定」と分類せざるをえなかった。以上をまとめると表4・13のような結果になった。

第三複合は二組の質問だけなので、回答の性格づけが明確にできたのは、わずかなアンケートのみであった。この点で、それぞれ四組ずつの質問から成るさきの複合とは、はっきりした違いがある。しかし、さきの場合と同じように、この場合も、回答態度相互間にいちじるしく高い一貫性が確認された。すなわち、R回答とA回答の矛盾が明らかになったのは、わずか十六例であった。

(d) 症候群および症候群構成

次の調査の段階は、それぞれのアンケートについて、これまで別々に観察していた三つの複合を最終的にまとめて性格づけすることによって、一つの症候群を構成することであった。この場合、基本となる分類は、次のように要約される。

第一複合の回答は、四つの質問についてそれぞれ均等に評価された。少なくとも一つの回答がラディカルと分類され、他の質問について権威主義的態度が存在しなければ、複合全体をRとした。A態度も類似の方法によった。最後に符号Kは、少なくとも一つの回答が妥協志向で、しかも他の質問にR回答もA回答も見いだされない場合に付した。一方、全部の質問が不定であったり、まったく回答がない場合には、線を引いた(—)。

すでに論じた理由で、第二複合の分析では、この中の最初の二つの質問が、左翼の立場にとって、全体としてより大きな意味を持っているということを前提にした。そこで、それぞれの回答は、これらの質問の少なくとも一つにラディカルな態度が見られた場合、他の質問に一つのRも見られなくとも、Rと分類した。回答の少なくとも一つがAであって、Rが一つもない被調査者は、権威主義的（A）とした。最後に、R回答もA回答もないが、少なくとも一つの妥協志向の回答があった場合、それはKに分類した。すべての質問の回答が不定であるか、あるいはまったく回答がない場合には、線を用いた。さらに、最初の二つの質問が権威主義的態度で、あとの二つが反対にラディカルな態度であれば、それも同じようにした（……）。

第三複合を分類するに当たっては、一つの回答がラディカルで、ほかには少なくとも権威主義的回答が一つもないという場合に、Rとした。権威主義的回答の場合は、その逆であった。最後に、妥協志向と見なしたのは、少なくとも一つの回答がKと判断され、他にRもAも認められない場合である。別に線を引いたカテゴリーがあるが、これは他の複合と同じく、不定の回答と無回答を示している。

次の分析の段階は、一つもしくはいくつかの複合で、矛盾した分類の生じたアンケートを取り除くことであった。それは、この場合には、被調査者の確定的な評価が不可能だからである。これによって私たちの資料は、八十九のアンケートを失った。さらに、三つの複合のいずれにおいても不定であったために、十九件を取り除かなければならなかった。こうして、さらに分析を進めるに当たって、四百七十四のアンケートが残ったが、これは当初資料の八一％である。

表4・14では、三つの複合の異なった組み合わせを頻度順に並べて表にした。政治グループごとの率も付け加えたが、社会民主党と共産党については、さらに、役員と一般支持者の区分をした。理論的には、この場合三つの複合の数多くの組み合わせが成り立つはずである。しかし実際には、全然現われな

表4.14　回答症候群と政治的志向　(%)

回答症候群	回答者数	社会民主党				社会主義左派	共産党				ブルジョア政党	ナチス	支持政党なし
		1	2	3	計		1	2	3	計			
R--	78	16	10	18	14	20	22	15	44	20	2	–	1
RR-	56	10	3	5	5	11	40	12	–	23	–	–	4
AA-	40	3	9	7	7	–	–	1	–	1	14	18	16
KA-	32	3	8	7	6	7	–	1	–	1	12	6	7
RA-	27	6	4	7	5	–	2	8	–	5	12	–	1
KAA-	20	2	8	4	5	–	–	–	–	–	5	–	6
AAA	20	2	2	1	2	–	–	–	–	–	14	29	6
-A-	30	3	4	4	4	–	–	3	–	1	–	–	12
RRR	14	2	1	2	2	7	6	3	–	4	–	–	–

いものも、わずかしか現われないものもあり、特定の類型のみが比較的多く現われた。この結果から考えられることは、特定の症候群は、一般的な心理的構造に対応しているが、他の症候群はむしろ例外と見なされるということである。

最も頻度の高かったR——グループは、第一の質問複合には、左翼の理論に合致した回答をし、第二と第三複合に対する態度は不定となったアンケートから成り立っている。この回答態度を特徴とするパーソナリティは、政治思想においては左翼政党の信条と一致しているが、感情的動因においては、異なっている。したがって、政治信念はそれほど重要性を持つとは言えない。彼らの意見は、政治理念を擁護するためのまさに絶えざるエネルギー源である感情的欲求に根ざしていないからである。とはいえ、パーソナリティに何の権威主義的傾向も認められないかぎりは、政治観は信頼できるものとすることができる。この人びとは、おそらく党の忠実な支持者ではあるだろうが、熱烈な闘争者ではない。それゆえ、受動性に逆戻りしないために、明確かつ強力な指導をつねに必要としたのである。

R——という組み合わせは、ラディカルな思想を持つ一つの類型を表わしているが、それが矛盾したパーソナリティではないまでも、〈後からついて行く〉パーソナリティであるのに対して、RR—とAA—のグループは、政治的な意見とパーソナリティ構造とがよく対応していることが特徴である。このうちAA—のグループは権威主義的であり、それに対してRR—のグループは社会主義的である。この二つのグループを、回答者の政治的方向づけとの関係で観察すると、ラディカルな性質においてきわめて一貫した組み合わせであるRR—は、社会民主党がわずか五%であったが、共産党は二三%であった。当然、両党において、役員と一般支持者との間に、著しい相違があった。すなわち前者は後者に比べて、

RR―症候群の頻度が三倍高かったのである。対照的なAA―のグループでも、驚くべき結果が表われた。このグループは問題なく反社会主義的特徴を持っているので、事実上ここには一人の社会主義者も予期されないはずである。それにもかかわらず、驚くべきことに七％の社会民主党的方向づけを持つ人びとが見いだされた。共産党は一％のみで、社会主義左派は一人もなかった。表の次の組み合わせは、KA―のグループである。これは、権威主義的パーソナリティが、傾向的に改良主義的な政治思想を伴うものである。これに対してRA―に分類された人びとは、政治観ではラディカルでありながら、同時に個人的態度決定では権威主義的であった。この組み合わせは、私たちにとってとくに興味深いものであった。なぜなら、これは歴史的に見てドイツでとくに重要な意味を持つ性格類型を、表わしていたからである（より詳細には、E・フロム、一九三六a参照）。彼らの回答からは、彼らが次のような考えをあるいは公然と、あるいはひそかに持っていることが明らかであった。すなわち、革命指導者が歴史上の最も偉大な人物であり、戦争はプロレタリア革命によってなくすことができ、インフレーションは資本主義のせいであり、社会主義によって世界はよくなる。しかしながら、それと同時に彼らの個人的態度は、強力な指導者に服従したいという願望と、一方ではすべての弱者を支配したいという欲望を露呈していた。当然ながらこの態度は無意識であることが多かった。もし「強力な指導者に服従し、他人を支配することを望みますか」と尋ねたとすれば、そういう願望の徴候を示す回答をした人びとの多くが、「いいえ」と答えたにちがいない。

(e) 権威主義的態度、ラディカルな態度、反抗的態度

さて、意識的もしくは無意識的な権威主義的態度とラディカルな思想との組み合わせには、どのような意味があるのだろうか。権威主義的性格は、一般に二つの下位グループに分けることができる。すなわち、保守的・権威主義型と、反抗的・権威主義型とである。保守的・権威主義的性格の人びとは、基本的に一つの権威に服従することを望み、自分の社会で公に認められている権威に異議を持つことがない。これの古典的な例は、君主制下の中流階級である――その典型がウィルヘルム時代の君主制小市民階級であった。この階級に属する人びとは、輝かしい権威と権力の象徴とを愛した。彼らは権威に同化し、そのことによって安定と力とを感じた。彼らの生活は、輝かしいものではなかったにしても、確かなものであった。彼らは経済的安定を感じ、一家のあるじであった。どんな反抗的な感情をいだいていたとしても、それは深く隠れて眠っていたのである。

しかしこの図も、小市民階級の経済的、政治的立場の変化に伴って変わった。彼らは、一九二一―二三年のインフレーションで、貯えを失った。かつては賛美された王権も、決定的な敗北を喫し、みずから望みを絶ってからは、信頼を失ってしまった。かくして、それまで抑圧されていた反抗の衝動が強力に刺激され、今や表面に現われてきた。小市民層、とりわけ若い年代層が、反抗的・権威主義的特徴を見せるようになり、しだいに憎まれつつある権威に反抗した。権威が譲歩的で弱々しく見えれば見えるほど、憎悪と軽蔑は増した。無力感と経済的困窮とに不断に養われたこの情緒的欲求は、本来潜在的なものであったが、何らかの政治運動が、非力な共和制の権威と、打倒された君主制の権威とのいずれもが持たなかった力を予告する新しい権威の象徴を提示しさえすれば、いつでも活性化することができたのである。

戦後期にはそのような反抗的・権威主義的性格類型が、社会主義政党や共産党に数多く参加した。左翼が彼らにとって魅力であったのは、何よりも、一般の窮状を救うこともなく反対勢力の攻撃の前にきわめて弱体化していた当時の権威に対する戦いを、左翼が代表していたからであった。ところが、幸福、自由、平等という、他の目標に対しては、彼らは無関心であった。左翼政党が、彼らの反抗的衝動に訴える唯一の党であるかぎり、彼らの熱烈な支援を期待することができた。反抗的・権威主義型の人間に対しては、資本主義を破壊し、社会主義社会を打ち立てることの必要性を信じさせることが容易であったからである。しかし、後年、ナチスのプロパガンダもまさにこの点から出発したのである。ナチスもまた反抗的感情のはけ口を与えたが、もちろん違いはあった。彼らが戦いをいどんだ権力のシンボルと権威は、ワイマール共和国と金融資本とユダヤ人であった。同時にこの新しいイデオロギーは新しい権威を打ち立てた。党と純血社会と総統であって、その力は、その残忍さによって強調された。新しいこのイデオロギーはまた二つの欲求を同時に満足させた。反抗的性向と全面服従への潜在的願望とであった。

私たちの資料中、権威主義的・反抗的類型が最も多く集まったのは、RA－の集団であった。ここの回答者にとって、政治思想の重みはおそらく相当なものであって、多くの場合に強い感情を伴っていた。しかし、その思想の堅固さはきわめて低く評価しなければならない。そのうえ、この場合において、ナチスの理念がパーソナリティに及ぼした影響は、左翼の理論より強かったから、このグループを構成していたのは、結局まさに三〇年代はじめ、あるいはナチスが権力を握った直後に、確信を持った左翼から、同じように確信を持ったナチスになった人びとである。

私たちの表では、RA―の組み合わせのあとに三つのグループが続く。ここに属する人びとは、個人的態度が首尾一貫して権威主義的であって、個人的立場と政治的立場との違いは、ほんのわずかか、あるいは全然なかった。この点で、まったくまぎれのないのは、三つの次元がいずれも権威主義的であったAAAの組み合わせである。これに対し、KAA症候群には、傾向的に改良主義的立場が見られ、―A―の組み合わせは、不定と考えられた。これら三つのグループにも、社会主義者の相当数が見いだされた。すなわち、社会民主党が一一％で共産党が一％であった。

▽原則として、二十人以下のグループはすべて、結果についての相関関係の統計的分析は行なわないことにしていたが、そのような組み合わせのうち少なくとも一つだけは取り上げることにした。それは、RRR症候群である。この組み合わせがとりわけ興味深いのは〔表にあらわれた数値が、左翼政党における、一貫してラディカルな立場の実際の重みを示しているからである〕。AAAの組み合わせではナチスの三〇％が入っていて、左翼はないにひとしいのに対して、RRR集団は全部左翼によって占められている〔社会民主党の二％、共産党の四％、社会主義左派の七％である〕。社会民主党と共産党において、完全に首尾一貫した左翼の立場を表明した人びとがこれほど少ないことは不思議に思えるかもしれない。しかし、私たちの基準が非常に厳格であったことと、それに加えて、第三複合で検討された質問は二組だけであったことを、忘れてはならない。そこで、実際に述べられた意見と、性格構造とが一致しているはずのRRRとRR―の二つのグループをあわせると、より正しい図が得られる。すなわち、全共産党の二八％と全社会民主党の七％が、これらの首尾一貫グループに属することになるのである。△

次の表は、それぞれのアンケートを症候群によってまとめ、R中心症候群とA中心症候群とを対照し

表 4．15　政治的志向別によるラディカル中心的回答と権威中心的回答　(%)

回答	政党												支持政党なし
	社会民主党				社会主義左派	共産党				Σ 社、社左、共	ブルジョア政党	ナチス	
	1	2	3	計		1	2	3	計				
R 中心	40	20	34	28	42	81	42	56	60	40	2	–	8
明白な　R結合	12	4	9	7	18	46	14	–	27	15	–	–	4
種々の　R結合	28	16	25	21	24	35	28	56	33	25	2	–	4
A 中心	24	41	32	33	11	2	22	–	13	25	73	77	65
明白な　A結合	5	12	8	9	–	–	1	–	1	5	28	47	22
種々の　A結合	12	25	17	19	11	1	13	–	7	15	33	30	42
矛盾結合	7	4	7	5	–	1	8	–	5	5	12	–	1

たものである。こうすると、Rの組み合わせも、Aの組み合わせも、さらに二つの下位グループに分かれる。すなわち、「明白な結合」と「種々の結合」とである。その「明白」に当てはまるのは、それぞれ、RRRとRR—、そしてAAAとAA—であり、もう一つの項目は、一貫性のより少ないグループを集めている。さらに最後に、RとAの矛盾を含むアンケート群があり、残りはK中心グループと不定グループである（表4・15参照）。

これまで何度も強調したように、私たちの場合のように限られた材料では、当然ながらドイツの賃金労働者、給与生活者を一般的に分類するのに、十分な土台であると見なすわけにはいかない。それに、私たちの証言も方法論の点で限られた妥当性しか持っていない。それは、私たちのとった方法では、それぞれの回答者を正確に判定することが、ほとんど望めないからである。それでもなお、私たちの得た結果は、少なくともいくつかの大きな一般的な流れを示している点で、一つの価値を持っているのである。

疑いなく最も重要な結果として注目すべきは、第一に、社会主義路線と思想においても心情においても同調している左翼の率の低さである。この、全部で一五％というまったく小さなグループのみが、危機に際して、それほど活動的ではない人びとを率いて敵を倒すのに必要な、勇気と犠牲精神と自発性とを奮い起こすだろうと期待できるのである。左翼政党は、大多数の労働者の政治的忠誠心と投票を得ていたとはいうものの、党員のパーソナリティ構造を変えて、危機的状況において信頼しうるものにすることには、全般的に成功していなかった。しかし他方では、社会民主党と共産党のさらに二五％が、彼らの政党との、程度は低いながらも広範囲な同調性を示し、パーソナリティ特性にも、何らその左翼的姿勢と矛盾するものは見られなかった。したがって彼らは、熱烈なとは言えないまでも、信頼できる支持者と見なすことができた。これらのことを背景にして、きわめて両面価値的《アンビヴァレント》な図が姿を現わす。一方において左翼政党の実際の力は、はじめにその数を見て予想したより、ずっと弱いものであったように思われる。しかし他方では、最も信頼できる闘士からなる固い核があって、それはある条件、すなわち、有能な指導性と、政治的状況の正確な把握とがあれば、それほど戦闘的でない者をも巻き込んで行くだけの大きさを持っていたのである。

しかし忘れてはならないことは、労働者政党の支持者の二〇%が、思想においても感情においても、明らかな権威主義的傾向を表明したことである。そのうち五%のみが一貫して権威主義的と認められ、一五%ではこの態度がむしろ分裂した形で現われた。さらに、社会民主党と共産党の一九%は、はっきりと相反するR回答とA回答とを持つ反抗的・権威主義的類型の傾向を示した。それに対して、明らかな妥協志向の態度は左翼の五%の特徴として表われ、全体として一六%が不定の症候群を示した。

私たちにとくに興味深かったのは、社会民主党と共産党の相違の分析であった。社会民主党の七%と共産党の二七%が強い一貫性をもってラディカル（RRR・RR—）であった。傾向として、一般的なR中心性を示したのは、それぞれ二八%と六〇%であった。同じような図となったのは、権威主義中心グループである。すなわち、共産党が一%と八%であったのに対して、社会民主党は九%と二八%であった。この結果で明らかなことは、権威主義的態度の率が比較的大きいのが目につく社会民主党に比べて、共産党は意見と態度が全体として一貫していたということである。

矛盾症候群の分布は様子が異なっていた。ここでは共産党の率が社会民主党とまったく同じであった。

そのことは共産党の内部には、公然たる権威主義類型ではなく、反抗的・権威主義類型がかなり広まっていたことを示唆していると思われる。最後にK中心態度を観察すると、社会民主党（六%）は、共産党（二%）より三倍の頻度で妥協志向の態度への傾きを示していた。それは両党の客観的な相異からも予想されることであった。

さらに、役員と不活動党員もしくは支持者との関係の分析では、両左翼政党とも、役員はR集団が優勢で、他方一般支持者はA集団に多く現われていることが、はっきりした。社会民主党では、A中心症候群を示した支持者は役員のほぼ二倍であった。そして共産党ではその割合は一対十一になった。このことは、個々の質問の分析ですでに得ていた印象を裏付ける。すなわち、共産党の役員と支持者との間には、社会民主党の両グループ間よりも大きな違いが存在したということである。

(f) 職業と出身

▽特定のパーソナリティ類型と政治的志向との間に、きわだった相関関係のあることを証明できたので、これと似た関係が、パーソナリティ類型と経済的、ひいては職業的位置との間にもあるのかどうか知りたいと考えた。この目的のために、まず回答者を、ホワイトカラー、熟練労働者、非熟練労働者に分けた。個別の質問の分析とは異なり、失業者の集団を別個に扱うことはしなかった。というのは今回は、長い失業によって決定されたり変化したりするような、特定の意見や習慣や態度が対象ではなかったからである。質問設定はむしろ、生産過程における位置が、それぞれのパーソナリティに及ぼす影響にかかわるものであった。この質問については、個人の日常の仕事の方が、彼のその時の職事情よりも

表4.16 回答症候群と職業別集団 (%)

回答症候群	ホワイトカラー	非熟練労働者	熟練労働者
R中心	29	43	39
A中心	46	34	33
その他の結合	25	23	28
計	100	100	100
人数	167	53	323

表4.17 熟練労働者の回答症候群と企業規模 (%)

回答症候群	従業員100人までの企業	従業員100人以上の企業
R中心	34	45
A中心	38	26
その他の結合	28	29
計	100	100
人数	175	148

表4.18 大企業と小企業の熟練労働者のA中心とR中心 (%)

回答症候群	従業員100人までの企業	従業員100人以上の企業
強く R中心	9	17
強く A中心	9	5

表4.19 R中心、A中心の症候群と回答者の出身 (%)

	R中心	A中心
都市出身	67	37
田舎出身	11	22
無記入	22	41
計	100	100
人数	70	60

重要なのである。この部分の調査をまとめたのが表4・16である。△

これによると、ホワイトカラーのアンケートは二九%がR中心で、四六%がA中心であったが、一方労働者ではむしろ逆の傾向が観察できる。

企業の大きさもパーソナリティ形成の要因になっているかどうかを知るために、次の手段として従業員が百人以下の会社の熟練労働者を、従業員が百人を超える工場で働く熟練労働者と区別した。この分析は表4・17の結果を生じた。

この表から明らかなように、従業員百人以下の企業の熟練労働者が、どちらかといえばA中心の症候群を示しているのに対して、大企業の対照グループでは、A中心回答のほぼ二倍のR中心回答がある。しかも、この傾向は、一貫的RとAの回答（RRRあるいはRR—とAAAあるいはAA—）のそれぞれの率を比較すれば、いっそう明瞭に認められるのである。

すなわち百人超の企業では、A中心回答の三倍以上のR中心回答があった。生産過程における役割がパーソナリティに及ぼす影響をもう一度考えてみると、労働者は総じてホワイトカラー以上に、左翼の哲学によって形成されていることが多いように見える。このことはまた、一般に理論的に予想されていることと一致している（表4・18参照）。

私たちの資料で最も注目すべきものは、大企業と小企業とにおける熟練労働者間の相違である。大企業においては、個々の労働者が経営陣やオーナーと密接なつながりを持つ度合いは、小会社におけるよりはるかに小さい。したがって大企業の労働者と上司との間に情緒的なつながりが育つ可能性は、はるかに少ない。そのために、ここには、〈ボス〉に好かれ、認められたい、また、きらわれたくないという願望によって代表される家父長的・権威主義的態度もまた存在しえないのである。この情緒的要因が欠けているかぎり、すべてに批判的で独自性のある態度が形成される可能性は有意に高いことになる。ボスに気に入られようとする競争がないことも、同じ立場にある何百何千の労働者と接触があることも、お互いの連帯感を強くするとともに、その連帯感に基づく行動を起こす気持ちを高めるのである。

最後に私たちがもう一つ調べた複合は、回答者の出身地に関するものであった。私たちの予測では、この要因も性格形成に影響力があるはずであった。都市出身者と田舎出身者とは違うからである。そこで、R中心とA中心の強い傾向を示した被調査者を、出身地によって分類した。そして表4・19の結果を得た。

強いR中心症候群を示したのは、都市出身の六七%で、対照グループではわずか一一%であった。つまり都市のラディカル中心の態度は、田舎の六倍の頻度で現われたのである。A中心症候群の場合は、これに対して異なった様相を示した。この場合対応する数字は三七%と二二%であった。このことが示唆しているのは、田舎生まれの回答者で権威主義的傾向の特徴を持つ人びとは、都市部出身の回答者の二倍近くいるということである〔訳注。この部分は表と矛盾している。表4・19の37と22は入れ替わるべきものと思われる〕。この結果は、ラディカル中心の態度という点で一貫している全体的パーソナリティの重要な条件として、「大企業の労働者」という要因に、都市出身も加えるべきことを裏付けている。

(g) 実例

〔それぞれの症候群が、どの程度にアンケート全体の性質を決定していたかを明らかにするために、三つの主要な症候群各々について五つずつの実例を、以下に列挙する。当のアンケートの全体を採録するわけにはいかないけれども、少なくとも主要な質問に対する回答は取り上げるように努めた。」

(1) 権威主義的パーソナリティ類型

質問	アンケート番号	
一〇六（職業）	五九一八	統計局管理助手、三十八歳。
	八一三三	市税務係、四十歳。
	五九三三	校正、六十一歳。
	八一三五	ポンプ管理、三十七歳。
	九〇二七	国家警察官、三十三歳。
五〇八（収入）	五九一八	二百八十二マルク（月）。
	八一三三	三百五十マルク（月）。
	五九三三	七十六マルク（週）。
	八一三五	三百マルク（月）。
	九〇二七	二百三十マルク（月）。
一四四（失業期間）	五九一八	—
	八一三三	十四か月。
	五九三三	—

八一三五　―
九〇二七　―

一五〇
（前職）

五九一八　印刷。
八一三三　農場労働者。
五九三三　植字工。
八一三五　労働者、船員。
九〇二七　召使いだった。

一五四
（他に好みの職業は）

五九一八　―
八一三三　商人。一番向いている。
五九三三　自分の職業に満足している。
八一三五　船員。気楽だ。
九〇二七　ハンターもしくはウェイター。ハンターは、自然が大好きだから。ウェイターは、実入りが多いから。

二一六
（打ち明けられる相手）

五九一八　妻。
八一三三　牧師。
五九三三　友人（結婚しているが）。
八一三五　妻と牧師。
九〇二七　―

二三〇／三一　五九一八　いいえ。なし。
（賃借菜園、　八一三三　はい。鶏。
ペット）　五九三三　いいえ。犬一匹。
　八一三五　はい。鶏、兎。
　九〇二七　——
　五九一八　机。
二三三　八一三三　——
（ほしい家具）　五九三三　ほしいものなし。
　八一三五　——
　九〇二七　机、フラワースタンド、台所設備。
二四一　五九一八　妻の両親の引き伸ばした写真、寝室絵「幸福のマリア」、「別れと再会」、自作の焼絵。
（壁の絵）　八一三三　両親二点、戦争絵二点、兵役時代のもの二点。
　五九三三　少しだけ。
　八一三五　ハンブルク、両親と子供たち、私の働いていた船。
　九〇二七　大きな静物画一点は花瓶のバラ、何点か小さな絵、妻が五歳の時の鹿と一緒の写真。
二四二　五九一八　結構。

（新しい団地）　八一三三　―
五九三三　もっとよくないと。
八一三五　―
九〇二七　―

二四四　五九一八　『ポンペイの最後の日』のような古代史物。
（愛読書）　八一三三　世界大戦。（蔵書として）カイザーの回顧録、聖書、ビスマルク。
五九三三　いいえ。（蔵書）約百冊。いろいろ。仕事で七時間読書するが、それで一杯。
八一三五　私は持っていない。それで息子は沢山持っている。
九〇二七　レーンス、フリッツ・ロイター〔訳注。Fritz Reuter, 1810-1874. ドイツの作家、詩人。低地ドイツ語を用いた作品を書いた〕。戦記若干。

二四八　五九一八　Lokalanzeiger〔訳注。地域新聞の意。以下カッコ内に大意を記す〕 Sendung〔伝道〕 Reichsbesoldungsblatt〔国家給与新聞〕.
（新聞）　八一三三　Lokalanzeiger.
五九三三　Generalanzeiger〔無党派新聞〕, Korrespondenz〔通信〕, Hausbesitzerzeitung〔家主新聞〕.
八一三五　Morgenpost〔朝の郵便〕.
九〇二七　die Landeszeitung〔州新聞〕.

二五四　五九一八　―

（悪書）

八一三三　本はあまり読まないが、社会主義のものは有害だと思う。

五九三三　—

八一三五　—

九〇二七　—

三〇三（消費組合）

五九一八　いいえ。

八一三三　敵のところで買うなんて。

五九三三　いいえ、他につながりがある。

八一三五　いいえ、ドイツ国家人民党。

九〇二七　—

三〇八／〇九（好きな芝居と映画）

五九一八　『ローエングリーン』、『ペール・ギュント』、『リア王』、楽しい内容のオペレッタ。

八一三三　古典、『ウィルヘルム・テル』、『ジークフリート』。

五九三三　古典。

八一三五　推理小説。

九〇二七　妻は古典、私は古典と現代物。

三一一（楽器演奏）

五九一八　妻、ピアノ。

八一三三　妻、ピアノ。

五九三三　だれも演奏しない。

八一三五　息子、ヴァイオリン。
九〇二七　―

三一八／一九（夜と週末）

五九一八　家で、手仕事、読書、団欒。
八一三三　妻とうちの地所で。
五九三三　散歩ののち家で。
八一三五　魚釣り、同上。
九〇二七　在宅。

三二二（会話のテーマ）

五九一八　政治以外ならあらゆること。
八一三三　政治。
五九三三　政治、日常のこと。
八一三五　魚釣りのこと。
九〇二七　迫っている給料カットのこと。

三二三／二五（女性ファッション）

五九一八　いいえ。
八一三三　下品だ。娼婦がそんなものを用いるが、ドイツ婦人はだれも用いない。
五九三三　現在のファッションは非常に健康だと思っている。香水や白粉は必需品である。
八一三五　いいえ、自負心のある婦人ならそういうものは不要である。
九〇二七　―

三二八（結婚している女性の職）	五九一八	いいえ、男性の職場が奪われるから。結婚と出産が減って家庭生活の意味が失われる。
	八一三三	妻は家にいるもの。
	五九三三	妻は家にいるもの。
	八一三五	いいえ、男にも十分の仕事がない。
	九〇二七	いいえ、妻は家事をするもの。
	五九一八	なし。
三三二（スポーツ）	八一三三	―
	五九三三	体操。
	八一三五	魚釣り。
	九〇二七	なし。
三三四／三七（クラブ、娯楽）	五九一八	カード、チェス、チェッカー、（蒐集）マッサリ煙草会社の旗。
	八一三三	在郷軍人会、お金、くじ。
	五九三三	カードで団欒。
	八一三五	釣りクラブ。
	九〇二七	なし。スカート〔訳注。カード遊びの一種〕、プロイセンくじ。
三四一（宗教団体）	五九一八	福音主義。
	八一三三	クリスチャン。

三四八（とくに誇りにすること）

五九三三　福音主義。
八一三五　クリスチャン。
九〇二七　福音主義。
五九一八　―
八一三三　第一級鉄十字章。
五九三三　自立していることが誇りである。だれに負目もない。自由人として行動し、相手がだれであろうと、ちゃんと目を見て話ができる。
八一三五　釣りで得た二つの賞。
九〇二七　ドイツの技術と、自分がドイツ人であること。

三四九（決定的なできごと）

五九一八　―
八一三三　妻。
五九三三　はい、長年新聞社で夜の仕事をした。それで、いくらかのたくわえができた。一八九五―一九〇六。
八一三五　―
九〇二七　いいえ。

四二三（運命に対する責任）

五九一八　いいえ、事故の時は部分的に、はい、器用さや、体力や、知能が関係するから。
八一三三　いいえ、神が私たちを導き給う。

五九三三　はい、不運な人は多い。大勢が失業している。失業していないものの多くは健康をおろそかにしている。彼らは、できる時にたくわえよ、というような格言を知らないのである。

八一三五　はい、人は自分で作ったベッドで眠る。

九〇二七　――

五九一八　――

四二四（世界改善）

八一三三　世界が再び神と王とに服従を誓うことによって。

五九三三　この質問に、短い言葉で答えることはできない。

八一三五　わからない。

九〇二七　――

四二五（中絶罪）

五九一八　許可のない中絶は罰せられるべきである。

八一三三　罰則の存在は正しい。

五九三三　自分の身体に対する犯罪であると思う。

八一三五　必要に迫られてするのは正しくない。

九〇二七　――

四二六（人物）

五九一八　フリードリッヒ大王、ナポレオン、ビスマルク、ヒンデンブルク。

八一三三　ビスマルク、ヒンデンブルク。

五九三三　ナポレオン一世、ビスマルク、彼なりにムッソリーニ。

八一三五　ルター、ビスマルク、ヒンデンブルク。
九〇二七　—

四二九
（世界大戦防止）
五九一八　戦争は防止できるものではない。
八一三三　できない。
五九三三　平和は養い、戦争は貪る、ということを各民族が認識することによって。
八一三五　およそ不可能。
九〇二七　—

四三〇
（ドイツ司法）
五九一八　基本はよい。しかし、近年の大々的な司法の見直しは、成果が望める場合のみに限るべきであった。
八一三三　公正である。
五九三三　昔のドイツ司法に及ばない。条件付恩赦と、詐欺に対する甘い罰はよくない。
八一三五　人間が裁くかぎり、誤審もあるだろう。
九〇二七　—

四三四／三五
（金や品物を貸すこと）
五九一八　いいえ、お金を持っていないから。
八一三三　いいえ、いやな思いをしたことがある。
五九三三　いいえ、金を貸すは友を敵にするものなり。私はむしろ何がしかを与えることにしている。
八一三五　はい、私も何かを借りたことがある。

九〇二七　はい、金はノー。他の物はイエス。

四三六（党組織）

五九一八　なし。

八一三三　ドイツ国家人民党（一九一九年より）。（戦前は社会党に所属した。戦中から戦後にかけて、私は思想も神に対する態度も改めた。このことに最も大きくかかわったのは妻である。）

五九三三　なし。

八一三五　ドイツ国家人民党（一九二〇年より）。

九〇二七　なし。警官は党に関係すべきではないと考えるから。

四四六（労働組合）

五九一八　官公労組合。

八一三三　鉄兜団〔訳注。第一次大戦後に編成された一種の国防組織〕。

五九三三　ドイツ印刷業組合。

八一三五　鉄兜団——自助。

九〇二七　警察官組合。

六一六（状況がよいとしての職業教育）

五九一八　——

八一三三　——

五九三三　——

八一三五　——

九〇二七　——

六二一（体罰なしの教育）
五九一八　いいえ。
八一三三　――
五九三三　いいえ。
八一三五　いいえ、妻は子供のことだけにかかっていられないから。
九〇二七　いいえ。

六二四（性教育）
五九一八　――
八一三三　――
五九三三　――
八一三五　まだ考えていない。
九〇二七　妻は早期の性教育に賛成。私は、子供によってよい場合もよくない場合もあると思う。

(2)　ラディカル（革命的）パーソナリティ類型。

一〇六（職業）
五〇五七　自動車運転手、三十七歳。
九三〇七　機械植字工、三十五歳。
六三一二　踏切警手、下級公務員、四十歳。
五七九二　植字工、二十六歳。
七六八一　手袋職人、三十五歳。

五〇八（収入）

五〇五七　六十六・五マルク（週）。
九三〇七　百マルク（週）。
六三一二　百五十マルク（月）。
五七九二　六十七マルク（週）。
七六八一　五十一マルク（週）。（十五マルク―妻）。

一四四（失業期間）

五〇五七　十八か月。
九三〇七　七か月。
六三一二　なし。
五七九二　十六か月。
七六八一　六か月。

一五〇（前職）

五〇五七　機械工、自動車修理工。
九三〇七　既製服製造、召使。
六三一二　労働者。
五七九二　機械製造、建設作業員、袋かつぎ人足。
七六八一　建築業。

一五四（他に好みの職業は）

五〇五七　―
九三〇七　庭師、いくらかの収入になりさえすれば。健康（神経の問題だ）、新鮮な空気、自然の生長の喜び。

六三一二　園芸家、好きだから。
五七九二　司書か通信員。知的興味の多い仕事だから。
七六八一　――

二一六（打ち明けられる相手）
五〇五七　一生の友人とすべてを語る。
九三〇七　いいえ、だれもいない。
六三一二　妻と。
五七九二　妻と同僚（特別に親しくなった場合）。
七六八一　妻、職場の同僚。

二三〇／三一（賃借菜園、ペット）
五〇五七　はい。――
九三〇七　はい。――
六三一二　はい。なし。
五七九二　はい。――
七六八一　いいえ。犬一匹。

二三三（ほしい家具）
五〇五七　食堂。
九三〇七　なし。どうしても必要なもののみ。
六三一二　ベッド、椅子、戸棚、サイドボード。
五七九二　もっと快適で、実用的なもの（組み立て家具）。
七六八一　サイドボード一、机一。

二四一（壁の絵）

五〇五七　レーニン、リープクネヒト、ルクセンブルク、銅版画のフリーデリーケ一点、水の精一点。

九三〇七　家族のもの五点、デッサン一点。

六三一二　風景の油絵風版画。

五七九二　ハインリッヒ・フォーゲラー〔訳注。Heinrich Vogeler, 1872-1942. ヴォルプスヴェーデ派を結成したドイツの画家。のちに社会主義リアリズムに移行〕（ヴォルプスヴェーデ派）、コルヴィッツの絵。レーニン。

七六八一　レーニン、父親の青年時代のもの。

二四二（新しい団地）

五〇五七　平屋、一家族用の家。

九三〇七　グローピウス〔訳注。Walter Gropius, 1883-1969. ドイツ生まれの建築家。新しい建築理念によるバウハウスの創始者〕（平屋）はよい。

六三一二　よい。一人住まいができて、何も修理する必要がない。家賃は他より高くない。

五七九二　よい。ただ、高くて職場から遠い。

七六八一　非常によい。

二四四（愛読書）

五〇五七　マルクス―エンゲルス―レーニン。

九三〇七　百科事典、旅行書、政治、歴史。

六三一二　いいえ。

五七九二　はい、ゴーリキー、ジャック・ロンドン、シンクレア〔訳注。Upton Sinclair, 1879-1968. アメリカの作家。社会主義的傾向の作品が多い〕、ド・コステール〔訳注。Charles de Coster, 1827-1879. ベルギーの作家〕。

二四八
(新聞)

七六八一 党出版物。
五〇五七 Arbeiter-Zeitung〔労働者新聞〕, Inprekorr〔不詳〕, Internationale Einheit〔国際的統一〕.
九三〇七 Rote Fahne〔赤旗〕 Arbeiter Illustierte Zeitung〔労働者絵入新聞〕, Universumbücherei〔宇宙文庫〕.
六三一二 Arbeiterzeitung, Arbeiterillustrierte.
五七九二 Gegen den Strom〔時流に抗して〕, Volksrecht〔人民の権利〕, Arbeiterpolitik〔労働者の政治〕, Buchdruckerkorrespondenz〔印刷業界通信〕.

二五四
(悪書)

七六八一 Kämpfer〔闘士〕, Arbeiter Illustrierte Zeitung.
五〇五七 ブルジョア大衆小説。
九三〇七 国粋的なものや戦争ものは害になる。
六三一二 ——
五七九二 低俗でうそつきの偏向小説(宗教的、政治的)。

三〇三
(消費組合)

七六八一 ——
五〇五七 はい。
九三〇七 いいえ、妻は入ろうとしない。妻の母は入っていたが。サービスは?
六三一二 はい、それは労働者組織だし、払い戻しがある。
五七九二 はい、政治的な立場から。
七六八一 はい。

三〇八／〇九（好きな芝居と映画）	五〇五七	『吠えろ中国』、『少年院の反乱』、ロシア映画。
	九三〇七	政治、科学、革命の映画。
	六三一二	現代もの、チャップリン、『パットとパタホン』。
	五七九二	『吠えろ中国』、『少年院の反乱』。ロシア映画、チャップリン。
	七六八一	『インターナショナル』、『猫のランペ』、『赤い水夫』、『三月の夜』、『戦艦ポチョムキン』、『氷の中の人びと』、『死の小舟』、『イワン雷帝』。
三一一（楽器演奏）	五〇五七	—
	九三〇七	—
	六三一二	だれも。
	五七九二	妻がフルートを。
	七六八一	—
三一八／一九（夜と週末）	五〇五七	政治活動で。家族と一緒に。
	九三〇七	家で、また集会や講演。
	六三一二	家に、夏は賃借菜園。
	五七九二	家で仲間と。団体の仕事がなければ野外で。
	七六八一	党仲間と。家で。
三二二	五〇五七	政治について。

三二三／二五（会話のテーマ）	九〇三七	一九一八年革命の想い出、労働者の闘争、生活水準。
	六三一二	庭仕事、経済的苦しさ。
	五七九二	政治、文学、哲学。
	七六八一	世界政策についての意見。
三二三／二五（女性ファッション）	五〇五七	はい。後者（香水、白粉、口紅）は、プロレタリアの女性にとって余計だと思う。自然に見える清潔さが正しいと思う。
	九三〇七	はい。（白粉など）いいえ、愚かである。スポーツ、水泳、体操、入浴によって十分健康な姿になる。
	六三一二	はい。（白粉など）いいえ。高価すぎる。最後の最後でいい。十分なお金があるなら使ってもいいだろう。
	五七九二	はい。（白粉、口紅）いいえ。ブルジョアのデカダンスと偽りのまねである。汗臭くなるような時に、においを消す香水は例外として。
	七六八一	はい。（白粉、香水、口紅）不衛生である。
三二八（結婚している女性の職）	五〇五七	はい。
	九三〇七	いいえ、夫が失業して、一人で家計をささえなければならない時のみ。
	六三一二	いいえ、男性が十分にいるかぎり、彼らを使うべきである。
	五七九二	はい、そうすれば家庭すなわち世界だということにもならないだろう。
	七六八一	いいえ、家には十分仕事がある。

三三一（スポーツ）	五〇五七	政治活動のためにその時間がない。
	九三〇七	器械体操、柔術。
	六三一二	なし。
	五七九二	——
	七六八一	自転車。
三三四／三七（クラブ、娯楽）	五〇五七	政治活動のためにその時間がない。
	九三〇七	—— どれもやらない。
	六三一二	いいえ。カードの賭け。
	五七九二	——
	七六八一	——
三四一（宗教団体）	五〇五七	火葬に賛成の無神論者。
	九三〇七	何にも属さない。
	六三一二	福音主義。
	五七九二	何にも属さない。
	七六八一	何にも属さない。
三四八（とくに誇りにすること）	五〇五七	私たちの祖国〈ソヴィエト連邦〉。
	九三〇七	はい、一九一八—一九年の警察、王室厩舎（アイヒホルン）の戦い。
	六三一二	——

五七九二　私の活動が、労働者の革命に役立った場合。残念ながら、難しいことなので、なかなかそういうことはない（ともかく目に見えることはまれである）。

七六八一　共産党。ロシア革命。

三四九（決定的なできごと）

五〇五七　戦争は、社会民主党員の私の目をあの時開かせた。私は共産主義インターナショナルの中でのみ自分の運命を変えることができるのだ、と。

九三〇七　いいえ、何ごとも私も揺り動かすことはできない。私は一九一七年にフランスから逃亡したのだが。

六三一二　父親の早逝と戦争（ひどく負傷）。

五七九二　そもそも「運命」とは何なのか。抽象的すぎる。

七六八一　あの戦争。

四二三（運命に対する責任）

五〇五七　いいえ、一、間違った教育と両親のために。二、資本主義国家における一方的な学校教育のために。その教育で、労働者の子女は搾取されるようになるのに必要なだけを学校で学ぶのである。

九三〇七　いいえ、人は資本と労働と教育の間のその時々の力関係の産物である。

六三一二　いいえ、人間は社会環境に依存している。

五七九二　遺伝的病気や、何か異常な天分がないかぎり、個人の存在は環境によって制限される。

七六八一　はい、克己心がないために。

四二四（世界改善）

五〇五七　共産主義の社会秩序によって。
九三〇七　共同経済、教育の平等、共同体教育、啓蒙などによってであるが、労働者による権力把握が先決である。
六三一二　社会主義によって。
五七九二　社会主義。その第一段階は、マルクス主義的革命指導者の下でのプロレタリアート独裁である。
七六八一　資本主義の没落。社会主義国家の樹立。

四二五（中絶罪）

五〇五七　第二一八条廃棄。
九三〇七　中絶反対者である。しかし避妊には賛成。
六三一二　いいえ。
五七九二　反対。
七六八一　対決する。

四二六（人物）

五〇五七　マルクス、エンゲルス、レーニン、スターリン、リューコフ〔訳注。Aleksei Ivanovich Rykov, 1881-1938. ロシアの政治家。レーニンの協力者であったが、スターリン時代に反逆罪で処刑〕。
九三〇七　マルクス、エンゲルス、ラッサール、レーニン、リープクネヒト（戦争を除けばナポレオンも）、ジンガー〔訳注。Paul Singer, 1844-1911. ドイツの政治家。社会民主党の指導者〕、ベーベル。（現存者）まだだれも見つからないが、おそらくスターリン。
六三一二　レーニン、リープクネヒト、ルクセンブルク。

五七九二　社会主義では、マルクス、レーニン。ブルジョアジーではムッソリーニ。労働者では労働者全体。
七六八一　レーニン、カール・マルクス、スターリン。

四二九
（世界大戦防止）

五〇五七　労働者階級によって。彼らが、来たるべきソヴィエト連邦攻撃を、搾取者に対する市民戦争に転換させることによって。
九三〇七　武器を執ってそれぞれの国の圧制者と闘う。
六三一二　労働者の行動によって。
五七九二　プロレタリアートによる権力獲得。
七六八一　ストライキと世界の労働者階級の一斉蜂起によって。

四三〇
（ドイツ司法）

五〇五七　一方的な階級司法で、ビスマルク時代より悪い。
九三〇七　階級司法。
六三一二　階級司法。裁かれる人間がつねに問題である。
五七九二　支配階級と資本主義国家機関の最も機能的な支配機関である。
七六八一　階級司法。

四三四／三五
（金や品物を貸すこと）

五〇五七　金は持たない——物なら貸す。
九三〇七　いいえ、自分のものに愛着を持つ者は、貸したりしない——金をなくすか——友人をなくすか。
六三一二　はい、人助けのために。

五七九二　はい、金の場合は、私が持っていて、借りる人間の顔がちゃんとしている場合のみに。
七六八一　いいえ、貧乏だから。

四三六（党組織）

五〇五七　ドイツ共産党（立党以来）。
九三〇七　ドイツ共産党、一九二六年以降。それ以前はドイツ社会民主党。
六三一二　いいえ、職業上不利にならぬために。（投票は共産党系）。
五七九二　ドイツ共産党（野党）。
七六八一　ドイツ共産党、一九一九年以降。

四四六（労働組合）

五〇五七　ドイツ運輸組合。
九三〇七　ドイツ印刷組合、一九一三年以来。
六三一二　鉄道員統一組合。
五七九二　印刷組合。
七六八一　ドイツ繊維労働者組合、反対派。

六一六（状況がよいとしての職業教育）

五〇五七　問題にならない。
九三〇七　ともかく高等学校（能力に応じて）。
六三一二　高等学校。
五七九二　——
七六八一　——

六二一（体罰なしの教育）

五〇五七　はい、教育においては、体罰よりほめ言葉の方が成果が多い。
九三〇七　はい、よい模範と時折りの精力的な行動によって。
六三一二　はい、プロレタリアの子女はもう十分にぶたれているから。
五七九二　いいえ、子供が悪いことをした時に、こういう処罰なしに指導できるほどの教育能力はない。
七六八一　子供の場合は、愛と寛容とをもって当たる方が、よりよく目的を達せられる。

六二四（性教育）

五〇五七　私たちは二人とも、子供が学校を卒業するまでに説明してやるという考えである。
九三〇七　非常に必要である。
六三一二　正しい。子供を病気と不幸から守る。
五七九二　必要である。危険と誘惑、過度の妄想を防ぎ、責任感を強めるために。
七六八一　正しい時期に子供に性問題の説明をすることは、非常に大切である。

(3)　「両面価値的《アンビヴァレント》」パーソナリティ類型

一〇六（職業）

五七七四　活字鋳造工、四十六歳。
五七二〇　植字工、六十歳。
七二五二　セールスウーマン、三十二歳。
五七五〇　修理工、三十七歳。

七八〇四　印刷業、二十九歳。

五〇八
（収入）

五七七四　九十マルク（週）。
五七二〇　八十マルク（週）。
七二五二　百八十マルク（月）。
五七五〇　六十マルク（週）。
七八〇四　六十五マルク（週）。

一四四
（失業期間）

五七七四　——
五七二〇　——
七二五二　はい、四か月。
五七五〇　五か月。
七八〇四　十四か月。

一五〇
（前職）

五七七四　——
五七二〇　——
七二五二　——
五七五〇　技師
七八〇四　——

一五四
（他に好みの

五七七四　国家公務員。年金があるから。
五七二〇　なし。

職業は）

七二五二　幼稚園の先生。子供が大好きだから、この仕事に大きな満足を感じることだろう。
五七五〇　商人。向上の可能性が大きい。
七八〇四　——

二一六
（打ち明けられる相手）

五七七四　妻。
五七二〇　妻。
七二五二　母親と女友達。
五七五〇　まず妻。それから仕事の同僚も。
七八〇四　妻だけ。

二三〇／三一
（賃借菜園、ペット）

五七七四　いいえ。——
五七二〇　いいえ。——
七二五二　はい。犬一匹。
五七五〇　いいえ。猫一匹。
七八〇四　いいえ。

二三三
（ほしい家具）

五七七四　ピアノと机。
五七二〇　——
七二五二　——
五七五〇　ピアノ。

二四一（壁の絵）

七八〇四　家具の整った寝室と居間。
五七七四　絵。
五七二〇　記念のもの。免状類、両親と子供の絵。
七二五二　ベックリン〔訳注。Arnold Böcklin, 1827-1901. スイスの画家。神話の人物を配した風景画で知られる〕の銅版画二枚。エッチング一枚。影絵二枚。
五七五〇　家族の絵、自然の絵。
七八〇四　油絵風版画。

二四二（新しい団地）

五七七四　非常によいところもある。ただ、手が届かない。
五七二〇　よい。必要なものだから。
七二五二　よいところもある。
五七五〇　何ということはないが、古い都市家屋よりはよい。
七八〇四　非常によい。

二四四（愛読書）

五七七四　遠い大陸からのもの、古典。
五七二〇　シェッフェル〔訳注。Josef Victor von Scheffel, 1826-1886. ドイツの詩人、小説家。長編の叙事詩や歴史小説を書いた〕、（蔵書）古典、事典、小説。
七二五二　フレンセン〔訳注。Gustav Frensen, 1863-1945. ドイツの作家、牧師。主として農民小説で知られる〕の『イェルン・ウール』〔訳注。フレンセンの代表的な農民小説〕、フェリチタス・ローゼの作品。
五七五〇　いいえ。

二四八（新聞）	七八〇四	旅行もの。
	五七七四	Lesezirkel〔読書サークル〕.
	五七二〇	SPD-Zeitung〔社会民主党新聞〕, Buchdruckerkorrespondenz〔印刷業界通信〕, Arbeiterturn-zeitung〔労働者体育新聞〕.
	七二五二	Parteizeitung (Rheinische Zeitung)〔党新聞（ライン新聞）〕, Gewerkschaftszeitung〔労働組合新聞〕, Ullsteins Blatt der Hausfrau〔ウルシュタイン主婦新聞〕.
	五七五〇	Frankfurter Generalanzeiger〔フランクフルト無党派新聞〕.
	七八〇四	なし。
二五四（悪書）	五七七四	はい、大量生産された本。
	五七二〇	低俗読物、『ゲネラールアンツァイガー』風小説。若者がありえない妄想の世界を信じるようになるから。
	七二五二	——
	五七五〇	——
	七八〇四	道徳小説。私たちの考えでは、多くの害を与える。
三〇三（消費組合）	五七七四	いいえ。
	五七二〇	はい。
	七二五二	はい、それは社会主義組織であるはずだから。
	五七五〇	はい。

三〇八／〇九（好きな芝居と映画）

七八〇四　いいえ。

五七七四　『カルメン』、『タンホイザー』、『ローエングリーン』、『フィデリオ』、『トスカ』、『ユダヤ女』。自然記録映画。

五七二〇　——

七二五二　『低地』、『白墨の輪』、『マリー・ドゥーガンの裁判』、『三少女の家』。

五七五〇　『カルメン』、『ペール・ギュント』、『魔弾の射手』。ロシア映画。

七八〇四　『ローエングリーン』、『アイーダ』。

三一一（楽器演奏）

五七二〇　——

七二五二　兄弟がギターを。

五七五〇　だれも。

七八〇四　私がマンドリンを。

三一八／一九（夜と週末）

五七七四　家で。

五七二〇　気の合った友人たちと一緒に。野や山。

七二五二　家。天気がよければ郊外に。家にいたり、ハイキングしたり。

五七五〇　家で家族と一緒に。日帰り旅行。

七八〇四　家族団欒。

五七七四　時による。

三二二（会話のテー

五七二〇　日常の政治や組合の問題。

マ）	七二五二	時事問題、旅行談。
	五七五〇	芸術、スポーツ、地域の話題。
	七八〇四	古きよき時代のこと。
三二三／二五（女性ファッション）	五七七四	はい。いいえ。断髪は実用的で衛生的である。白粉と口紅は不自然で、排斥すべきである。
	五七二〇	いいえ、この点については、すべて人工的なことは悪である。とりわけ排斥すべきは、靴（ハイヒール）である。
	七二五二	やりすぎなければ、はい。（白粉）いいえ。他人にそんな塗りたくった顔を見せるのは、非衛生的で見苦しいと思う。香水をつけるのは、まだ理解できる。
	五七五〇	いいえ、香水はまあよいかもしれないが、白粉と口紅には賛成しない。そういうものを付けている女性は、だらしなく見えるだろう。
	七八〇四	いいえ。
三二八（結婚している女性の職）	五七七四	いいえ、女性は家にいるべきものである。
	五七二〇	いいえ、家事の面倒を見る方がもっと大切である。
	七二五二	いいえ、一人の女性が職に就きながら、完全に母親でしかも主婦であることはできない。
	五七五〇	いいえ、家事がその犠牲になる。
	七八〇四	いいえ、結婚した女性は家事に就くべきものである。

三三一
（スポーツ）

五七七四　ハイキング。

五七二〇　体操。

七二五二　ハイキング。

五七五〇　水泳。

七八〇四　——

三三四／三七
（クラブ、娯楽）

五七七四　——。チェス。

五七二〇　合唱団。

七二五二　なし。いいえ。

五七五〇　合唱団。カード。ハンブルク宝くじ。

七八〇四　——

三四一
（宗教団体）

五七七四　無所属。

五七二〇　何もなし。

七二五二　——

五七五〇　福音主義。

七八〇四　福音主義。

三四八
（とくに誇りにすること）

五七七四　妻と子供。そして、自分の時よりもいい少年時代を子供に与えてやれるから。

五七二〇　労働者体育運動の共同創始と、三十五年に及ぶその委員活動。労働組合四十二年間の経歴。

三四九（決定的なできごと）

七二五二 ――
五七五〇 四分の一世紀の間、朝早くから夜遅くまで誠実に正しく働いて、そしてそれだけで終わったこと。
七八〇四 一九一三年六月一五日、ウィルヘルム二世の統治二十五年の機会に、学校でただ一人、優秀者の表彰として、献辞の書かれた本を学校から貰ったこと。
五七七四 ――
五七二〇 ――
七二五二 ――
五七五〇 一九一一年は、四月に一番下の弟、六月に父親、そして三か月後に一番上の兄が死んだ。
七八〇四 ――

四二三（運命に対する責任）

五七七四 はい、自分の力によって。いいえ、経済的事情によって。
五七二〇 部分的に、はい、であるが、親の教育、学校時代、経済的危機などが悪い影響を残すことがある。
七二五二 いいえ、環境の方が人間より強い。人は自分の意思に反して適応しなければならないことがほとんどである。
五七五〇 部分的に、はい。しかし、労働者の私が変えられることはわずかしかない。
七八〇四 はい、盲目的に、あるいは意識的に、破滅に突き進む人は少なくない。そし

四二四（世界改善）

五七七四　て生涯苦しまなければならない。
五七七四　社会主義によって。それは労働と資本を一つに結びつけることによって、人間を平等の高さにする。
五七二〇　大衆の、現実的で誠実な啓蒙によって。
七二五二　何よりもまず、人間は、貪欲と利己主義を捨てて、義務に忠実で理想主義的でなければならない。
五七五〇　必要に基づく経済に取って代わった利益のための経済を廃止すること。
七八〇四　――

四二五（中絶罪）

五七七四　営利としては非難さるべきだが、医師が行なう場合には賛成。
五七二〇　――
七二五二　――
五七五〇　私は中絶罪に反対。
七八〇四　三番目の子供を産んでからなら、医師による中絶は許されるべきであろう。

四二六（人物）

五七七四　組合の労働者の指導者。
五七二〇　マルチン・ルター博士、ブリアン。
七二五二　ゲーテ、マルクス、ベーベル、ビスマルク、ガンジー。
五七五〇　ビスマルク、リープクネヒト、エジソン。
七八〇四　――

四二九　五七七四　広範囲な大衆の向上と、相互理解によって。
（世界大戦防止）五七二〇　質問第四二四参照。そしてまた、すべての戦争煽動者を厳罰に処し、諸民族が兄弟になることによって。
七二五二　国際的相互理解政策によって。
五七五〇　世界のプロレタリアートの団結。
七八〇四　民族と民族とが中傷し合っているかぎり（すでに学校教育のうちから始まっている）、防止できないであろう。

四三〇　五七七四　あまり評価していない。
（ドイツ司法）　五七二〇　あまり評価できるものではない。
七二五二　つねに正しい判定とはかぎらない。まだ帝政時代のほこりが付着している。
五七五〇　不公正である。階級差別。人間は人間である。
七八〇四　よい。

四三四／三五　五七七四　いいえ、何も持っていない。
（金や品物を　五七二〇　いいえ、友情がこわれるから。
貸すこと）　七二五二　いいえ、貸すべき何も持っていない。
五七五〇　いいえ、貸さない主義である。
七八〇四　いいえ、失業のために私自身が非常に経済的に苦しい。

四三六　五七七四　ドイツ社会民主党。

（党組織）

五七二〇　ドイツ社会民主党（四十年来）。
七二五二　ドイツ社会民主党。
五七五〇　なし。職場組合の方がよいと思う。
七八〇四　—

四四六
（労働組合）

五七七四　印刷業組合。
五七二〇　印刷業組合に、一八八八年以降。
七二五二　ドイツ従業員中央組合。
五七五〇　金属労働組合を脱退。
七八〇四　ドイツ印刷業組合。

六一六
（状況がよいとしての職業教育）

五七七四　実科高等学校。船の無線通信士になるために。
五七二〇　—
七二五二　—
五七五〇　実科高等学校。ビジネスマンになるため。子供を私の望みどおりにさせるためには、経済的な力がない。
七八〇四　（まだ幼なすぎる）。

六二一
（体罰なしの教育）

五七七四　いいえ、ある年齢までで、時と場合による。
五七二〇　はい。
七二五二　—

六二四
(性教育)

五七五〇　はい、教育的な罰の方がよい。
七八〇四　はい、優しい言葉の方がぶつことより有効であることを実際に見ている。
五七七四　あまり評価しない。子供たちの知識欲をしずめるどころか、この秘密に満ちた世界に、さらに深く入り込むように促すことになる。それは有害である。
五七二〇　──
七二五二　──
五七五〇　子供が卒業する時には、完全に教育されているべきである。
七八〇四　私たちは早期教育を評価している。

追補1

文体とパーソナリティ特性

エルンスト・シャハテル

記述方式のアンケートによって、被調査者のパーソナリティに関する情報を得ようとする場合、文体の心理学的分析も、有力な調査法となる。本研究においても、私たちはこの方法を部分的に用いて、個々の回答をそれぞれの解釈的分類に、よりよくあてはめられるようにした。すなわち、多くの場合に、質問の具体的な内容よりも、むしろ回答の表現方法の方が、こちらの求めている心理学的情報の手がかりを与えてくれるのである。その時、個々の質問ではなくて、アンケート全体を対象にすると、文体分析はとりわけ有効になる。またそうしてこそ、被調査者のパーソナリティ構造に関する情報を得ることを望みうるのである。

一人の人間のパーソナリティと文体とは関係していること、つまり、ある人間の文体はある意味で彼独特のものであるということは、一般に認められている。(1) フランス語では、この関係が〈文は人なり〉という的確な成句に表現されている。私たちも、現実にしばしば、文体を手がかりにして、作家や友人を見分けることができる。さてこのことを背景にして、私たちが目ざすのは、一人の人間とその文体との関係が、性格を診断するに当たって、どの程度まで有効になりうるのかを知ることである。すなわち、文体と筆者との心理学的な関連を知り、ある特徴の文体はどのようなパーソナリティ特性を反映しているのかを、見いだそうとするのである。

文体が人間自体について物語るとすれば、それには基本的に二つの方法があるように思われる。一つは、文章表現にいつも繰り返し現われて、その表現にその都度まぎれもない色合いを付ける特徴である。いま一つは、取り上げた対象のどこかの部分によって呼び起こされた、何らかの感情が、ある独自の言い方で表現される場合である。書き手自身はこの感情を自覚していない場合もあるが、それに刺激されて、とくに下品な調子になったり、筆がすべりすぎたりするようなことにそれが表われるのである。このように、人の基本的文体は、その人の基本的態度に対応していると考えられるが、個別の表現の特殊性は、特定の状況における態度を反映しているのである。すなわち、一般にどの状況においても、ある種の感情が解放されて、それが話し言葉や書き言葉に反映されるようになるのである。

ふつう、パーソナリティは、文章による表現よりしゃべる表現の方によく表われるものである。パーソナリティを評価する場合の話し言葉と書き言葉の価値の違いは、ある人の書くことと文章表現との関係が、通例は、しゃべっている人と口から出る表現との関係ほど直接的ではないという事実にある。(2) 自然に自発的にしゃべる人間の方が、自然に自発的に書く人間より多い。多くの人にとって、書くことは慣れない仕事であり、もっと多くの人にとって、書くことはよく習熟しなければならない作文課題であるだろう。これらの要因が、人が文章を書く時の書き方に、当然かなりの影響を与える。しかし一方で文章表現は、科学的評価をするに当たって、少なくとも一つの技術的利点を提供する。すなわちそれは、完全に客観的な記録として、いつでも観察することができるからである。一方、話されたことを同じように記録するには非常に手間がかかり、複雑な技術的装置を用いることによってはじめて可能となるだろう。

　あるパーソナリティの文体を分析する際に、まず重要なことは、人格の表現に影響を及ぼすような要因、すなわち、私たちが書く時の状況と呼ぶものに寄与するような要因をとくに把握することである。その、社会的かつ個人的な要因は、何よりもまず、書くことの目的に応じてそれぞれ異なる。生徒が作文を書くのか、上司に手紙を書くのか、友人に何かを依頼するのか、何かを急いで知らせるのか。あるいはまたアンケートに答えるのか――いずれの場合にも、文体に対して異なった作用をする独自の状況が存在する。そして今私たちがとくに関心を持っている状況、すなわちアンケートを埋めるという状況が持つ心理学的意味は、一人一人の個人にとって決して一様ではない。アンケートを受けとることになっている機関、その機関が被調査者に対して持っている意味、アンケートの目的、さらにその主観的な意味、最後に、匿名性がどこまで守られるか――これらすべてが回答者たちのはなはだしく異なった状況を作る。さらに、一般的な社会調査のアンケートは、被調査者をたとえばそれ自体が試験のような状況を作り出す知能検査などとは、まったく別の立場に置くはずである。

　これまで述べてきた要因に加えてさらに考慮すべきことは、書く状況は社会的階層それぞれで異なっていて、まさに私たちの場合のようなアンケートにおいては、書くことによる表現に熟達しているかどうか、また調査の題材をよく知っているかどうかが、大きな意味を持っているということである。毎日これと似た題材について書いているジャーナリストは、書くようなことはめったになくて、意見を求められている問題について見聞きすることもずっと少ない農民とは、まったく別の状態にあるはずである。事務員や下級公務員は、アンケートに記入する時、おそらく公式の書類に記入する時と同じ態度をとるだろう——完全に自信のある回答だけをすると同時に、記述においては、数学的な正確を求めるだろう。最後に、大都市に住んで十分情報を得ている労働者は、アンケートの題材をよく知っているだろうが、一般に、回答をどのように文章化するかということに、困難を感じるだろう。

書く状況を決定するこれらの要因——書く目的と書き手の社会的地位——を十分計算に入れることによって、はじめて個人それぞれの書く状況の個人的要因を作りあげている個人固有の要素の分析に進むことができるのである。つまり、たとえば質問ごとに、まちがって答えることを恐れたり、書くことが自分に不利に用いられるのではないかと思い悩むような気弱な人が書く時の状況は、そんなことはおよそ頭になく、むしろ自分の意見を表わす機会を得たことを嬉しく思うような人の場合とは、まったく様子が違うはずである。

それぞれの〈自己観〉(Selbstgefühl) にかかわっている、パーソナリティ特性と心理的メカニズムが、文章表現にとりわけ明らかに現われるのは、多くの場合、まさに書く状況の特殊性のゆえである。〈自己観〉(この非常にこみいった概念の完全な定義をここでするつもりはないが) とは、人が自分自身を他人との関係において評価する独自の仕方を意味している。この自己評価には、完全に意識的なものから、完全に無意識なものに至るまでの、あらゆる段階が可能である。しかも、意識的自己評価と無意識的自己評価が同時に存在して、それが矛盾している場合もある。たとえば、意識面には臆病なつつましさがあって、それが同時に無意識面での空想的な大人物気取りをおおい隠している場合が考えられるし、また逆に、意識的な尊大さが、無意識の異様な弱さの感情をひそかに隠していることもある。時には、自己観は現実の不安の代償として働くが、時には、実際の不安は、卑小感や劣等感や無力感などの感情に反映する。個々の人間が自己観を保持したり、高めたりするのに用いる独自の方法は、パーソナリティと密接に結びついている。すなわち、自己観は、一方では、パーソナリティ構造全体を形成するのに寄与している数多くの心理的メカニズムを指し示しているのである。

通常の場合、自己評価は他人との比較に基づいているのであって、他人との関係づけとしてのこの過程は、自己観の本質的な基礎として、異なった形をとりうる。すなわち、積極的な過程としての他人との比較の場合もあれば、受動的に行なわれることもある。後者の場合には、自己観は主として、他人が自分をどう思っているか、どう思っているにちがいないか、という知識あるいは想像によって、影響される。自己観がたいていの場合究極的に他人との比較に基づいているからこそ、人が他人との関係に踏み入る状況が、自己観とその防衛機構に特別な影響を与えるのである。この影響はとりわけ、ある特定の印象を与えたい状況において、重要性を持つ。すなわち、たとえば何かのアンケートに回答するに当たって、ある人は、読み手に自分の高い教養を印象づけようとするだろうし、またある人はアンケートを試験と受け取って、そのために〈誤答〉のないように極力気をつかうであろう。

自己観が、回答態度に関して果たす役割に応じて、表現方法を対象中心と、自己中心の二種に区別することができる。ある人の関心と目的とが、完全にその語っている対象に集中している場合は、表現方法も対象中心に傾くことになる。この場合の文体は、対象志向と特徴づけられるが、だからといって個人的な見方や考え方の色彩を帯びていないということではもちろんない。他方、自己中心の表現方法と言っても、エゴイズムを意味するものではなく、全体として対象と取り組むことが少なく、自己評価と取り組むことが多い態度を意味している。したがって、用語もこの場合には、自己観の防衛機構によって選択されるはずである。純粋に対象中心型の表現方法の例は多いが、完全に自己中心型の表現方法の例はほとんどない。なぜなら、口による表現にせよ、文字による表現にせよ、表現することの目的は、まず何かを伝達することにあるから、実際の個々の用語選択において、自己中心性は副次的に影を落とすにすぎないのである。しかし、自己を語る主観的な描写が、自己観にとらわれない対象中心の方法で可能であるように、客観的で無色な事実が、きわめて自己中心的な形で表現されることもある。したがって、全体として、自己中心の文体と対象中心の文体の間には、多くの中間体とそれらの組み合わせがあることを考えなければならない。

おそらく、自己中心型の文体の最も多い形は、選んだ言葉自体の値打ちと重みによって、書き手が自分の評価を高めようとする場合だろう。この時用いられる言葉の種類は、その人間の社会的地位にも、彼の個人的な好みにも左右される。すなわちある人はできるだけ〈教養の高い〉表現形式をとろうと努めるだろうし、ある人はおそらく〈気取った〉文体を用いるだろう。またある人は、自分の意見をできるだけ深遠で、複雑な文章で表現するだろう。あるいはまた、きわめて高踏的な響きを持つ言葉を選ぶことによって、大仰な文体を繰り広げる人もいるだろう。とりわけ〈詩的な〉、あるいは繊細な表現方法も、自己観を強める働きをする。そして最後に、できるかぎりの引用をすることによって〈教養〉を見せようとする人たちがいる。これらの種類の自己中心的表現はすべて、自己愛的文体という上位概念の下にまとめることができるのである。

自己愛的文体のさまざまな形は、話し手や書き手が、いわばある一定の形で自分自身に耳を傾けることと特徴づけられる。自己愛的人間は、多かれ少なかれ意識的に、自分の言うことが自分自身の人間にどう作用するかを、銘記するのであって、自分の発言の実際の主題よりもむしろ、自分をよく見せるような言葉を選択することの方に真剣になる。さて以下において、私たちが持っている回答資料の中から、自己中心的文体の例をいくつか選び出そうと思う。ここでは、それぞれのアンケートごとに、いくつかの実例をあげて、特定の心的傾向が、いかに個々の主題と無関係に繰り返し現われるかを示そうとするのである。

アンケート第三〇九は、読み手に強い印象を与えることと、とりわけ〈教養の高い〉、高踏的な言葉の選択によって書き手の自己観を強めることとを意図する文体の好例である。

質問第一四〇　毎年の休暇をどのように過ごしますか。

回答　「山や森の深い平和の中でただひとり」

質問第一五四　一番好きな職業は何ですか。

回答　「私の興味は造園術である」（「庭師」と言わずに「造園術」と言うことによって、彼の関心が〈少し高いところ〉にあることを示そうとしている。）

質問第二三二　住まいにはどんな家具がありますか。

回答　「……ディヴァン。」（通常の「寝椅子」という言葉は、優雅でないのだろう。）

質問第三一八　晩はどこでどのように過ごすのが最も好きですか。

回答「家で配偶者と」（通常の「家で」や「家で妻と」ではなく。）

質問第三三六　スポーツの大流行をどう思いますか。

回答「私はスポーツ愛好者」（たとえば「賛成」や「よいと思う」の〈気取った〉表現。「造園術」の場合と同じく、自分の仕事を美化しようとする望みを表わす。）

質問第三四八　あなたの人生で、何かとくに誇りにすることがありますか。

回答「私の考えでは、両親と自分の健康とが、人間が人間として持つことのできる最高のものである」（ここでは、無意味な「人間が人間として」という繰り返しで、特別な印象を与えようとしている。）

質問第四二四　あなたの考えでは、どうすれば世界はよくなりますか。

回答「国際的世界経済貿易の全般的繁栄によって、世界はよくなることができるだろう」（新聞から取った語句の無意味な組み合わせ。非常に高級な響きの言葉と思ったのにちがいない。）

質問第四二七／二八　どの政体が最良だと思いますか。

回答「戦争の個人的経験の結果が教えてくれたが、人間であることは、民主主義共和制であることを意味する」（これも文法的に無理で意味不明の文章。おそらく、格言風の感じによって印象を深めようとしたのであろう。）

もう一人の被調査者（アンケート第六〇〇）は、自分の言葉の前にダッシュを引いて、その意味を強めようとした。その意図するところは、読み手に意外な、逆説的な言いまわしを予期させることにあるらしい。しかしそんなものはまったくなく、あとに続いたのは、ほとんどの場合、その反対に通俗きわまる回答であった。

質問第三二七　結婚している女性が職に就くのは正しいことだと思いますか。

回答　「彼女は本来——家にいるべきだ」

質問第三四九　あなたの人生で、よかれあしかれ、あなたの運命に決定的となった事件がありましたか。

回答　「やはり——人間性。さらには、世界大戦」（回答者が〈気取った〉文体をも好むことを示している。）

質問第三三一　スポーツは何をしますか。

回答　「ハイキングで、物思い」

質問第六二二　まったく体罰なしに子供を教育できると思いますか。

回答　「考えはつねにただ精神的に理解されるとはかぎらない」

質問第六四一　義理のお母さんの最後の職業は。

回答　「造園業所有者の配偶者」

文体的現象のまた別のグループは、権威に対する被調査者の特殊な姿勢に基づいている。この場合、書き手は言葉を、何かの権威——人であるにせよ、制度であるにせよ——の言葉に合わせようとする。学校や役所や軍隊のような、制度化された権威が、教師風の文体や、官僚独特の言葉や、ぶっきらぼうな軍隊式表現法をはびこらせる。学校の権威や官僚主義との同一化の例として、以下にアンケート第三九〇と第四一八からの回答をあげる。

質問第一四〇　毎年の休暇《ウアラウプ》をどのように過ごしますか。

回答　「〈年休《フエリーエン》〉と呼ばれているところのものは、この何年間、組合行事に使っている」（この表現方法は、官僚主義的なドイツ人に典型的なものである。したがって、この人物が、一番好きな職業として「プロイセン政府の中級官僚」——質問第一五四——と答えたのも、驚くには当たらない。）

質問第三一七　ラジオの番組はあなたの希望に添っていますか。

回答　「夕方の時間には、ドイツ語を磨きたい」

質問第三二四　断髪は好ましいと思いますか。

回答　「自然が汝を作りしごとくにあれ。健康がために汝の髪は短くあれ」（教師風、格言調。）

質問第三二七　結婚している女性が職に就くのは正しいことだと思いますか。

回答　「いや母親は子供とともにあるもの」（同じ調子の〈詩的〉表現）

質問第四二七／二八　どの政体が最良だと思いますか。

回答　「有権者の数の力を背後に持たないかぎり、いかなるラディカルな政府も存立できない」（技巧的で官僚的な文体。）

質問第四三一　あなたの考えでは、インフレーションはだれの責任ですか。

回答　「資本のあだ花」（これも教師風、格言風。）

この最後の二つのアンケートで、書き手は教師風で官僚的な文体を用いたが、その場合彼らは、自分がかつて恐れたことがあり、たぶん現在もなお恐れてはいるものの、同時に尊敬もしている権威に、自己を同化していたのである。したがって、精神分析的に言えば、これらの事例では、学校の権威と官僚的権威が、彼らの超自我の確立と保持を助けているということを前提にすることができる。次のアンケートにおいても、文体は権威に対する独特の態度によって基本的に決定されている。しかし、ここで私たちが見いだすのは、自己同化の態度ではなく、権威とそのおきてに服従する独特の形である。この時回答者が前提とするのは、彼自身の値打ちも安全も服従によって高められ、その結果、彼は自分より義務感の弱い者より優位に立てるだろうということである。

質問第一二二　労資協議会に満足していますか。

回答　「あの人たちが、すべての労働者の福祉のためにやっていることは、何であれ今までの人たちのだれもがやらなかったようなことである」（労資協議会を評価するこの文体は、神か両親のことを語る行儀のよい子供のもののようである。）

質問第一二九　職場新聞は気に入っていますか。

回答　「ためになることが多く載っている。とくに、頭を刺激してくれる話が多い」（教師に気に入られようとして書いたかのような印象を与える文である。）

質問第一四七　職業教育の試験は、どんなものを受けましたか。

回答　「何も。私は最高の成績証明書を所持している」（これも優等生のプライド。）

質問二五一／五二　規則的に読書していますか。どうしてしないのですか。（疲労。時間がない。静かな時がない。）

回答　「そのための時間は作っている」

質問第三〇六　どんな博物館（展覧会など）へ行きますか。

回答　「すべて行った」

質問第三〇七　芝居は古典を見るのと、新しいものを見るのと、どちらが好きですか。

回答　「古いものが好きだ」（これら三つの回答のどれも、何か具体的なテーマに対する好みを表わしていない。ただ〈知的なもの〉に対する関心のみである。たぶん被調査者の学校でそれをほめられたのであろう。「すべて」の博物館、「古いもの」。）

質問第四二七　どの政体が最良だと思いますか。

回答　「私は女で、そのようなことはほとんど知らないので、何も言わない方がいいと思う」（この臆病で控え目な遠慮の態度は、学校で教わる〈女は集会において沈黙せよ《タケアット・ムリエル・イン・エクレーシア》〉というおきてに一致する。同じことが次の回答にも言える。）

質問第四四三　あなたが（もっと）政治活動をすることを妨げるものは何ですか。

回答　「女のすることではない」

以上に示した文体は、さまざまに異なってはいるが、それらに共通しているものは、不安と臆病と、自分の地位を脅かすものすべてに対する防衛の努力である。極端な自己中心性も、さまざまな権威中心的な態度も、同じように防衛姿勢に寄与しているのである。

また、他の心理学的機構が活動していることもある。例えば、どっちつかずの態度、あるいは距離を置く態度である。言質を与えることをしないどっちつかずの人物は、はっきりした立場を決してとらないことによって、身に降りかかりそうな危険を避けることを、いつも考えている。一方、距離を置く型は、〈何にも巻き込まれなければ、何を失うこともない〉というモットーに従って回答する。そうしてこそ、中立で利害関係のない傍観者として、〈事物を超越し〉、すべてのことに高見の見物をきめこみ、ひいては傷つくことも少なくなると考える。自分の見解をはっきりさせず、距離を置いているかぎり、その人は決してまちがえることがない。かりに何かまちがったことを言ったとしても、わが身に及ぶ結果は、積極的に主張した場合ほどではない。以下の例が示すように、このようなメカニズムは、表現の特異な構造の中にしばしば現われている。それは条件付きの主観的な形を作っている。

質問第四二四　あなたの考えでは、どうすれば世界はよくなりますか。

回答　「だれもが世界秩序に従うべきであろう」

質問第四二九　あなたの考えでは、どうすれば次の世界大戦を防ぐことができますか。

回答　「戦争を防ごうという意志が、すべての人に認められた場合のみ」
質問第四三一　あなたの考えでは、インフレーションはだれの責任ですか。
回答　「ただ一人の人間に責任があるとすることはできない」
質問第六二一　まったく体罰なしに子供の教育ができると思いますか。
回答　「まず第一に、体罰なしの教育学が、すべての国の常識となってからであろう」

回答者は、徐々に自分の書く言葉の背後に隠れてゆき、敗北から身を守っている。アンケート第四五四の回答も、この文体の典型例である（……）。

質問第一三九　毎年の休暇はどれくらい取りますか。
回答　「分相応に」
質問第四二三　個人は自分の運命に責任があると思いますか。
回答　「状況次第である」
質問第四二五　中絶罪をどう思いますか。
回答　「第二一八条は下層階級にとって悪である」
質問第四二七　どの政体が最良だと思いますか。
回答　「可能性の枠内においては、共和制がだれにとってもふさわしいものである」
質問第四三〇　ドイツの司法をどう評価しますか。

回答　「すべてのものに裏面がある」

同じ回答者は、アンケートの終わりに、労働者階級の窮乏に触れて書いた。「……失業者やホワイトカラーについては言うまでもない。それは耐えがたい状況であって、ついには悲惨な路傍の生活に至るものなのである」そしてその同じ文章の中で、労働者の妻については、「国家の中の国家である」としている。このように、この被調査者のアンケートは、今まで述べてきた文体のすべてが混在していることに特徴がある。質問第四二三、四二八、四三〇の回答には、用心深く相対化する、どっちつかずの表現方法が見られるが、同時に自己観を強めるための高い調子の語句もある。たとえば、質問第一三九における「分相応に」や、「国家の中の国家」という表現である。どっちつかずの表現によって、回答者は自分自身の安全な立場を築こうとしている。それゆえ、「悲惨な路傍の生活」について語っても、彼自身は同情の対象と距離を置くことができるのである。この時彼の中立的・客観的観察者としての立場は、彼に優越感を付与する。それはたとえば「第二一八条の悪」に泣く「下層階級」と距離を保つことで、明瞭になるのである。（ちなみに、この被調査者が、労働組合所属の皮革労働者であることは興味深い。）

さらにちがった文体的現象は、言葉惜しみと呼ぶことができる。これに該当する人にとっては、言葉は黄金や感情や一度使った包装紙などのように、惜しみながら扱うべきものなのである。言葉惜しみのきわだった特徴は、人とのコミュニケーションをいつもできるだけ短くするということだけでなく、他人との感情的つながりに役立つ言語要素が、とくに乏しいことに求められる。この文体が示すものは、外の世界からの逃避であり、系統的孤立癖であり、さらには、すべての危険あるいはむだと感じられる感情的な接触の回避である。この特徴は、表現の極度な正確さとも、また自己愛的文体とも結びつけることができる。後者の場合、言葉惜しみは単に、心的活動全体の逃避傾向を表わしているだけではない。むしろ書き手は、彼の言葉数の少ない表現様式が、饒舌以上に彼をきわだたせ、それによって彼自身の存在の重さを強調すると考えているのである。言葉惜しみが自己愛的表現方法と結びついている好例は、アンケート第二五七であるが、私たちはその回答をさらに詳細に分析し、被調査者のパーソナリティ研究の基盤とすることにする。

重要な文体的特徴の最後は、表現の無色性である。ただしこれは、特殊な性格特性の診断としては、一定の限度内でのみ用いることのできるものである。そのような無色性で、冷淡な表現とは厳密に区別すべきものを、また、類型的表現様式と呼ぶこともできる。無色な文体の原因は、主として、書き手が、学校や、社会的慣習が認める〈よい〉文体を作ろうと努力していることに求められる。学校や大学で教えている、類型的な規格に合わせようとすることによって、書き手は、欠陥も多いが個性的な色彩と生気に富む、自由で直接的な表現方法を必然的に失ってしまう。(3) このことは、すでに引用したF・H・オルポート〔訳注。Floyd Henry Allport, 1890-1978. アメリカの心理学者〕らの研究（一九三四）による興味深い統計結果を見ても、裏付けられる。すなわち、オルポートは、「学校での作文の評価（成績）」と、個人の文体的表現力、すなわち、文体によって筆者が識別できることとは、何の関係もないことを立証した（前掲書、三四頁）。これによって彼が正しく結論しているように、個性的表現は学校で教えられるものではなく、またそれは学校や社会で認められた意味での、〈よい〉文章の指標ではない。このような類型的な規格に合わせれば合わせるほど、文体は、個性的な表現のニュアンスという点では、無色の度合いが強くなる。さらにこれを要因として、異なった社会グループごとに典型的な文体の差異も生じるのである。よい文体の練習を長くやればやるほど、また熱心にやればやるほど、学校で教える基準や、類型的文体作りに合わせようとする傾向が目立つようになる。それゆえ、小学校にしか行かなかった人口グループには、一般に、個性的で、強烈で、素朴な表現方法が見られる。その反対に、類型性が進むと、直接性、自発性とともに、態度の個性的な特色はむしろ少なくなる。すなわち無色な表現方法は、さまざまな人間のあり方を濾過器によって取り除き、ついには個性的な人間性についてはほとんど語らなくなる。これが語ることの本質は、これらの人びとが、この文体を用いるように教育を受けた社会的グループに属する、ということだけである。

しかしながら、無色の表現方法がパーソナリティの評価においてまったく無価値なわけではない。なぜなら、いついかなる状況でも同じ類型的行動をする人物がごく少ないように、終始この慣習的な表現方法を用いる人物もごく少ないからである。類型的文体の灰色の中間色に対して、ところどころにある明るく、あるいは暗い色調が目立ち、そこでは、感情があらわになり、色調の変化や筆のすべりが、より大きな率直さを示すのである。題材が広範囲であればあるほど、そしてそこに含まれるテーマが多ければ多いほど、類型的文体にそのような破調が生じる可能性も大きくなる。この場合、そのような自発的な表現の形と内容だけでなく、中間色の背景のどこに、どのようにそれがはめ込まれているかということも、重要である。ここにおける私たちの基本的な仮定は、無色の文体を破って顔を出す、別の色調が、類型的な表現方法とは異なったパーソナリティ層から生まれているということである。

これらの破調のいくつかが、どこにどのように現われているか、また、それから遡って、書き手のパーソナリティについてどのような推論を引き出せるかを示すために、回収したアンケートの一つを、そのまま全部印刷することは、紙面の関係で不可能であるから、私たちは、一つ選んだ質問に対する何人かの回答を引用するにとどめることにする。そのいずれの場合にも明らかなことは、一定の感情が書き手の無色な文体を突き破り、表現方法の振幅が、激しい感情の噴出から用心深い心情秘匿にまで及んでいるということである。この点に関して、とりわけ適切な例は、質問第三二五（女性が白粉、香水、口紅を使うことは好ましいと思いますか）である。すなわちこの質問は、他のことでは控え目に反応しがちな人にも、激しい感情の動きを呼び起こしたようだからである[4]。

アンケート第二八一　「そんな女性を道で見かけたら、吐きそうになる。ほんとうにいやだ。醜悪な変身だから」

ここには疑いもなく激しい感情の爆発がある。回答者の怒りが軽蔑をもって対象にぶっつけられようとしている。心情が純粋に個人的な形で表現されていることに、注目すべきである。次の二つの例では、感情が怒れる道徳の隠れみのをまとい、個人的な感情源から切り離されて、普遍的な妥当性を主張している。

アンケート第六六　「白粉や香水などはごみ箱に放り込むべきものだ」

アンケート第六〇八　「なんと言おうとわが国の女性は黒人でもインディアンでもない」

感情の強さが、文章の激しさによって直接に表現された右の回答とは異なって、次の例では、白粉などに対する直接的な感情的嫌悪が姿を消し、衛生的あるいは経済的配慮による合理化が目立っている。

アンケート第四五五　「白粉の代わりに簡素な食物、香水の代わりに新鮮な空気、そして口紅の代わりに一本のミルクが、自然さをもたらし、金と時間を節約する」

アンケート第四二九　「断髪は、家の中では健康的で清潔である。白粉と口紅は、清潔な主婦には不要である」

しかし、この質問によってかきたてられた感情は、合理化の陰に完全に隠されているわけではない。その目標は、支配的な教師口調によって間接的に示されているのであって、被調査者はその口調で、男の優位を十分意識しながら助言、いや、より正しくは命令するのである。以下の回答では、この形の心情表現も、ほとんど消えてしまっている。

アンケート第二七四　「お上品ぶるのではないが、このごろの女性はこの点で行きすぎていると私は思う」

ここには、およそ激しさというものは認められない。文章表現は中立で、この上なくおだやかなもののように見える。回答者は、「行きすぎること」のみを問題にすることによって彼の不信感を抑制し、「私は思う」という言葉によってもそれをさらに和らげている。この用心深い書き手が最初に、お上品ぶるのではないが、と念を押したために、彼の態度全体がさらに相対化されている。ところが、まさにこの用心深さによって、彼は注意深くおおい隠した、彼の態度の根源にある感情を、それと知らずに洩らしているのである。このことは、回答から事実上あらゆる色とあらゆる重みを取り去った、独善的で客観的・中立的な調子の中からも聞き取ることができるのである。(5)

引用した回答例は、ただ類型的から率直な感情吐露に至るまでの、さまざまな表現方法の色調を鮮明に見せているだけではなく、同時にそれぞれの表現の診断上の価値をも明らかにしている。というのは、すべての場合に、質問の感情的刺激への反応によって、書き手の独自の性格特性が明らかになるからである。すなわち、たとえばアンケート第二八一では、他人を屈服させることを目的とするサディズムの傾向が見られる。アンケート第四二九と四五五には、他人に命令しようとする教師的傾向が表われている。そしてアンケート第二七四は、用心深い自己正当化の試みを特徴としている。

ここまでの検討の目的は、書かれた表現の分析の方法論に寄与するとともに、その表現を一定の観点から性格づけ、説明することにある。十分な量の回答があるかぎり、そのような分析は被調査者のパーソナリティ構造の本質的な部分を再構築するのに役立つ。このことは最終的に以下の例で明らかになるだろう。

〔アンケート第二五七の〕回答者は、四十代初め、鉱夫、労働組合の役員で、社会民主党員の男子である。〔彼で目につくのは、著しい言葉惜しみである。〕すなわち彼はすべての言葉を惜しみ、可能なかぎり短く表現する。一般にそれほど話好きでない他の寡黙な人たちとは反対に、この男性は言葉惜しみを楽しんでいて、実際に自分の言うすべてのことに非常に高い誇りを持っているように思われる。したがって、彼の言葉惜しみは回答の中身に関係しているのではなく、彼が不必要と考える言葉に関係している。かくして彼は、百貨店で買い物をするか、専門店で買い物をするか、それはなぜか、という質問（質問第三〇二）に対して百貨店を取り、「平均して安い」と回答し、「百貨店の方が」という言葉を省略する。この場合他の人ならおそらく「安い」と書くだけで満足したであろうが、彼は正確さを強調することが大切だと考え、そのために「平均して」を付け加えるのである。これと似たことは、なぜ生活協同組合員ではないのかという質問（質問第三〇三）に対する回答にも見られる。ここで彼は「弟、食料品店」と書いて、「私の……は……をやっている」という言葉を省略しているのである。

この種の言葉惜しみの根底にある一般的性格は、金だけではなく自己そのものを抑制する傾向であるということができる。外界や他人に顔を向けることは、すべて危険と感じられる。それからの逃げ道は、しばしば自分を閉ざすことであり、その結果として、無愛想でつっけんどんな態度が観察されることがまれではない。「平均的に安い」、「弟、食料品店」という回答には、彼があたかも「あなたに何のかかわりがあるのだ。あなたは自分の頭の蠅だけを追っていればいいのだ」と思っているかのような響きがある。この傾向は、質問第三二五（女性が、白粉、香水、口紅を使うことは好ましいと思いますか）に対する回答でもっとはっきりする。「匂いが我慢ならない」ここで彼は、「私は」と言おうともしないし、何らかの意見を表現したり、自分の感情に固執することをやめて、客観的な立場に立とうということもしない。（……）このなげやりなぶっきらぼうさは、細部にまで及んでいる。たとえばそれは、質問第五〇一（毎日の食事はおもに何で〔woraus〕作っていますか）の回答に表われている。ほとんどの回答者が、「じゃがいも、肉、パン、野菜など」としたのに、彼の場合は「普通の食べ物で」という言い方になっている。彼が「普通の食べ物で」（Gewöhnlicher Kost）と文法的に正しい与格を用いていることは、過度な正確さを示しているが、同時に彼は一方で前置詞の〈aus〉を避けている。普通の表現なら前置詞を付けたままか、それとも主格だけにしておくはずである。しかるにこの被調査者は、言葉だけではなく、彼にとって余計だと思える情報をも惜しんでいる。「普通の食べ物」が何であろうと、だれにも関係ないことだから。このそっけない表現方法は明らかに、ぶっきらぼうであると同時に用心深い行動様式に一致している。たとえば質問第四三四（金や品物を友人に貸しますか）に対する回答にもそれは明らかである。彼は週に二五〇マルクの収入があって、高所得の階級に属しながら、「何も貸すものを持っていない」と書いている。最後に、言葉を惜しんで用いることと並行して、彼がいつも可能なかぎり文字を省略していることにも注目しなければならない。すなわち彼は軍隊での階級を〈FW〉（Feldwebel 下士官）としているし、宗教団体への所属を問う質問への回答は〈ev〉（evangelisch 福音主義）となっている。彼は、今まで見てきたように、高度の正確さを心がけているので、社会生活や学校の数学の授業で一般に行なわれている省略を好んでいる。すなわち、「そして」のかわりに「&」と書き、一か月に何度ハイキングをするかと問われると、「一度」あるいは「1」と書くかわりに「1x」と答え、同様に質問第五〇二（週に何度、肉を食べますか）に対する回答には、「2x」と書いているのである。

次に、今示した言葉惜しみには、他の特徴も結びついていて、それは、回答の内容の特殊なニュアンスに表われている。疑いなく、この回答者は自分の習慣においては秩序正しく、規則的であり、義務については良心的である。彼自身の言葉によれば、長生きを望んでいる。しかし、そのために何をするかという質問に対しては、「健康な生活をする」とか「正しく栄養を取る」などとは書かずに、ただ「秩序正しい生活をする」と書く――高齢に達するためには、おそらく直接にはほとんど関係のない回答である。彼にとって、秩序はむしろそれ自体で一つの価値なのだが、その秩序が実際に何から成り立っているのかは、私たちにはまったくわからない。彼の考えによれば、人間は、ただ「不規則な生活」をすることによってのみ、自分の運命に対して責任がある（質問第四二三）。ここでは軍隊的な規律の上に教師的な態度も加わっている。彼がすべてのことを、規則、命令、義務、あるいは禁止として受け取っているという事実は、その文体に明らかである。たとえば、結婚した女性が職を持つことに反対を唱えているが、その際の理由に「家事の義務」をあげている。この部分では、短く命令的な下士官の声そのものが聞えるように感じられるが、彼自身は、自分を無愛想とも、冷いとも、命令的とも思ってはいないのである。

〈奥さんや子供たちに決まった小遣いを与えていますか、という質問（質問第六三一／三二）に対する回答も興味深い。ここで、この被調査者は記入している。すなわち〉全収入を妻に渡している、と。しかしその理由はまことに異例である。「妻は、何でも夫とまったく同様に経済的にやりくりしなければならない」したがって、妻に対する信頼も、毎週の収入を手渡すことによって妻に与えているように見える自由も、実際は、節約の義務を思い起こさせるためのものなのである。やさしさと信頼と親切に満ちたジェスチャーは、義務と命令になる。ところが質問第六二一／二二に対する回答では、彼は潜在意識としては進歩的な意見である。ここで彼は、子供に体罰の必要はないという考えに賛成している。しかしながらこの見解も彼は次のように表現する。「教育者は、むちなしで教育する力がなければならない」他の回答者とは対照的に、彼は自分の意見を、体罰の子供に及ぼす影響の考察によって説明してはいない。同様に、子供に対する彼の態度のはっきりした内容も、ほとんど述べられていない。彼が断固として強調するのは、むしろ教育者にとっての〈ねばならぬ〉ことである。これは、彼の妻との関係にぴったり一致する。すなわち、金を任せるための決定的な要因は、信頼ではなく、家計上の〈ねばならぬ〉である。彼は自分が秩序と義務への強制的服従を経験しているゆえに、逆に自分が命令する立場をとる。自分の内にあるかつての下士官を休ませておけないのである。妻に対しても、また教育者の役割においても、彼は権威主義的態度をとる。そしてまさにそのことによって、彼の自尊心は高まるのである。この態度は、数多くの教師口調の例によって明らかである。またそれは質問第二三六(あなた方は家ではどんな衣類を自分で作ることができますか)に対する回答の場合のような、それほど重要とも思われない表現にも見られる。ここで彼は「紳士物」と書いている。通常の回答は「下着、背広、ドレスなど」である。〔両者の態度を比較すると〕他のアンケートにおいて、「配偶者」、「居所」、「ディヴァン」などの回答に時に見られたのと同じような、たえざる自己満足を、彼の回答にも見いだすのである。

注

(1)これについて、詳しくはF・H・オルポート、L・ウォーカー(L. Walker)、E・レイザーズ(E. Lathers)、一九三四参照。この、『文章とパーソナリティ特性』と題した研究において、著者の二人、すなわちウォーカーとレイザーズは、七十人の学生の書いた六百三十の論文の比較分析を行なった。彼らの目的は、個々の論文とそれぞれの書き手とを正しく結びつけることにあった。正しい組み合わせを得る確率理論上の期待値は一・六で、同じく最高限度値は八であったが、ウォーカー／レイザーズの得た値は四であった。どの程度まで論文を正しく結びつけ、照合できるかという問題から始めて、この研究はまず、そのような照合のためのあらゆる標識を探った。この点できわめて有望な特徴として選ばれたのは、以下のとおりである。パーソナリティ特性、文章内容、研究者による文体評価（たとえば、印象の強い文体、よい文体、高度な文体、文学的文体）、論文の形式、特異な誤り、そして、論文もしくは論文主題に対する書き手の態度。著者たちの到達した結論は、「照合の基準となる標識の、正確な性質は、きわめて把握しにくい」（同書、二四頁）、そして「あまりにも把握しにくいので、言葉で適切に表現することができない」（同書、六九頁）というものであった。論文について、著者のパーソナリティを解明するもう一つの試みは、マルティン・カイルハッカー（Martin Keilhacker）のものである（一九三六）。彼は『論文の性格学的研究』において、数多くの著作を分析した。そのほとんどは大学資格試験合格者や、ギムナジウム最上級生のものであった。カイルハッカーは主として論文の内容の独自性を対象にしている。そして、その〈言語的側面〉については、書き手が言葉を表現の手段としてどこまで支配しているか、すなわち、知的生産において、言葉が阻害要因であったか、それとも促進要因であったか、そして書き手をどの方向に傾向的に推し進めたかという観点からのみ、研究している。

(2)このことはもちろん、平均的に言えるだけである。というのは、疑いもなく、このような相異がない場合や、むしろ反対のことが観察される場合があるからである。たとえば、深刻な神経障害がある場合には、口からの表現は妨げられ、その障害という事実を超越して性格について表明することは、ほとんどできなくなる。この場合でも、文章による表現なら事情によって〈ずっと自由な〉ことがありうるだろう。というのは、他人との直接の接触がないために、直接の相互作用から生じる抑制の多くが取り除かれるからである。

(3)ここで、とらわれない直接さと、類型的・無色の正確さとを対比させているからといって、これを表現形式の究極の二分法としているわけでは決してない。偉大な文章家に見られるように、言葉が自在に操られていれば、パーソナリティ全体が文体に表わされるだろう。その場合は、この文体はとらわれないものでもなければ、学校の規格の見本でもない独自のものとなって、書き手の考えや見識や経験の構造を透かして見せるニュアンスにあふれたものとなる。これら三つの型の文章表現の間には、さらに数多くの中間段階と混合型がある。

(4)これは「情緒の置き換え」の事例である。すなわち、この感情のエネルギーは、このような無害な対象からは説明できないのであって、これを補足する他の起源があるはずである。

(5)ちなみに、ここに引用した例は、自由記述型のアンケートの利点のよい例証ともなっている。回答態度に個人それぞれの多様性があることを示しているからである。選択回答型のアンケートなら、白粉などを使用するのが好きかという質問に対して、被調査者はせいぜい「非常によい—よい—まあまあ—わからない—いいえ—悪い—非常に悪い」に×印を付けられるだけだろう。そのような回答は、パーソナリティについて、ほとんど何も語らないだろう。

追補2

アンケート

（訳者注。点線部は書き入れる個所。――は選択肢）

I

一〇一　年齢、出生地。
一〇二　性別。　男――女。
一〇三　結婚歴。　既婚――死別――独身――離婚
一〇四　どうして結婚していないのですか。
一〇五　兵役。　一九一四……一九一八……。
一〇六　現在の職業。
一〇七　職業上の地位。　ホワイトカラー／管理職――上級――平社員。労働者／監督――熟練工――速成工
――非熟練工。
一〇八　あなたの会社の業種。
一〇九　あなたの属する部。
一一〇　従業員数。　労働者……事務職……。
一一一　週間労働時間。　……時間。
一一二　終業時間。　……時　土曜……時。

一一三　通勤に要する時間。　……分。
一一四　一日のうち休みの回数。　二回——四回。
一一五　定期的に夜勤がありますか。　はい——いいえ。
一一六　一週間の平均残業。　……時間有給　……時間無給。
一一七　賃金協定はありますか。　はい——いいえ。
一一八　どういうものですか。
一一九　あなたの企業に労資協議会はありますか。　はい——いいえ。
一二〇　協議会の政治的傾向はどうですか。鉄兜団——社会民主党——民主党——キリスト教——御用組合
一二一　労資協議会に満足していますか。　はい——いいえ。
一二二　どうしてですか。
一二三　職場の事務員、労働者の大方は組合組織に入っていますか。　はい——いいえ。
一二四　どの組合が主力ですか。
一二五　会社に職場組合（経営者を含めた労資共同体）がありますか。　はい——いいえ。
一二六　職場新聞は。　ある——ない。
一二七　それは何ですか。
一二八　気に入っていますか。　はい——いいえ。
一二九　どうしてですか。
一三〇　職場預金制度がありますか。　はい——いいえ。
一三一　加入していますか。　はい——いいえ。
一三二　職場スポーツクラブがありますか。はい——いいえ。
一三三　加入していますか。　はい——いいえ。

一三四　あなたの職場では、合理化が行なわれましたか。　はい――いいえ。
一三五　それをあなたはどう思いますか。
一三六　職業上または仕事上の同僚との関係はどうですか。〔第三章(e)、第四章(c)参照〕
一三七　直属の上司との関係はどうですか。〔第三章(e)、第四章(c)参照〕
一三八　さらにその上司とはどうですか。〔第三章(e)、第四章(c)参照〕
一三九　毎年の休暇はどれくらい取りますか。
一四〇　それをどのように過ごしますか。
一四一　戦後失業しましたか。　はい――いいえ。
一四二　何年にでしたか。
一四三　どうしてですか。
一四四　全期間は。　……か月間。
一四五　戦後、操業時間短縮がありましたか。はい――いいえ。
一四六　どんな職業教育を受けましたか。実業学校……年、商業学校……年、見習……年。
一四七　どんな試験を受けましたか。
一四八　今も職業教育コースを受けていますか。　はい――いいえ。
一四九　それは何ですか。
一五〇　他の仕事で以前にしていたことがあるのは何ですか。
一五一　いつでしたか。
一五二　それは何でしたか。　労働者――ホワイトカラー――役人――自営。
一五三　どうして以前の仕事をやめなければならなかったのですか。
一五四　一番好きな職業は何ですか。

一五五　理由は何ですか。
一五六　副業——ずっと——時に——がありますか。　はい——いいえ。
一五七　それは何ですか。
一五八　どうしてですか。

II

二〇一　お父さんの職業。　労働者——ホワイトカラー——役人——自営。
二〇二　職種。
二〇三　お母さんは職に就いたことがありますか。　はい——いいえ。
二〇四　以前の職は何ですか。
二〇五　お父さんは職を変えましたか。　はい——いいえ。
二〇六　以前の職は何ですか。
二〇七　お父さんは何歳ですか（でしたか）。　……歳、（死亡）。
二〇八　お母さん……歳、（死亡）。
二〇九　あなたは何人目の子供ですか。
二一〇　きょうだいの職業。
二一一　学歴。　小学校——中学校——高等学校。
二一二　何年行きましたか。　……年。
二一三　子供の時は幸福でしたか。　はい——いいえ。〔第三章(e)参照〕
二一四　両親の結婚は幸福だったと思いますか。　はい——いいえ。〔第三章(e)参照〕

二一五　お金に困った時、裕福な親類や友人に頼れますか。　はい――いいえ。
二一六　心配事のある時奥さんと相談しますか。ほかにだれと相談しますか。　友人――仕事仲間――牧師。
二一七　住まいは、借家――アパート――団地――持家――社宅。
二一八　住まいは家具付きのものですか、それとも自分の家具ですか。
二一九　台所は使えますか。　はい――いいえ。
二二〇　何階に住んでいますか。
二二一　居間、寝室はいくつありますか。
二二二　そのうちで暖房できるのはいくつですか。
二二三　各部屋は十分の広さがありますか。（各何平方米ですか）。
二二四　あなたの住まいには、全部で何人の人が住んでいますか。
二二五　ベッドあるいは寝椅子はいくつありますか。
二二六　何部屋賃貸ししていますか。
二二七　そのうち何部屋暖房できますか。
二二八　いくつベッドが付いていますか。
二二九　台所を使えますか。　はい――いいえ。
二三〇　貸菜園を借りていますか。　はい――いいえ。
二三一　ペットは何を飼っていますか。
二三二　住まいにはどんな家具がありますか。　テーブル……、椅子……、（その内籐椅子……）、革椅子……、ソファ……、戸棚……、書棚……、書架……、洗面台……、化粧台……、サイドボード……、机……、大型時計……、壁時計……、ミシン……。
二三三　どんな家具がほしいと思いますか。

二三四 あなたやあなたの家族の、衣服、下着、靴はどうですか。よい、まあまあよい、不十分。
二三五 あなた自身や家族のために規則的に新調できますか。 はい――いいえ。
二三六 家で作れる新しいものは何ですか。 子供の下着――子供の衣類――大人の下着――女物の衣類……。
二三七 シーツ類はどれくらい持っていますか。 シーツ……、枕カバー……。
二三八 洗濯日は、月に何回ですか。
二三九 もし好きなようにできるとすれば、どんな衣服や下着を買いますか。
二四〇 あなたは住まいをどのように装飾していますか。〔第三章(c)参照〕
二四一 どんな絵や写真を飾っていますか。〔第三章(c)参照〕
二四二 最近建てられた団地をどう思いますか。低い天井、平らな屋根など。
二四三 どんな本を持っていますか。
二四四 愛読書がありますか。はい――いいえ。〔第三章(c)参照〕
二四五 それは何ですか。〔第三章(c)参照〕
二四六 学術書を読みますか。 はい――いいえ。
二四七 それは何ですか。
二四八 どんな新聞や雑誌をとっていますか。
二四九 戦争前は何でしたか。
二五〇 補償付きの雑誌もとっていますか〔訳注。その雑誌の盗難補償など、いろいろな特典付きの雑誌が発行されていた〕。
二五一 規則的に読書していますか。 はい――いいえ。
二五二 どうしてしないのですか。疲労、時間がない、静かな時がない。
二五三 あなたや家族は規則的に図書館を利用しますか。閲覧室、自治体図書館。
二五四 あなた、あるいは奥さんは特定の本をとくにひどいとか有害だとか思っていますか。(理由)。

III

三〇一　あなた、あるいは奥さんは買物を百貨店でしますか、それとも専門店でしますか。
三〇二　どうしてですか。
三〇三　消費組合に入っていますか。　はい——いいえ。
三〇四　どうしてですか。
三〇五　年間に何回行きますか。劇場……、音楽会……、ショー……、レビュー……、映画……。
三〇六　どんな博物館（展覧会など）へ行きますか。
三〇七　芝居は古典を見るのと、新しいものを見るのと、どちらが好きですか。
三〇八　好きな芝居は何ですか。〔第三章(c)参照〕
三〇九　好きな映画は。〔第三章(c)参照〕
三一〇　何か演劇団体に入っていますか。（たとえば民衆劇場）。
三一一　家族のうちで、だれが楽器を演奏しますか。
三一二　それは何の楽器ですか。
三一三　ラジオを持っていますか。　はい——いいえ。
三一四　鉱石式ですか真空管式ですか。
三一五　自分で作ったものですか。　はい——いいえ。
三一六　スピーカーは。　はい——いいえ。
三一七　ラジオの番組はあなたの希望に添っていますか。　はい——いいえ。　どうしてですか。
三一八　晩はどこでどのように過ごすのが最も好きですか。

三一九　週末はどうですか。
三二〇　だれと旅行しますか。家族、友人。団体で。
三二一　月何回。
三二二　友人たちと最も好んで話をするのは何についてですか。
三二三　このごろの女性ファッション（たとえばショートスカート、絹のストッキング）は好ましいと思いますか。〔第三章(c)参照〕
三二四　断髪は。はい——いいえ。〔第三章(c)参照〕
三二五　女性が、白粉、香水、口紅を使うことは。はい——いいえ。（理由）。〔第三章(c)参照〕
三二六　女性が職に就くのは正しいことだと思いますか。はい——いいえ。〔第三章(d)参照〕
三二七　結婚していてもですか。はい——いいえ。〔第三章(d)、第四章(b)参照〕
三二八　どうしてですか。〔第三章(d)、第四章(b)参照〕
三二九　スポーツクラブに入っていますか。はい——いいえ。
三三〇　どのクラブですか。
三三一　スポーツは何をしますか。
三三二　奥さんはどうですか。
三三三　子供はどうですか。
三三四　どんなレクリエーションクラブに入っていますか。（たとえば、ボーリングクラブ、グリークラブ）。
三三五　どんなスポーツ競技を見に行きますか。サッカー、レスリング、ボクシング、テニス・トーナメント、水泳競技会。
三三六　スポーツの大流行をどう思いますか。
三三七　次のものをしますか。カード——チェス——チェッカー——ばくち——富くじ——器機賭博。

三三八　ジャズは好きですか。　はい――いいえ。〔第三章(c)参照〕
三三九　切手を蒐集していますか。　はい――いいえ。
三四〇　他のものを集めていますか。
三四一　どんな宗教団体や思想団体に入っていますか。
三四二　教会を脱退しましたか。　はい――いいえ。
三四三　あなたがた夫婦は教会に行きますか。　はい――いいえ。
三四四　月に何度行きますか。
三四五　神を信じますか。　はい――いいえ。
三四六　永遠の正義を信じますか。　はい――いいえ。
三四七　予言はどうですか。　はい――いいえ。
三四八　あなたの人生で、何かとくに誇りにすることがありますか。
三四九　あなたの人生で、よかれあしかれ、あなたの運命に決定的となった事件がありましたか。

Ⅳ

四〇一　どんな重い病気にかかりましたか。
四〇二　肉体的な障害がありますか。
四〇三　どんなものですか。
四〇四　先天的ですか――事故ですか。
四〇五　現在の健康状態はどうですか。
四〇六　家にどんな遺伝疾患がありますか。

四〇七　あなたに職業病がありますか。　はい――いいえ。
四〇八　それは何ですか。
四〇九　戦傷がありますか。　はい――いいえ。
四一〇　それは何ですか。
四一一　どんな健康保険に入っていますか。
四一二　それで満足していますか。　はい――いいえ。
四一三　どうしてですか。
四一四　あなたは、医療士――同種療法医《ホメオパシー》――の方が他の医師よりよいと思っていますか。　はい――いいえ。
四一五　病気になるのを恐れていますか。　はい――いいえ。
四一六　どうしてですか。
四一七　消化は順調ですか。　はい――いいえ。
四一八　よく眠れますか。　はい――いいえ。〔第三章(e)参照〕
四一九　あなたは次のどれかですか。禁酒家、禁煙家、生食主義、菜食主義。(理由)。
四二〇　長生きしたいと思いますか。　はい――いいえ。
四二一　そのために何をしていますか。
四二二　個人は自分の運命に責任があると思いますか。　はい――いいえ。〔第三章(b)、第四章(b)参照〕
四二三　どうしてですか。〔第三章(b)参照〕
四二四　あなたの考えでは、どうすれば世界はよくなりますか。〔第三章(b)、第四章(a)、(b)参照〕
四二五　中絶罪をどう思いますか。〔第三章(d)参照〕
四二六　あなたが歴史上、最も偉大な人物だと思うのは、だれですか。……。現代ではどうですか。……。〔第三章(b)、第四章(a)参照〕

四二七　どの政体が最良だと思いますか。民主主義共和制——ファシズム——君主制——ソヴィエト（評議会）制。〔第三章(a)参照〕
四二八　何によってそう考えるのですか。〔第三章(a)参照〕
四二九　あなたの考えでは、どうすれば次の世界大戦を防ぐことができますか。〔第三章(a)、第四章(a)参照〕
四三〇　ドイツの司法をどう評価しますか。〔第三章(a)参照〕
四三一　あなたの考えでは、インフレーションはだれの責任ですか。〔第三章(a)、第四章(a)参照〕
四三二　あなたの考えでは、今日国家の実権を握っているのはだれですか。〔第三章(a)参照〕
四三三　財産があるとすれば、どこにその金を投資しますか。〔第三章(e)参照〕
四三四　金や品物を友人に貸しますか。　はい——いいえ。〔第三章(e)、第四章(c)参照〕
四三五　なぜ貸しますか（なぜ貸しませんか）。〔第三章(e)、第四章(c)参照〕
四三六　どの党に入っていますか。
四三七　いつからですか。
四三八　どうしてですか。
四三九　党出版物を読みますか。　はい——いいえ。それは何ですか。
四四〇　党集会には定期的に出ますか。　はい——いいえ。
四四一　党の役職に就いていますか。　はい——いいえ。
四四二　どの党に投票しますか。
四四三　あなたが（もっと）政治活動をすることを妨げるものは何ですか。　家庭、会社……。
四四四　あなたの党をどう評価しますか。政策……、指導者……、組織……。〔第三章(a)参照〕
四四五　何か防衛組織に入っていますか。青年民主党——ドイツ国旗党——赤色戦線——鉄兜団……。
四四六　所属する職業組合（労働組合）は何ですか。

四四七　いつからですか。
四四八　組合集会には定期的に出ていますか。　はい――いいえ。
四四九　あなたの組合をどう評価しますか。指導者……、組織……、出版物……、援助制度……。
四五〇　組合新聞を読みますか。　はい――いいえ。
四五一　組合役員ですか。　はい――いいえ。
四五二　あなたが（もっと）組合活動をするのを妨げるものは何ですか。　家庭、会社……。

V

五〇一　毎日の食事はおもに何で作っていますか。
五〇二　週に何度、肉を食べますか。
五〇三　パンに塗るものは何ですか。　マーガリン――バター――脂《シュマルツ》――ジャム……。
五〇四　飲み物は主として何ですか。　(a)アルコール飲料　ビール、ワイン、蒸溜酒《シュナップス》、果実酒《モスト》　(b)ソフト飲料
　ティー、コーヒー、麦芽コーヒー、ココア、ミルク。
五〇五　一日どれくらい煙草を吸いますか。　葉巻……、紙巻……、パイプ……。
五〇六　定期的に料理店や社内食堂で食事をしますか。
五〇七　家で食事をするのと外食と、どちらが好きですか。
五〇八　総収入。

	夫	妻
	マルク	マルク
基本週給 } 控除前。	………	………
基本月給	………	………

恒常的副収入、控除前一か月当たり。……………
超勤手当。……………
副業収入。……………
公的及び組合補助。……………
年金。……………
下宿人からの純収入（……人から）。……マルク。
同居の子供から。……マルク。
別世帯の子供から。……マルク。
その他の収入。……マルク。

五〇九　貯金がありますか。　はい――いいえ。

五一〇　持ち家がありますか。　はい――いいえ。

五一一　何人に住まいを貸していますか。

五一二　戦争からインフレーションで財産を失いましたか。　はい――いいえ。

五一三　または、借金がゼロになりましたか。　はい――いいえ。

五一四　次のことは一週間にいくらぐらい掛かりますか。
　税金その他の控除（賃金労働者の場合）　夫……マルク、妻……マルク、通勤費……マルク、その他の交通費……マルク、あなたと家族の総食費……マルク（内、外食と社内食堂……マルク）、煙草……マルク、アルコール……マルク、その他の出費をマルクで……マルク。

五一五　次のことは一か月にいくらぐらい掛かりますか。
　税金その他の控除（給与所得者の場合）　夫……マルク、妻……マルク、家賃……マルク、電気代……マルク、ガソリン代……マルク、台所と洗濯場の暖房費……マルク、クリーニング代……マルク、組合費と党費……マルク、その他の団体出費……マルク、新聞雑誌……マルク、本……マルク、行楽……マルク、劇場と映画館……マルク、スポーツ競技見物……マルク、健康維持……マルク、妻の小遣い……マルク、子供の小遣い……マルク、お手伝いの賃金……マルク、月賦……マルク、預金……マルク、その他の出費をマルクで……マルク。

五一六　次のことは一年にいくらぐらい掛かりますか。

衣類と下着すべて……マルク（内、仕事着……マルク）、冬の燃料……マルク、果物—野菜の漬け込み……マルク、教科書と教育費……マルク、生命保険……マルク、その他の保険（例えば、盗難保険、任意健康保険など）……マルク、あなたの講習費……マルク、妻の講習費……マルク、子供の特殊教育費……マルク、教会税……マルク、医師、薬局、病院……マルク、親への仕送り……マルク、子供への仕送り……マルク、その他の仕送り……マルク、贈り物……マルク、その他の年間出費をマルクで……マルク。

五一七　冬の蓄えには規則的に何を仕入れることができますか。（石炭、薪、じゃがいも、果物など）。

Ⅵ

六〇一　何歳の時に結婚しましたか。

六〇二　奥さんの年齢と出生地。

六〇三　最初の子供が生まれたのは何年ですか。

六〇四　子供は何人ですか。……（その内、十四歳以下…、十四歳—十八歳……）。

六〇五　家にはまだ何人の子供が居ますか。

六〇六　奥さんは流産の経験がありますか。　はい——いいえ。

六〇七　肯定の場合、何回ですか。
六〇八　子供を託児所または幼稚園（幼児学級）にやる機会がありますか。　はい――いいえ。
六〇九　子供はどんな学校教育を受けていますか。
六一〇　子供の学校に満足していますか。（理由）。
六一一　子供は宗教教育を受けに行っていますか。
六一二　子供は学校以外に何を習わせていますか。ピアノ、速記……。
六一三　子供はどういう職業教育を受けていますか。
六一四　子供は、何人が自分の収入を持っていますか。
六一五　どういう仕事でですか。
六一六　もし状況がもっとよかったら、子供にどんな学校教育あるいは職業教育を選んでいたと思いますか。
六一七　この問題についての奥さんの意見は。
六一八　子供が（もっと）ほしいと思いますか。
六一九　どうしてですか。
六二〇　子供はどんな青少年団体に入っていますか。
六二一　まったく体罰なしに子供の教育ができると思いますか。　はい――いいえ。〔第三章(d)、第四章(b)参照〕
六二二　理由は……。〔第三章(d)、第四章(b)参照〕
六二三　そのことを奥さんはどう思っていますか。
六二四　あなたと奥さんは、性生活（出産、生殖、性病）について子供を早くから教育することをどう思いますか。〔第三章(d)参照〕
六二五　奥さんには健康上の悩みがありますか。　はい――いいえ。それは何ですか……。

六二六　神経的な悩みはありますか。　はい――いいえ。それは何ですか……。
六二七　それに対して奥さんは何をしていますか。
六二八　子供に貧血、その他の疾患がありますか。
六二九　子供たちはもう休暇旅行をしましたか。林間学校――親類の家――外国からの子供援助……。
六三〇　あなたは奥さんに家計費を渡しますか、それとも賃金（サラリー）をそのまま渡しますか。
六三一　奥さんや子供たちに、決まった小遣いを与えていますか。……。
六三二　どうしてですか。
六三三　奥さんは働いていますか。　はい――いいえ。
六三四　どういう仕事ですか。
六三五　奥さんは戦時中、働いていましたか。　はい――いいえ。
六三六　何をしていましたか。
六三七　戦前は。　はい――いいえ。
六三八　何をしていましたか。
六三九　義理のお父さんの最後の職業は。
六四〇　その前の職業は。
六四一　義理のお母さんの最後の職業は。
備考……。

追補 3

文献抄録

ワイマール共和国史

Barth, E.: *Aus der Werkstatt der deutschen Revolution*, Berlin 1900.
Beckmann, E.: *Der Dolchstossprozess in München vom 19. Oktober bis 20. November 1925*, München 1926.
Bergsträsser, L.: *Geschichte der politischen Parteien in Deutschland*, Mannheim 1925.
Bernstein, E.: *Die deutsche Revolution*, Berlin 1921.
Clark, R. T.: *The Fall of the German Republic. A Political Study*, London 1935.
Colm, G.: *Beitrag zur Geschichte und Soziologie des Ruhraufstandes vom März bis April 1920*, Essen 1921.
Ebert. F.: *Schriften*, 2 Bände, Dresden 1928.
Erdmann, L.: *Die Gewerkschaften im Ruhrkampf*, Berlin 1924.
Feder, G.: *Das Programm der NSDAP*, München 1931.
Fried, R.: *Das Ende des Kapitalismus*, Jena 1931.

Goebbels, J.: *Vom Kaiserhof zur Reichskanzlei*, München 1934.

—*Revolution der Deutschen. 14 Jahre Nationalsozialismus*, Oldenburg 1935.

Gumbel, E.: *Vier Jahre politischer Mord*, Berlin 1922.

Heiden, K.: *History of National Socialism*, New York 1935.

—*Hitler*, New York 1936.

Helfferich, K.: *Die Politik der Erfüllung*, München 1922.

Hitler, A.: *Mein Kampf*, München 1929.

—*Reden*, München 1933.

Koch-Weser, E.: *Deutschlands Aussenpolitik der Nachkriegszeit (1919-1929)*, Berlin 1930.

Kosok, P.: *Modern Germany. A Study of Conflicting Loyalties*, Chicago 1933.

Liebknecht, K.: *Reden und Aufsätze*, Hamburg 1921.

Moeller van den Bruck, A.: *Das Dritte Reich*, Hamburg 1931.

Müller, R: *Vom Kaiserreich zur Republik*, 2 Bände, Berlin 1924.

—*Der Bürgerkrieg in Deutschland*, Berlin 1925.

Müller-Franken, H.: *Die November-Revolution. Erinnerungen*, Berlin 1923.

Neumann, S.: *Die deutschen Parteien. Wesen und Wandel nach dem Kriege*, Berlin 1932.

Noske, U.: *Von Kiel bis Kapp*, Berlin 1920.

Prager, E.: *Geschichte der USPD. Entstehung und Entwicklung*, Berlin 1921.

Rosenberg, A.: *Geschichte der deutschen Republik*, Karlsbad 1935.

—*Die Entstehung der deutschen Republik*, Berlin 1928.

Salomon, F.: *Die deutschen Parteiprogramme*, 3 Bände, Leipzig/Berlin 1931/32.

Scheidemann, Ph.: *Der Zusammenbruch*, Berlin 1921.
Schreiber, G.: *Grundfragen der Zentrumspolitik*, Berlin 1924.
Schuman, F. L.: *Germany since* 1919, New York 1937.
Spengler, O.: *Jahre der Entscheidung. Deutschland und die weltgeschichtliche Entwicklung*, München 1935.
Stampfer, Fr.: *Die vierzehn Jahre der ersten deutschen Republik*, Karlsbad 1936.
Stresemann, G.: *Reden und Schriften*, Dresden 1926.
— *Vermächtnis*, 3 Bände, Berlin 1933.
Volkmann, E. O.: *Revolution über Deutschland*, Oldenburg 1930.
Westarp, Graf K.: *Zehn Jahre republikanische Unfreiheit*, Berlin 1928.

ワイマール共和国における労働者階級の状況

Afa-Bund（Hrsg.）: *Die Angestelltenbewegung, 1921-1925, 1925-1928, 1928-1931*, 3 Bände, Berlin 1925, 1928, 1931.
—*Die Angestellten in der Wirtschaft*, Berlin 1928.
—*Angestellte und Arbeiter,* 3 Vorträge von E. Lederer, A. Thomas, O. Suhr, Berlin 1928.
— *Was brauchen die Angestellten*?, Berlin 1931.
—*Arbeitslosigkeit und Siedlung*, Hrsg. v. Deutschen Archiv für Siedlungswesen, Berlin 1932.
Aufhäuser, S.: *Ideologie und Taktik der Angestellten-Bewegung*, Berlin 1931.
Balderston, R. W./Cary, R.: 'Present Day Industrial Conditions in Germany' in : *Annals of the American Academy of Political and Social Science*, Band 84, 1920.

Bauer, O.: *Kapitalismus und Sozialismus nach dem Weltkrieg, Rationalisierung-Fehlrationalisierung*, Wien 1931.

Baumer, P. C.: *Das deutsche Institut für technische Arbeitsschulung (Diata) . Probleme der sozialen Werkspolitik*, München 1930.

Berthelot, M.: *Works Councils in Germany*. Edited by the International Labour Office, Genf 1921.

Bonn, M. J./Landauer, C/Lemmer, Fr.: *Untersuchungen über das Schlichtungswesen*. Schriften des Vereins für Sozialpolitik, Band 179, Teil III, München 1930, 1932.

Brady, R.: *The Rationalization Movement in German Industry*, Berkely 1933.

Carroll, M. R.: *Unemployment Insurance in Germany*, Washington 1930.

Cassau, Th. O.: *Die Konsumvereinsbewegung in Deutschland*, München 1924.

Chevallerie, O.: *Die Gewerkschaften als Unternehmer*, Berlin o. J.

Croner, F.: *Die Angestelltenbewegung nach der Währungsstabilisierung*, in: Archiv für Sozialwissenschaften 60, 1928.

Deutsche Sozialpolitik : 1916-1918. Erinnerungsschrift des Reichsarbeitsministeriums, Berlin 1929.

Dreyfuss, C.: *Beruf und Ideologie der Angestellen*, München 1933.

Duisberg, C.: *Die Arbeiterschaft in der chemischen Industrie*, Berlin 1921.

Flatow, G./Kahn-Freund, C.: *Betriebsrätegesetz*, Berlin 1931.

Geiger, Th.: *Die Soziale Schichtung des deutschen Volkes,* Stuttgart 1932.

'The German Family Budget Enquiry of 1927-1928', in: *International Labour Review*, XXI, 1930.

Gründberg, E.: *Der Mittelstand in der kapitalistischen Gesellschaft. Eine ökonomische und soziologische Untersuchung*, Leipzig 1932.

Guillebaud, C. W.: *The Works Councils. A German Experiment in Industrial Democracy*, Cambridge 1928.
Gewerkschaftsbund der Angestellten : *Die wirtschaftliche und soziale Lage der Angestellten*, Berlin 1931.
—*Die kommende Angestellten-Generation. Sozialstatistische Untersuchung über Herkunft, Arbeitsverhältnisse und Berufsausbildung der Lehrlinge*, Berlin 1933.
Gutachten zur Arbeitslosenfrage, hrsg. v. Reichsarbeitsministerium, Berlin 1931.
Der Haushalt des Kaufmannsgehilfen : 300 Haushaltsrechnungen, Erhebung und Untersuchung des D. H. V., Hamburg 1927.
Herkner, H.: *Die Arbeiterfrage*, 2 Bände, 7. Auflage, Jena 1921.
Heyde, L. (Hrsg.) : *Internationales Handwörterbuch des Gewerkschaftswesens*, 2 Bände, Berlin 1931, 1932.
Hirtsierer. P.: *Die Wohnungswirtschaft in Preussen*, Eberswalde 1929
Hoffmann, B.: 'The Development of German Workers' Banks in 1928' in : *International Labor Review*, XXI, 1930.
Hueck, A./Nipperdey, H. C.: *Lehrbuch des Arbeitsrechts*, 2 Bände, Mannheim 1927. 1930.
Internationales Handwörterbuch des Gewerkschaftswesens, 2 Bände, Berlin 1931, 1932.
'Invalidity Experience in the German Worker's Insurance Scheme', in : *International Labor Review*, XXVIII, 1935.
Israel, G.: *Arbeitsverhältnisse der Hausgehilfinnen*, Berlin 1929.
Jaerisch, G.: *Der freiwillige Arbeitsdienst im Deutschen Reich*, Berlin 1929.
Jünger, E.: *Der Arbeiter. Herrschaft und Gestalt*, Hamburg 1932.
Kaskel, W./Dersch, H.: *Arbeitsrecht*, Berlin 1932.

Kracauer, S.: *Die Angestellten*, Frankfurt 1930.

Kuczynski, J.: *Die Entwicklung der Lage der Arbeiterschaft in Europa und Amerika 1870-1933. Statistische Studien zur Entwicklung der Reallöhne und Relativlöhne in England, Deutschland, USA, Frankreich und Belgien*, Basel 1934.

—*Löhne und Konjunktur in Deutschland 1887-1932*, Berlin 1933.

Kuczynski, J./M.: *Die Lage des deutschen Industriearbeiters 1913/1914 und 1924 bis 1930. Statistische Studien*, Berlin 1931.

Küstermeier, R.: *Die Mittelschichten und ihr politischer Weg*, Potsdam 1933.

Die Lebenshaltung der Bauarbeiter nach Wirtschaftsrechnungen aus dem Jahre 1929, hrsg. v. Deutschen Baugewerksbund, Berlin 1931.

Die Lebenshaltung von 2000 Arbeiter-, Angestellten- und Beamtenhaushaltungen. Erhebungen von Wirtschaftsrechnungen im Deutschen Reich vom Jahre 1927/28, hrsg. v. Statistischen Amt, Berlin 1932.

Lederer, E./Marschak, J.: 'Der neue Mittelstand' in : *Grundriss der Sozialökonomie*, IX, l, Tübingen 1926.

Leipart, Th.: *Die Vierzig-Stunden-Woche. Untersuchungen über Arbeitsmarkt, Arbeitsertrag und Arbeitszeit*, hrsg. vom Allgemeinen Deutschen Gewerkschaftsbund, Berlin 1931.

Levy, H.: *Industrial Germany*. Cambridge 1935.

Marschak, J.: *Die Lohndiskussion*, Tübingen 1930.

Müller, K.: Der *Angestelltenstand in der deutschen Wirtschaft*, Berlin 1925.

Napthali, Fr. (Hrsg.) : *Wirtschaftsdemokratie*, Berlin 1928.

Neumann, F.: *Koalitionsfreiheit und Reichsverfassung*, Berlin 1932.

'Recent Official Enquiries into Wages and Hours of Work in Various Industries in Germany' in: *International Labour Review*, XX, 1929 ; XXII, 1930 ; XXV, 1932 ; XXVIII, 1933.

'The Reduction of the Working Week in Germany', in: *International Labour Review*, XXIX, 1934.

Richter, L.: *Sozialversicherungsrecht*, Berlin 1931.

Rössinger, M.: *Der Angestellte von 1930*, Hamburg 1930.

Schindler, E.: 'Handicrafts in Gemany', in: *International Labour Review*, XXXV, 1937.

Schwarz, S.: *Handbuch der deutschen Gewerkschaftskongresse*, hrsg. v. d. Verlagsgesellschaft d. A. D. G. B., Berlin 1930.

Sinzheimer, H.: *Grundzüge des Arbeitsrechts*, Jena 1927.

Speier, H.: 'Salaried employee in Modern Society', in: *Social Research*, I, 1934.

Suhr, O.: *Die Lebenshaltung der Angestellen. Untersuchungen auf Grund statistischer Erhebungen des allgemeinen freien Angestelltenbundes*, Berlin 1928.

Tänzler, Fr.: *Die deutschen Arbeitgeberverbände 1904-1929*, Berlin 1929.

Tarnow, Fr.: *Warum arm sein?*, Berlin 1928.

Totomianz, V.: *Konsumentenorganisation. Theorie, Geschichte und Praxis der Konsumgenossenschaften*, Berlin 1929.

Unemployment Insurance and Relief in Germany, National Industrial Conference Board, New York 1932.

Veblen, Th.: *Imperial Germany and the Industrial Revolution*, New York 1915.

Vorwerk, K.: *Die wirtschafsfriedliche Arbeitnehmerbewegung Deutschlands*, Jena 1926.

Weiss, H.: *Rationalisierung und Arbeiterklasse,* Berlin 1926.

Wiggs, K. I.: *Unemployment in Germany since the War*, ed. London School of Economics and Political Science, London 1933.

Woytinsky, W.: *Der deutsche Arbeitsmarkt. Ergebnisse der gewerkschaftlichen Arbeitslosenstatistik 1919 bis 1929*, hrsg. vom Allgemeinen Deutschen Gewerkschaftsbund, Berlin 1930.

Wunderlich, Fr.: 'Some Aspects of Social Work in the Geman Democratic Republic', in : *Social Research*, III, 1936.

Zehn Jahre Bauhüttenbewegung, hrsg. vom Verband sozialer Baubetriebe, Berlin 1930.

ワイマール共和国における労働者階級の社会心理学

Algermissen, N.: *Sozialistische und christliche Kinderfreundebewegung*, Hannover 1931.

Beckert, F.: *Das Berufsbildungswesen der Angestelltenverbände*, Hamburg 1931.

Böhmer, H.: *Beiträge zur Psychologie des jugendlichen ungelernten Industriearbeiters*, Münster 1925.

Buchwald, R.: *Die Bildungsinteressen der deutschen Arbeiter*, Tübingen 1934.

Cohn, W.: *Verkäuferinnen*, Halberstadt 1925.

Franzen-Hellerberg, L.: *Die jugendliche Arbeiterin, ihre Arbeitsweise und Lebensform. Ein Versuch sozialpsychologischer Forschung zum Zweck der Umwertung proletarischer Tatbestände*, Tübingen 1932.

Fromm, E. (1936a) : *Sozialpsychologischer Teil*, in : M.Horkheimer, 1936.

Herrnstadt, E.: *Die Lage der arbeitslosen Jugend in Deutschland*, Berlin 1931.

Horkheimer, M.: *Studien über Autorität und Familie. Forschungsberichte aus dem Institut für Sozialforschung*, hrsg. von Max Horkheimer, Paris 1936.

Kawerau, S.: *Soziologische Pädagogik*, Leipzig 1924.

Klatt, F.: *Freizeitgestaltung, Grundsätze und Erfahrungen zur Erziehung der berufsgebundenen Menschen*, Stuttgart 1929.

Lazarsfeld, P./Jahoda, M./Zeisel, H.: *Die Arbeitslosen von Marienthal*, Leipzig 1933.

Leipert, Th.: *Die Kulturaufgaben der Gewerkschaften*, Berlin 1932.

Leipert, Th./Erdmann, L.: *Arbeiterbildung und Volksbildung,* Berlin 1928.

Levenstein, A.: *Die Arbeiterfrage mit besonderer Berücksichtigung der sozialpsychologischen Seite des modernen Grossbetriebes und der psychophysischen Einwirkungen auf den Arbeiter*, München 1912.

de Man, H.: *Zur Psychologie des Sozialismus*, Jena, 1927.

Neuloh, O.: *Arbeiterbildung im neuen Deutschland*, Leipzig 1930.

Radbruch, G.: *Kulturlehre des Sozialismus*, Berlin 1927.

Siemsen, A.: *Beruf und Erziehung*, Berlin 1926.

Solomon, B.: 'Youth Movement in Germany', in : *Recreation*, 25, 1932.

Suhr, S.: *Die weiblichen Angestellten*. Berlin 1930.

Wunderlich, F.: 'Women's Work in Germany', in : *Social Research*, II, 1935.

方法論的問題

Allport, W., Walker, L. and Lathers, E.: 'Written Composition and Characteristics of Personality'. in : *Archives of Psychology*, 134, New York 1934.

Keilhacker, M.: 'Charakterologische Aufsatzuntersuchungen', in : *Zeitschrift für angewandte Psychologie*, 50, Berlin 1936.

Lazarsfeld, P.: 'Some Remarks on the Typological Procedures in Social Research', in : *Zeitschrift für*

Sozialforschung, VI, Paris 1937.

Schachtel, E.: 'Zum Begriff und zur Diagnose der Persönlichkeit in den Personality Tests', in : *Zeitschrift für Sozialforschung*, VI, Paris 1937.

追補4
編集者注

ウォルフガング・ボンス

翻訳〔訳注。ドイツ語訳のこと〕は、一貫した完成原稿に基づいたものではなく、さまざまのテキストから成っている。その中には下書きのような形で、不完全なまま残されている場合も少なくなかった。したがって、元稿の状況によって、たいていの場合いくつかの原稿をつなぎ合わせなければならなかった。そのうえ、この仕事が〈最後の仕上げ〉を欠いていたという点から、そのままの翻訳は不可能であった。元稿と比べると、出版したテキストには基本的に二種類の修正が行なわれている。第一に、判読できない部分や、書き写しの段階で意味のずれてしまった部分、そして明白な繰り返しは削除した。その箇所は（……）によって示してある。第二に、異なったテキストへの導入部や移行の部分がなく、あるいはいくつかの文が欠けている場合にかぎって、当初の公刊の趣旨に従って、該当する文章を挿入した。このような追加は、すべて〔……〕によって明らかにしてある。さらに、印刷技術の上で、脚注はできるだけ本文内に入れた。翻訳の基となった原本は現在——ばらばらの状態であるが——ニューヨーク図書館にある。

第一章　目的と方法

この章には、いろんな初稿断片とともに、基本的に二つの稿本が存在する。以下でそれらを(a)(b)とする。P・ラツァルスフェルトの著作（一九三七）への言及から推測して、この二つのテキストはおそらく一九三七年の後半からのものである。最も遅いものでも、一九三八年の後半と判定される。なぜなら、フロム自身によれば、彼は社会研究所との関係を絶ったあと、原稿を書くことをやめたからである。残っている第三者の手になる口述覚書や注釈を見ると、テキスト作成には何人かの人が参加している。この人たちが、フロム自身と並行してテキストの文章を書いたのかどうか、また、どこまで書いたのかは、今日では、もはや確かめることはできない。しかし、文体の特徴から推測すると、この種の参加はわずかなものであったと判断していいだろう。そして訂正の筆跡が同一であることを見れば、少なくとも最終の編集原稿がフロムの手になるものであることは、明らかである。また、訂正の注は、テキスト(b)が(a)より新しいことを示しているが、それでも(b)には、多くの文章が(a)からそのまま採用されている。そこから考えて、この二つの稿本の相異は、基本的には、構想における強調の置き方の違いであると言える。その違いは、以下のようにだいたい要約できるだろう。

——(a)では、この研究は包括的な態度調査と考えられている。それは、内容の流れの中で結びつき合っている視点を扱うものである。(「ドイツの労働者とホワイトカラーの態度と意見を記述すること。職業上と政治上の立場による相違の調査。特定の態度モデルの原因分析。そして最後には政治信念の重さと一貫性の評価」)。

(b)では、これに対して、政治上の態度が占める価値を問う質問がとくに強調されている。他の視点、とりわけ経済状態の視点は比較的軽く考えられている。

——テキスト(b)は、とりわけ最後の原稿のものがよく構成されていて、計画されたアメリカでの出版のための方向づけの色が濃い。したがって、一九二〇年代末期のドイツの背景との関係が欠落している。同じように初期の「批評理論」の背景説明も欠落しているが、これはテキスト(a)では最初の文章にすでに明確に示されているものなのである。「この研究が生まれたもとは、一個の社会発展の理論を完成させるについては、経験的知識の全般的増加が不可欠であるという信念である。その場合集団特有の個人の態度とパーソナリティ構造に関するデータがとくに重要な意味を持つのである」(傍点W・ボンス)。

——(a)と比べると、(b)では方法論に関する論述のほとんどすべて、とりわけアンケートの構成に関するものが、削除されている。これらの文章はもともと独立した一つの章として扱われるべきものであったが、草稿しか残っていない。

さて、きわめて複雑なテキスト(a)と、(b)による改変とを調和させるために、翻訳では両テキストを次のように結び合わせた。

——第一章の(a)(「調査の目的」)は、とりわけ緊張感がきわめて強く、すでに述べたように、強調の置き方の違うテキスト(b)を土台にしている。もっとも、テキスト(a)の対応する箇所の方が文章としてすぐれている場合は、その場合にかぎって(a)を採用した。さらに、テキスト(a)からは、(b)において除かれてしまったドイツにおける調査事情に関する部分も採った。テキスト(a)からの個所は、すべて▽……△で示した。

——第一章(b)(「質問票の構成」)と第一章(c)(「アンケートの配布と記入」)の翻訳には、テキスト(a)のみを用いた。この方がいくつかの点で内容が詳しく、そのうえ方法論に関する叙述が加えられているからである。

——第一章(d)(「資料評価の方法」)の土台としたテキストも(a)である。もっとも、中間見出しは(b)のものを付して、さらに政治的なグループ分け分類に関する長い部分を削った。この部分は第二章にほぼそのまま繰り返されているからである。

――第一章(e)（「相関関係」）においては、テキスト(a)を、テキスト(b)の二つの部分によって補完し、一節を削除した。(a)を(b)で置き換えた部分は▽……△によって示してある。

――第一章(f)（「症候群」）の翻訳は、まずテキスト(b)に基づいて行なったが、何箇所かはテキスト(a)の文章によって補足した。ただし、(a)におけるすべての補充的な考察を採り上げるわけにはいかなかった。その論議のいくつかは、すでに第一章(a)において提示されていたからである。

――第一章(g)（回答拒否」）の両テキストは事実上同じものであるが、翻訳はテキスト(a)に基づいている。

第二章　回答者の社会的、政治的状況

第二章にも、はっきり区別のできる原稿、(a)と(b)、そして残りの中間テキストが存在する。当初は第二章として、ワイマール共和国の歴史的状況についての章が企図されていたが、それについては何も残っていない。それゆえ、(b)のテキストは、もともと第三章とされているものである。(a)に比して、(b)は著しく異なった構想を持っているが、断片しか残っていない。現存する断片から推測すると、とりわけ「職業」と「政治集団分類」についての項は相当に長いものであったようである。完全な原稿としては、(a)のみが存在しているので、これが全体の翻訳の基になっている。ただし、各項の見出しは、(b)のものであり、さらに、残っているその他のテキストを考慮して、次のような変更を行なった。その変更は、これまでどおり、それぞれ▽……△で示した。

――導入部分は原稿(b)を採った。(a)は、より長いが、正確さに欠けるからである。

――第二章(c)（「年齢、収入、職業」）において、表1、2、3は、原稿(b)と対応させて、直接に説明文と組み合わせた。これに関連して、表2では原稿(b)のテキストを加えた。

――第二章(d)（「政治的グループの分類」）では、「投票しないもの」のカテゴリーを「シンパ」と「無関心」に

分けることに関する解説部を、その後のテキスト(b)における統計的評価の簡略化に合わせて削除した。その次の、党メンバーを「活動的」と「非活動的」参加者に分けることについての解説部には、テキスト(b)の「組合」志向と「政治的」志向の関係についての部分を補った。

第三章　政治的、社会的、文化的態度

第一稿では「個別の質問の分析について」という表題のついている第三章には、完結したテキストがない。存在したのはただ、もともと当然四十三あったと思われる、個々の質問の分析のうちの二十七と、導入部の草案である。現存するさまざまの原稿からわかることは、質問の区分が作業中に何度も変わったということである。『権威と家庭に関する研究』（一九三六、二四八頁）の、ヒルデ・ヴァイスが担当した要約の区分に基づけば、以下のように分類される。

1、政治的信念（質問一二一／二二、一二八／二九、一三一、一三三、一三四／三五、一三六／三七／三八。二四八、二四九、二五〇。三〇一／〇二、三〇三／〇四。四二七／二八、四二九、四三〇、四三一、四三二、四三六―五二）

2、一般的世界観（質問一五四／五五。三二六／二七／二八、三三六、三四一―四九。四一二／一三、四一四、四一五／一六、四一九、四二〇／二一、四二二／二三、四二四、四二五、四二六。六一〇、六一一、六二一／二二、六二三、六二四）

3、趣味問題（質問二三三、二四〇、二四二、二四三、二四四／四五、二四六／四七、二五四。三〇七、三〇八、三〇九、三一七、三二三、三二四、三二五、三三八）

4、特殊な性格特性（質問四一五／一六、四一七、四一八、四三三、四三四。五〇七）

5、家庭と権威（質問一二一／一二二、一三六／三七／三八。二一六、二四一、二四三、二四四／四五。三四五。四一四、四二二／二三、四二六、四二七／二八、四三〇、四三一、四三二、四四三、四四四。六一〇、六一一、六一二、六一三、六一六、六一七、六一八／一九、六二〇、六二一／二二、六二三、六二四、六三〇、六三一、六三二）

6、余暇利用（質問二五一、二五二、二五三。三〇五、三〇六、三一〇、三一一／一二、三一四／一五／一六、三一八、三一九、三二〇、三二一、三二二、三三一、三三二、三三三、三三四、三三五、三三七、三三九）

一方、日付はないが、ドイツ語で書かれた注があって、それはそれぞれの筆者名を付して、次のように分類されている。

I、政治（質問四三二、四二九、四三〇、四三一、四二八、一三五、四二六。筆者シャハテル）

II、組合、党、労資協議会に対する姿勢（質問一二一／一二二、四四四／四九。筆者シャハテル（フロムの名抹消））

III、文化問題に対する姿勢（質問二四〇、二四一、二四四／四五、三〇八／〇九。筆者シャハテル）

IV、世界観（質問三四五／四七、四二二／二三、四二四。筆者フロム）

V、最近の風潮（質問三三八、二四二、三二三／二四、三二五。筆者シャハテル）

VI、妻と子供に対する姿勢（質問三二六／二八、六二一／二二、六二四、四二五。筆者シャハテル）

VII、隣人に対する姿勢（質問一三六／三八、四三四／三五。筆者シャハテル）

VIII、自分の人生に対する姿勢（質問一五四、二一三、二一四、三四八、四一五／一六、四一八、四二〇／二一、四三三、三二二。筆者フロム）

これら二つの分類案を比べてみると、第二の区分けは第一のに比して6の項が脱けている。1(=I+II)とまた3(=III+V)は分割されている。2の項(=IV)4の項(=VIII)5の項(=VI)は移動している。これらに新しく加わったのはVIIであり、これには旧項1と4の質問が入っている。

そのあとに、すでに英語によって書かれている注があって、それによると、分類はされていないが、四十三の質問の研究が行なわれたとなっている。ところが、含まれているのは二十七の分析のみであって、そのうち一個の質問(質問第二四二、団地)は内的矛盾があるために、本書の刊行に当たっては無視した。それぞれ別に綴じられた分析には、一部分、分類メモが付いていて、結局は、第一案と第二案の次のような折衷となっている。

a 政治問題の質問(1あるいはI+II)
b 世界観の質問(2あるいはIV)
c 文化的、芸術的意見についての質問(3あるいはIII+IV)
d 妻と子供に対する態度についての質問(5あるいはVI)
e 隣人と自分自身に対する態度についての質問(VII)

個々の質問をこれらの項目に当てはめるのは、さきに略述した分類に従って行なった。それぞれの章の標題の体裁を整えてから、第四章の構成にならって章全体の序論と、章内各節の序論的解説を書いた。それは〔……〕で示されているが、各節と、ひいてはそれに含まれる個々の質問の占める位置について概観するものである。

個々の分析作業の状況はさまざまに異なっていたうえに、場合によっては、事実上ほんの下書きしか残されていなかったので、個々の質問の場合に文章を削ったり訂正したりする必要があった。当該個所は例によって

（……）と〔……〕によって示している。

最後になお、表の分析に特別な問題があった。ひとつには、それが完結したものばかりではなかったことと、ひとつには書き間違いや計算間違いがしばしばあったことである。それらは編集に当たってできるかぎり訂正した。

第四章　パーソナリティ類型と政治的態度

第一章および第二章と同じように、ここにも基本的に二種のテキストが存在する。すなわち(a)と(b)である。さらに加えて、ドイツ語の下書きの断片まで遡ることもできるが、それらはテキスト(a)の基になったものである。そこで、ドイツ語のテキストと、それに対応する英文とを比較してみると、フロムも協力者たちも、最初は英語での表現に弱点のあったことが明らかである。訳し戻す際に文章を修正して、それらの弱点を補うように努めた。この章の編集にとりかかるに当たっては、より新しいテキストである(b)を用いたが、これは古い方とは、わずかの違いしかない。ただテキスト(a)に付加的な情報が含まれていた場合のみ、その個所を採り上げて、例によって▽……△で示した。章中の節の分け方はテキスト(b)に従っているが、標題は第二章と第三章の場合と同じく、手を加えた。特殊な事例は第四章(g)（「実例」）である。参考資料から判断すると、本来ここには各症候群別の構成で、十例のアンケートが全文掲載されるはずであった。しかし現存する資料にはほんの断片しか見つからなかったので、代わりとして『権威と家庭に関する研究』所載の例を挿入した（M・ホルクハイマー、一九三六、二五〇―二七〇頁参照）。

追補1　文体とパーソナリティ特性と政治的態度に関する論述に続く、一個の独立した章として考えられたものであった。その構想は、明らかに、シャハテルが実例を示そうとした「パーソナリティ研究」の意図が、個人関係ひいては個別の事例関係を主としたものであることに基づいている。ところが、そののちの構成によれば、この分析は方法論についての追補の第二部として発表されるべきものとなった。それはシャハテルの方法論に関する説明が、事実上「パーソナリティ研究」よりも幅の広いものになったからであった。そのうえ、第四章がある意味で全体の研究のしめくくりになっていることからも、シャハテルの仕事は本書においても追補として発表されている。それによって、暗黙のうちにではあるが、それまでの構成方針の変更が行なわれている。すなわち、その他の方法論にかかわる断片を、独立した章としてまとめることもしなかったし、第四章に直接つなぐこともしなかった。これはつなぎの部分が存在しなかったので、無理であった。

本書に収めた文は、用いられた方法論的手法の幅の広さにとくに光を当てているが、やはり基本的に二つのテキストと、その中間の断片が存在した。「文体と筆蹟の分析」という標題を持つ、古い方のテキスト(a)は、この書の基となったテキスト(b)より全体で七頁長く、筆蹟とパーソナリティ構造との関係研究についての二つの例を含んでいる。しかし、これらの例は、試論程度の扱いであったうえ、解釈の対象となった標本も残っていないので、この部分の収録は断念しなければならなかった。

追補2　アンケート

アンケートの文章は〔ドイツ語に〕訳し戻す必要がなかった。『権威と家庭に関する研究』(M・ホルクハイマー、一九三六、二四〇—二四八頁)から取ることができたからである。ただ、同書の場合に比べると、本書においては、引用に質問の番号を合わせてある。本文ではもはやローマ数字とアラビア数字の組み合わせ（例Ⅰ、1）は用いず、アラビア数字のみを使っている（例　101）〔訳注。邦訳では漢数字〕。分析の行なわれた質問の参照指示を括弧つきで補った。

追補3　文献抄録

アメリカで出版が計画された時、フロムと共著者たちは独自の文献目録を作った。それははしがきの草稿によれば、関連文献の全体を網羅するものではなかったが、一方各章の中で引用された文献をはるかに超えるものであった。引用された著作が入っていない場合は、編集に当たって追加した。一方、ドイツ史に関する英語で書かれた標準的書物で、アメリカの人びとにとってのみ興味のあるものは除外した。

追補5
表目次

第三章　政治的、社会的、文化的態度

(d)　妻と子供に対する態度

第四章　パーソナリティ類型と政治的態度

(a)　政治観

(b)　権威に対する態度

参考文献（W・ボンス「批評理論と経験主義的社会調査」）

Abraham, Karl (1925) : *Psychoanalytische Studien zur Charakterbildung*. Wien 1925.

Allgemeiner Freier Angestelltenverband (1928) : *Eine Auswertung der amtlichen Berufszählung von 1925*, Bearbeitet von Otto Suhr, Berlin 1928.

Bebel, August (1910) : *Aus meinem Leben*, Stuttgart 1910.

Behringer, F. (1928) : *Herkunft, Vorbildung und Berufsausbildung der Kaufmannslehrlinge*, Hamburg/Berlin/Leipzig 1928.

Berger, Hartwig (1975) : *Untersuchungsmethoden und soziale Wirklichkeit*. Frankfurt 1975.

Bernfeld, Siegfried (1926) : *Sozialismus und Psychoanalyse*, in : Gente, Hans-Peter (1970/72), Bd. I, 9ff.

Böhme, Monika (1972) : *Die Moralstatistik. Quetelet und von Oettingen*, Köln/Wien 1972.

Bonss, Wolfgang/Schindler, Norbert (1982) : *Kritische Theorie als interdisziplinärer Materialismus*, in : Sozialforschung als Kritik. Zum sozialwissenschaftlichen Potential der Kritischen Theorie, hrsg. v. Wolfgang Bonss und Axel Honneth, Frankfurt 1982.

Bonss, Wolfgang (1982), *Die Einübung des Tatsachenblicks. Zur Struktur und Veränderung empirischer Sozialforschung*, Frankfurt 1982.

Bromme, Moritz (1905) : *Lebensgeschichte eines modernen Fabrikarbeiters*, Jena 1905.

Burian, Walter (1972) : *Psychoanalyse und Marxismus. Eine intellektuelle Biographie Wilhelm Reichs*, Frankfurt 1972.

Cohn, Gustav (1877) : *Ueber Untersuchung von Thatsachen auf sozialem Gebiete*, in : VfI 1877, 17ff.

Dahmer, Helmut (1971) : *Psychoanalyse und historischer Materialismus*, in : Lorenzer, A. et al.: Psychoanalyse als Sozialwissenschaft, Frankfurt 1971.

—— (1973) : *Libido und Gesellschaft, Studien über Freud und die Freudsche Linke*, Frankfurt 1973.

Deborin, Abram M. (1925) : *Materialistische Dialektik und Naturwissenschaften*, in : Bucharin, Nikolaus/ Deborin, Abram : Kontroversen über dialektischen und mechanischen Materialismus. (Einleitung von Oskar Negt), Frankfurt 1969, 94ff.

Deborin, Abram M. (1928) : *Ein neuer Feldzug gegen den Marxismus*, in : Unter dem Banner des Marxismus, II, Jg., Heft 4/5, März 1928, 44ff.

Dubiel, Helmut (1978), *Wissenschaftsorganisation und politische Erfahrung. Studien zur frühen Kritischen Theorie*, Frankfurt 1978.

Duisberg, Curt (1921) : *Die Arbeiterschaft in der chemischen Grossindustrie. Darstellung ihrer sozialen Lage*, Berlin 1921.

Dulden, Franz (1910) : *Aus der Lebensbeschreibung eines Armen*, hrsg. v. E. Bleuer, München 1910.

Fenichel, Otto (1934) : *Über die Psychoanalyse als Keim einer zukünftigen dialektisch-materialistischen Psychologie*, in : Gente, Hans-Peter (1970/72), Bd. I. 218ff.

Fischer, Karl (1903) : *Denkwürdigkeiten und Erinnerungen eines Arbeiters*, hrsg. v. Paul Göhre, Leipzig 1903.

Freud, Sigmund (1913) : *Totem und Tabu*, Frankfurt 1956.

—— (1923) : *Das Ich und das Es*, in : Gesammelte Werke, Bd. XIII, Frankfurt 1963. 235ff.

—— (1930) : *Das Unbehagen in der Kultur*, in : idem : Abriss der Psychoanalyse. Das Unbehagen in der Kultur, Frankfurt 1972, 63ff.

Fromm, Erich (1922a) : *Das jüdische Gesetz. Ein Beitrag zur Soziologie des Diasporajudentums*, Heidelberg

1922.

—— (1927a) : *Der Sabbath*, in : Imago. Zeitschrift für Anwendung der Psychoanalyse auf die Natur- und Geisteswissenschaften, XIII. Jg., Wien 1927, 223ff.

—— (1928a) : *Psychoanalyse und Soziologie*, in : Zeitschrift für Psychoanalytische Pädagogik, III. Jg., Wien 1928/29, 268ff.

—— (1930a) : *Die Entwicklung des Christusdogmas. Eine psychoanalytische Studie zur Sozial-psychologischen Funktion der Religion*, in : Imago. Zeitschrift für Anwendung der Psychoanalyse auf die Natur- und Geisteswissenschaften, XVI. Jg., Wien 1930, 305f.

—— (1930b) : *Der Staat als Erzieher. Zur Psychologie der Strafjustiz*, in : Zeitschrift für Psychoanalytische Pädagogik, IV. Jg., Wien 1930, 5ff.

—— (1931a) : *Zur Psychologie des Verbrechers und der strafenden Gesellschaft*, in : Imago. Zeitschrift für Anwendung der Psychoanalyse auf die Natur- und Geisteswissenschaften, XVII. Jg., Wien 1931, 226ff.

—— (1932a) : *Über Methode und Aufgabe einer Analytischen Sozialpsychologie : Bemerkungen über Psychoanalyse und historischen Materialismus*, in : Zeitschrift für Sozialforschung, Jg., I, Leipzig 1932, 28ff.

—— (1932b) : *Die psychoanalytische Charakterologie und ihre Bedeutung für die Sozialpsychologie*, in : Zeitschrift für Sozialforschung, Jg., I, Leipzig 1932, 253ff.

—— (1936a) : *Sozialpsychologischer Teil*, in : M. Horkheimer (Hrsg.), Schriften des Instituts für Sozialforschung. Bd. V : Studien über Autorität und Familie, Paris 1936, 77 f.

—— (1941a) : *Die Furcht vor der Freiheit*, Zürich 1945.

—— (1970a) : *Die Krise der Psychoanalyse*, in : Analytische Sozialpsychologie und Gesellschaftstheorie, Frankfurt 1970, 193 f.

Funk, Rainer (1978) : *Mut zum Menschen. Erich Fromms Denken und Werk, seine humanistische Religion und Ethik*, Stuttgart 1978.

Gente, Hans-Peter (1970/72) : *Marxismus, Psychoanalyse,Sexpol*, hrsg. v. Hans-Peter Gente, 2. Bd., Frankfurt 1970/72.

Gewerkschaftsbund der Angestellten (1931) : *Die wirtschaftliche und soziale Lage der Angestellten. Ergebnisse aus der grossen sozialen Erhebung des Gewerkschaftsbundes der Angestellten*, Berlin 1931 (GDA1931).

Göhre, Paul (1891) : *Drei Monate als Fabrikarbeiter und Handwerksbursche*, Leipzig 1891.

Haselberg, Peter v. (1977) : Wiesengrund Adorno, in : Text und Kritik, Sonderband Theodor W. Adorno, München 1977, 7 ff.

Hirschberg, Ernst (1897) : *Die soziale Lage der arbeitenden Klassen in Berlin*, Berlin 1987.

Honigsheim, Paul (1959) : *Die Gründung der Deutschen Gesellschaft für Soziologie in ihrem geistigen Zusammenhang*, in : Kölner Zeitschrift für Soziologie und Sozialpsychologie, Jg. 11. Köln 1959. 1 ff.

Horkheimer, Max (1926 ff.) : *Dämmerung*, (Pseudonym : Heinrich Regius), Zürich 1934.

—— (1930) : *Anfänge der bürgerlichen Geschichtsphilosophie*, Stuttgart 1930.

—— (1931) : *Die gegenwärtige Lage der Sozialphilosophie und die Aufgaben eines Institus für Sozialforschung*, in : Sozialphilosophische Studien, Frankfurt 1972, 33 ff.

—— (1932a) : *Bemerkungen über Wissenschaft und Krise*, in : Zeitschrift für Sozialforschung, Jg. III, Leipzig 1932, 1 ff.

—— (1932b) : *Geschichte und Psychologie*, in : Zeitschrift für Sozialforschung, Jg. I, Leipzig 1932, 125 ff.

—— (1932c) : *Vorwort*, in : Zeitschrift für Sozialforschung, Jg. I, Leipzig 1932, lf.

—— (1933a) : *Materialismus und Metaphysik*, in : Zeitschrift für Sozialforschung, Jg. II, Leipzig 1933, 1 ff.

—— (1933b) : *Materialismus und Moral*, in : Zeitschrift für Sozialforschung, Jg. II, Leipzig 1933, 161 ff.

—— (1934) : *Zum Rationalismusstreit in der gegenwärtigen Philosophie*, in : Zeitschrift für Sozialforschung, Jg. III, Paris 1934, 1 ff.

—— (1937) : *Traditionelle und kritische Theorie*, in : Zeitschrift für Sozialforschung, Jg. VI, Paris 1937, 245 ff.

Institut für Sozialforschung (1936) : *Studien über Autorität und Familie. Forschungsbericht des Instituts für Sozialforschung*, hrsg. v. E. Fromm, M. Horkheimer, H. Mayer, H. Marcuse et al., Paris 1936 (=IfS 1936).

International Institute of Social Research (1938) : *A Report on its History, Aims and Activities 1933-1938*, New York 1938 (=IfS 1938).

Jahoda, Marie/Lazarsfeld, Paul/Zeisel, Hans (1933) : *Die Arbeitslosen von Marienthal. Ein soziographischer Versuch*, Leipzig 1933 (Repr.: Allensbach/Bonn 1960 ; Frankfurt 1975).

Jay, Martin (1973) : *The Dialectical Imagination ; A History of the Frankfurt School and the Institute of Social Research 1923-1950*, Boston/Toronto 1973.

Jenssen, Otto (1924) : *Zur Psychologie der Masse, Kautsky und Freud*, in : Der lebendige Marxismus. Festgabe zum 70. Geburtstag von Karl Kautsky, hrsg. v. Otto Jenssen, Jena 1924, IV, 589 ff.

—— (1926) : *Sozialpsychologische Marxkritik oder marxistische Sozialpsychologie ?* in : Der Kampf. Sozialdemokratische Monatszeitschrift, Jg. XIX, Wien 1926, 216 ff.

Jurinetz, W. (1925) : *Psychoanalyse und Marxismus*, in : Sandkühler (1970), 66 ff.

Kern, Horst (1982), *Empirische Sozialforschung. Ansätze und Entwicklungslinien*, München 1982.

Kolnai, Aurel (1920) : *Psychoanalyse und Soziologe. Zur Psychoanalyse von Masse und Gesellschaft*, Wien 1920.

Lazarsfeld, Paul F. (1937) : *Some Remarks on the Typological Procedures in Social Research, in :* Zeitschrift für Sozialforschung, Jg. VI, Paris 1937, 119 ff.

—— (1968) : *Eine Epoche in der Geschichte der empirischen Sozialforschung*, in: Parsons, Talcott/Shils, Edward/Lazarsfeld, Paul: Soziologie autobiographisch. Drei kritische Berichte zur Entwicklung einer Wissenschaft, Stuttgart 1975, 147 ff.

Lederer, Emil (1912) : *Die Privatangestellten in der modernen Wirtschaftsentwicklung*, Tübingen 1912.

Lederer, Emil/Marschak, Jakob (1927) : *Die Klassen auf dem Arbeitsmarkt und ihre Organisationen*, in: Grundriss der Sozialökonomie, XI. Abtlg.: Das soziale System des Kapitalismus, II. Teil, Tübingen 1927, 108 ff.

Levenstein, Adolf (1912) : *Die Arbeiterfrage : Mit besonderer Berücksichtigung der sozialpsychologischen Seite des modernen Grossbetriebes und der psychologischen Einwirkungen auf die Arbeiter*, München 1912.

Ludlow, John Malcom (1877) : *Ueber die Untersuchung von Gewerbestreitigkeiten und die dem Zeugniss der Arbeitgeber und Arbeiter zukommende Glaubwürdigkeit,* in: VfS 1877. 47 ff.

Lynd, Robert, S./Lynd, Helen (1929) : *Middletown. A Study in Contemporary American Culture*, New York 1929.

de Man, Hendrik (1926) : *Zur Psychologie des Sozialismus*, 2. Auflage, Jena 1927.

Marcuse, Herbert (1958) : *Die Gesellschaftslehre des sowjetischen Marxismus*, Neuwied 1964.

Maus, Heinz (1973) : *Zur Vorgeschichte der empirischen Sozialforschung*, in: René König (Hrsg.) : Handbuch der empirischen Sozialforschung, 3. Auflage, Bd. 1, Stuttgart 1973, 21 ff.

Mayntz, Renate/Holm, Kurt/Hübner, Peter (1969) : *Einführung in die Methoden der empirischen Soziologie*, 3. Auflage, Köln/Opladen 1972.

Negt, Oskar (1969) : *Marxismus als Legitimationswissenschaft*, in : Bucharin, Nikolaus/Deborin, Abram : Kontroversen über dialektischen und mechanischen Materialismus, Einleitung von Oskar Negt, Frankfurt 1969, 7 ff.

Obershall, Anthony (1965) : *Empirical Social Research in Germany 1848-1914*, Paris/The Hague 1965.

Pieper, Lorenz (1897) : *Die Lage der Bergarbeiter im Ruhrgebiet*, Stuttgart/Berlin 1897.

Rehbein, F. (1922) : *Das Leben eines Landarbeiters*, hrsg. v. Paul Göhre, Jena 1911.

Reich, Wilhelm (1929) : *Dialektischer Materialismus und Psychoanalyse*, Kopenhagen 1934.

—— (1933) : *Massenpsychologie des Faschismus*, Wien 1933.

Reichskanzleramt (Hrsg.) (1877a) : *Ergebnisse der über die Frauen- und Kinderarbeit in den Fabriken auf Beschluss des Bundesraths angestellten Erhebungen*, Berlin 1877 (=RKA 1877a).

—— (1877b) : *Ergebnisse der üder die Verhältnisse der Lehrlinge, Gesellen und Fabrikarbeiter auf Beschluss des Bundesraths angestellten Erhebungen*, Berlin 1877 (= RKA 1877b).

Rigaudias-Weiss, Hilde (1936) : *Les Enquêtes Ouvrières en France entre 1830 et 1848*, Paris 1936.

Sandkühler, Hans Jörg (1970) : *Einleitung*, in : Psychoanalyse und Marxismus. Dokumentation einer Kontroverse, hrsg. v. H. J. Sandkühler, Frankfurt 1970.

Sapir, J. (1929/30) : *Freudismus, Soziologie, Psychologie*, in : Sandkühler 1970, 189 ff., (ebenfalls abgedruckt in : Gente 1970/72).

Schachtel, Ernst (1937) : *Zum Begriff und zur Diagnose der Persönlichkeit in den "Personality Tests"*. in : Zeitschrift für Sozialforschung, Jg. VI, Paris 1937, 597 ff.

Schad, Susanna Petra (1972) : *Empirical Social Research in Weimar Germany*, Paris/The Hague 1972.

Schäfer, Ulla G. (1971) : *Historische Nationalökonomie und Sozialstatistik als Gesellschaftswissenschaften*,

Köln/Wien 1971.

Schmidt, Alfred (1970) : *Die " Zeitschrift für Sozialforschung ". Geschichte und gegenwärtige Bedeutung*, München 1970 (Sonderheft der Nachrichten aus dem Kösel-Verlag).

Schnapper-Arndt, Gottlieb (1888) : *Zur Methodologie Sozialer Enquêten. Erweiterte Bearbeitung eines in den Berichten des Freien Deutschen Hochstifts abgedruckten Vortrags*, in : idem : Vorträge und Aufsätze, hrsg. von Leon Zeitlin, Tübingen 1906, 60 ff.

Scholem, Gershom (1977) : *Von Berlin nach Jerusalem. Jugenderinnerungen*, Frankfurt 1977.

Siemsen, Anna (1924) : *Psychologische Voraussetzungen des Sozialismus*, in : Der lebendige Marxismus. Festgabe Zum 70. Geburtstag von Karl Kautsky, hrsg. v. Otto Jenssen, Jena 1924, 381 ff.

Söllner, Alfons (1976) : *Geschichte und Herrschaft—Eine kritische Studie zum Verhältnis von Philosophie und Sozialwissenschaft in der Kritischen Theorie*, in : Philosophisches Jahrbuch, 83, Jg. 2. Halbband, Freiburg/München 1976,333 ff.

Stieda, Wilhelm (1877) : *Das Enquête-Wesen, in Frankreich*, in : VfS 1877, 29 ff.

—— (1909) : *Enquête*, in : Handwörterbuch der Staatswissenschaften, hrsg. v. J. Conrad, L. Elster, W. Lexis, E. Loening, 3. Auflage, Bd. 3, Jena 1909, 949 ff.

Stillich, Oscar (1902) : *Die Lage der weiblichen Dienstboten in Berlin*, Berlin 1902.

Stoljarov, A. (1930) : *Der Freudismus und die Freudomarxisten*, in : Sandkühler 1970, 278 ff.

Thalheimer, August (1926) : *Die Auflösung des Austromarxismus*, in : Unter dem Banner des Marxismus, Jg. I. 474 ff.

Erhebungen des Vereins für Sozialpolitik (VfS) (1877) : *Zur Methodologie sozialer Enquêten. Drei Gutachten*, Leipzig 1877 (Schriften Bd. XIII).

—— (1883) : *Bäuerliche Zustände in Deutschland. Berichte*, Leipzig 1883 (Schriften Bd. XXII-XXIV).

—— (1887) : *Der Wucher auf dem Lande. Berichte und Gutachten*, Leipzig 1887 (Schriften Bd. XXXV).

—— (1892) : *Die Verhältnisse der Landarbeiter*, Leipzig 1892 (Schriften Bd. LIII-LV).

—— (1910/11) : *Auslese und Anpassung der Arbeiterschaft der geschlossenen Grossindustrie*, Leipzig 1910/11 (Bd. 133-135).

Weiss, Hilde (1932) : *Rezension* von : Kuczynski, Jürgen/Kuczynski, Marguerite : Die Lage der deutschen Industriearbeiter, in : Zeitschrift fur Sozialforschung, Jg. I, Leipzig 1932, 193 ff.

—— (1936) : *Die "Enquête Ouvrière" von Karl Marx*, in Zeitschrift für Socialforschung, Jg. VI, Paris 1937, 75 ff.

Weber, Max (1908) : *Erhebungen über Anpassung und Auslese (Berufswahl und Berufsschicksal) dèr Arbeiterschaft der geschlossenen Grossindustrie*, in : Gesammelte Aufsätze zur Soziologie und Sozialpolitik, Tübingen 1924, 1 ff.

—— (1909) : *Zur Methodik sozialpsychologischer Enquêten und ihrer Bedeutung*, in : Archiv für Sozialwissenschaft und Sozialpolitik, XXIX, Tübingen 1909.

Wettstein-Adelt, Minna (1893) : *3 ½ Monate Fabrikarbeiterin*, Berlin 1893.

von Wiese, Leopold (1959) : *Die deutsche Gesellschaft für Soziologie—Persönliche Eindrücke in den ersten fünzig Jahren*, in : Kölner Zeitschrift für Soziologie und Sozialpsychologie, Jg. 11, Köln 1959, 11 ff.

Zeisel, Hans (1933) : *Zur Geschichte der Soziographie*, in : Jahoda/Lazarsfeld/Zeisel 1933/1975, 113 ff.

訳者あとがき

本書は Erich Fromm, *Arbeiter und Angestellte am Vorabend des Dritten Reiches*（第三帝国前夜における労働者とホワイトカラー）（Deutsche Verlags-Anstalt, 1980）の全訳である。これは一九二九年にフランクフルトの社会研究所で始められたアンケート調査に基づいたものなので、まず、著者エーリッヒ・フロムと同研究所のかかわりについて、簡単に説明しておきたい。フロム、ホルクハイマー、アドルノ、マルクーゼ、ベンヤミンらに代表されるいわゆるフランクフルト学派の母胎となった社会研究所が設立されたのは、一九二四年であった。これは本来マルクス主義を指導原理とすることを標榜していたが、一九三〇年にホルクハイマーが所長となってからは、経済還元主義にかたよることを避けて、人間存在の内面からも社会をとらえるために、心理学、とくに社会心理学的な研究方法を導入した。このような学際的研究の有力な要員として、すでに精神分析家として一家をなし、一九二九年に設立されたフランクフルト精神分析研究所における社会心理学研究に携わっていたフロムが、心理学部門の責任者として、終身契約で招かれた。フロムの参加は、研究所の社会心理学面での理論と実践に大きな寄与をなしたが、一方、このことはフロム自身に、マルクス思想をよりよく知る機会を与える結果となった。

フロムが正式に所員となったのは、一九三〇年のことであったが、この調査自体は、フロムと協同研究者たちの手によって、すでにその前年から始められていた。当時のドイツの社会は、重要な転換期にあった。とくに働く人びとの生活と意識は、急激に変わりつつあった。第一次世界大戦後に成立したワイマール共和国は、ヴェルサイユ条約の結果生じた多くの困難や不協和音をかかえながら、外資の導入によって経済を建て直してきたが、一九二九年十月ニューヨークに起こった大恐慌のため、外資の支えを失って、その経済はまさに破滅的な打撃をこうむった。社会民主党を支持してきた労働者が共産党に鞍替えする一方、恐慌に悩む中流階級や農民の多くは、ナチスに走った。一九二八年五月の選挙で百五十三だった社会民主党の国会議員が、一九三〇年九月の選挙で百四十三となったのに対して、共産党は五十四から七十七となり、ナチスに至っては、十二から百七へと、飛躍的な増加を遂げた。このような時代にあって、社会の中核をなす人びとがどのような意識を持っているのか、ということだけでなく、どのような性格、あるいはパーソナリティの構造を持っているのか、を知ることは、社会の未来を占ううえで、きわめて重い意味を持つものであった。したがって、この調査は単なる記述的な世論調査の域にとどまることなく、被調査者の無意識の領域にまで踏み込もうとするものであった。つまり、建前の底にひそむ本音を探るものであった。そのことは設問に工夫をこらし、回答の分析と解釈に精緻な方法論を導入することによって、はじめて可能となった。それは先駆的な実験であったから、不備な点も避けられず、設問の中には、回答を得てはじめてその有効性あるいは無効性が明らかになるものもあった。しかし、調査者たちは、失敗を恐れるよりは、まず一歩踏み出すことを選んだ。そして、当時の多くの左翼主義者たちの内的な矛盾を洞察することができた。すなわち、ラディカルな政治信条にもかかわらず、彼らはナチズムの勝利を阻止しうるような性格構造を持ってはいないということであった。この洞察を可能にしたのは、革新的な外面の底にひそむ権威主義的なパーソナリティの発見であった。

せっかくのこの調査も、ナチズムの弾圧から逃れるための研究所自体の亡命（社会研究所の所員は、フロムも含めてほとんどがユダヤ人であった）、研究所内部の事情などから、公表されず、その一部が、ホルクハイマー編『権威と家庭に関する研究』（一九三六）に収録されたにとどまった。ようやく一九八〇年（この年の三月にフロムは世を去っている）に、ウォルフガング・ボンスの手によって、今の形で刊行されるに至ったが、これにも、複雑な手続きが必要であった。すなわち、編者が用いたテキストは、アメリカでの出版を予想して、英語に翻訳されたものであった。それも、編集者注にあるように、完成原稿ではなく、いくつかのテキストが存在した。編者はそれらをつきあわせながら、二人の協力者とともに、ドイツ語に翻訳したのである。その後一九八四年に、バーバラ・ワインバーガーによる英訳が刊行された。私たちは、これをも参考にした。

翻訳にあたっては、まず佐野五郎が全文を訳し、それに哲郎が筆を加えるという方法をとった。ドイツ語の難解な部分は、京都大学教養部ドイツ語教室の相良憲一氏に教えていただいた。映画と法律に関しては、同教養部の加藤幹郎氏と、西村健一郎氏とから、それぞれ資料をいただいた。諸氏に厚く御礼申し上げる。また、私の多忙と怠惰から翻訳がずいぶん遅れたが、辛抱強く待ってもらった紀伊國屋書店出版部の荒木好文氏にお詫びとお礼を申し上げる。

一九九一年一月

佐野　哲郎

著　者　**Erich Fromm** エーリッヒ・フロム

1900年ドイツ・フランクフルト生まれ。ハイデルベルク、フランクフルト、ミュンヘンなどの大学で学んだのち、ベルリン大学で精神分析を学ぶ。フランクフルト社会研究所を経て、1933年アメリカに渡り、のちに帰化。イェール、ミシガン、ニューヨークなどの大学で教鞭をとり、さらにメキシコに移住。フロイト理論にマルクスやヴェーバーを接合して精神分析に社会的視点をもたらし、いわゆる「新フロイト派」の代表的存在とされた。また、真に人間的な生活を可能にする社会的条件を終生にわたって追求したヒューマニストとしても有名である。しだいに、禅や東洋思想へも関心を深めた。著書に、『精神分析と宗教』『人間における自由』『自由からの逃走』(以上、東京創元社)、『愛するということ』『悪について』『生きるということ』『フロイトを超えて』『希望の革命』『反抗と自由』『人生と愛』『破壊』(以上、紀伊國屋書店) ほか多数。1980年歿。

訳　者　**佐野哲郎** さの・てつろう

1931年生まれ。1959年京都大学文学部大学院修士課程英語学英米文学専攻修了。京都大学名誉教授。編著書に『豊穣の風土』(山口書店) など、訳書にフロム『生きるということ』『反抗と自由』、共訳書にフロム『希望の革命』『人生と愛』、バーストン『フロムの遺産』(以上、紀伊國屋書店) などがある。

佐野五郎 さの・ごろう

1935年生まれ。1959年京都大学文学部独文科卒業。共訳書にフロム『人生と愛』、フンク『エーリッヒ・フロム』(以上、紀伊國屋書店) などがある。

ワイマールからヒトラーへ

第二次大戦前のドイツの労働者とホワイトカラー〈新装版〉

1991年 2月15日 第1刷発行
2016年 5月26日 新装版第1刷発行
2018年10月23日 新装版第2刷発行

発行所 株式会社紀伊國屋書店
東京都新宿区新宿 3-17-7

出版部（編集）電話 03-6910-0508
ホールセール部（営業）電話 03-6910-0519
〒153-8504 東京都目黒区下目黒 3-7-10

印 刷 精興社
製 本 図書印刷
装 丁 金 有珍

ISBN978-4-314-01139-6 C0022
Printed in Japan
定価は外装に表示してあります